宇宙茫茫，小小地球在悠悠旋转

我降生人间，就是一个生命的奇迹（几米画）

天空开放巨大的花朵，响应我的心跳（艾欣画《回响》）

大地布满奇怪的神灵，追踪我的脚步（牛亚平画《地灵》）

我羞涩地绽放
（达利画《纳西塞斯的变貌》）

时间流逝，我长大了
（达利雕塑《时间的轮廓》）

满世界抛洒问号
（权伍松画《红蜻蜓》）

我是谁？（索尔·斯坦伯格画）

我喜欢做哪一个我？
（毕加索画《玛丽·泰瑞莎的画像》）

成长的岁月

朋友是什么?

爱又是什么?

人生是怎么回事?
(东山魁夷画《嫩叶的小径》)

世界又怎么啦?
(托马斯·加拉姆博斯画《魔幻现实主义的世界》)

太多的疑惑让我想把脑袋藏起来

悲伤的时候我试着自我解嘲
(诺尔曼·罗克威尔画《小丑》)

寂寞的时候自己做自己的老师
(毕加索画《少女临镜》)

成长的岁月

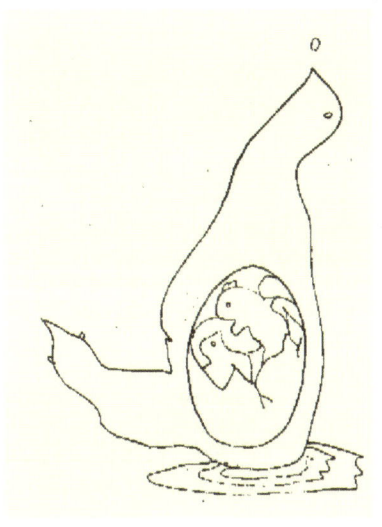

静静地听自己的心跳
（顾城画《你的心开始跳了》）

把沉重的感情寄托在
一条嫩枝上（几米画）

我渴望自由的飞翔

成长的岁月

可是自由是有限度的

我学会自己探求答案

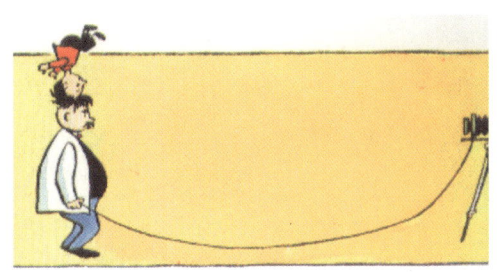

幸好身边有亲爱的父母与师长
（卜劳恩画《父与子·合影》）

还有许多神奇的书
（黄永玉画并题：看不
懂的句子，再看一遍，
不懂，想一想，再看一
遍；懂了。世界多好！
是不是？）

独立思考有一种动人心魄
的美（罗丹雕塑《思》）

自己收获的快乐才是真快乐
（让·雅克·桑贝画）

渐渐不再脆弱

向往做一名英雄
（罗曼·罗兰著《贝多芬传》）

我开始喜欢自己
（谢洛夫画《少女与桃子》）

从做一名真诚的凡人开始
（梁思成与林徽因合影）

我知道，生活，不只是自己一个人的事情
（可可西里藏羚羊照片）

成长的岁月

我要有一个真善美的人生
（东山魁夷画《清澈的湖泊》）

我不愿虚度此生（东山魁夷画《茫野》）

敬 启

　　严凌君先生主编的"青春读书课"系列丛书，立意高远，贴近青少年阅读心理，选文题材广泛，内容丰富。在编辑过程中，我们按照现代出版规范对选文进行了统一处理，对部分选文做了删减，力求提供一套符合现代文字规范的青少年读物，以帮助读者建立对纯洁汉语的认知与体悟。敬请作者、译者见谅。

　　另外，我们已经联系到部分选文的作者和译者，他们同意将作品列入"青春读书课"系列丛书出版，但由于作者面广，仍有部分作者和译者无法取得联系。请作者和译者看到本系列丛书后尽快与我们联系，以便奉寄样书和稿酬。

　　诚致谢意!

　　联系人：蒋鸿雁

　　电话：0755-83460371

　　Email：984213171@qq.com

海天出版社

GROWING
YEARS
READINGS
ABOUT
SCHOOL
DAYS

青春读书课·珍藏本　第一卷
成长教育系列读本

严凌君　主编／导读

成长的岁月

我的学生时代读本　［上］

海天出版社（中国·深圳）

图书在版编目(CIP)数据

青春读书课．成长的岁月．上／严凌君主编、导读．—深圳:海天出版社,2018.1 (2019.10重印)

ISBN 978-7-5507-2176-0

Ⅰ．①青… Ⅱ．①严… Ⅲ．①阅读课－中学－课外读物 Ⅳ．①G634.333

中国版本图书馆CIP数据核字(2017)第268133号

青春读书课．成长的岁月．上
QINGCHUNDUSHUKE. CHENGZHANG DE SUIYUE. SHANG

出 品 人	聂雄前
责任编辑	蒋鸿雁　谢　芳
责任技编	梁立新
责任校对	黄海燕
书籍设计	韩湛宁
插页设计	李晓光

出版发行	海天出版社
地　　址	深圳市彩田南路海天综合大厦　(518033)
网　　址	www.htph.com.cn
订购电话	0755-83460293（批发）　83460397（邮购）
排版制作	深圳市思成致远创意文化有限公司 Tel：0755-82537697
印　　刷	深圳市华信图文印务有限公司
开　　本	787mm×1092mm　1/16
印　　张	19.25
字　　数	350千
版　　次	2018年1月第1版
印　　次	2019年10月第4次
定　　价	32.00元

序

在阅读好书中构建自己的精神家园

（一）

简直不敢相信，这厚厚的七大卷书竟出自一位普通的中学老师一人之手——我编过类似的中学生课外读物：《新语文读本》。我们是动员了十多位朋友，先后折腾了两年，才编出来的，其中的艰苦，我是深有体会的。因此，我懂得这数百万字的分量。

对于一直在关注、思考中学语文教育的我，这套书更有一种特殊的意义。当我发现在许多重要的教育理念、编辑思想上，我，以及我们《新语文读本》的朋友与这套书的编者严凌君确有相通之处，自有一种志同道合的欣慰感，在某种程度上，这是反映了一种共同或类似的教育思潮的；而当我进一步发现，严老师的思考有许多属于他自己的独立创造与开拓，更是感到由衷的喜悦。这正是我要感激严凌君先生以及他的学生的：他们的试验激发与深化了我的思考。

因此，我十分乐意为这套书写序，也借此向严老师，以及所有处在教育第一线的语文老师们，表示我最大的敬意。因为只有他们，才是中国语文教育改革的主力，如果不能保证中学语文老师自由言说的权利，不能充分发挥他们的积极性与创造性，并且落实到他们的具体教学实践中，中国的教育改革，就会如有些老师所担心的那样，仅仅成为一阵喧嚣。有什么样的教师，就有什么样的教育；中学语文教育改革的成败，全系于语文老师的文化、精神素质和主动精神。严凌君老师编写的课外阅读教材和他主持的深圳育才中学"青春读书课"的成功，之所以如此令人振奋，就是因为这是期待已久的第一线老师的个性化的言说，是他们对中国语文教育的思考与追求的独立表达；而且我知道，像严凌君这样已经或准备发出自己的声音，并在努力实践的老师，其绝对量并不小，而且将会越来越多。这正是中国语文教育改革的希望所在,也是这套读本的独特价值所在。

（二）

严老师说,他的读书课和他编的教材,都是他送给学生的"礼物"。听听学生的反应,是不能不为之感动的——"读书课给予我们一个和伟人交流的机会和氛围,再不是和网友胡侃,不是包围在数理化的题海里,不是每天重复过着日子,平庸地思考。它让我知道世界上还有这么一群人,在思考着这么一些问题,发现原来世界并不像自己想象的那么简单,知道原来我们祖先是这样一步一步地走向文明……老师的一句解说让我们恍然大悟,豁然开朗,引起太多太多的思考——我们到底为什么活着?自由的意义是什么?……原来活在这个世界上,不仅需要知识,还需要那么一点精神支柱;我终于懂得,不仅需要知识武装自我,还需要有精神来升华自我。"

这里,涉及一个非常重要的问题:中学教育究竟意味着什么?我们知道,中学阶段,正是人生的起始,是人的个体生命的"童年"。而中学生活与人际关系的相对单纯、无邪、明亮、充满理想,就使得中学更是人生中的梦之乡,它不可重复,留下的却是永恒的神圣记忆:一个人有还是没有这样的神圣记忆,是大不一样的。中学阶段当然需要学习知识,但更需要的是通过知识的学习,构筑一片属于自己的精神家园,即使带有梦幻色彩,却会为终生精神发展垫底,成为照耀人生旅程的精神之光;而且可以时时反顾,是能够返归的生命之根。

严老师正是从构建学生精神家园这一大视野,去思考与设置他的中学阅读教育的作用与方式的。他提出了两个非常有意思的概念:"平面的生活"与"立体的生活"即"第二种生活"。所谓"平面的生活"是受具体时空限制的,是偏于肉体的、物质;而"立体的生活"则是精神的、心灵的生活,是超越时空的。中学生就其平面生活而言,显然是狭窄有限的;但却可以通过书籍这个秘密通道,打破时空的限制,穿梭古今,漫游于人类所创造的精神空间,这不仅极大地扩展了学生的精神生活面,而且也极大地提高了学生精神生活的质量:在和创造人类与民族精神财富的大师、巨人的对话中,重新经历他们在书中所描述的生活,自会达到一种前所未有的精神境界。

由此而形成了一个基本理念:"在阅读好书中构建自己的精神家园"。这一理念是贯穿全书的。

严老师的这套读本共分七卷，按我的理解，似乎可以分为三大板块。一至三卷，即《成长的岁月——我的学生时代读本》《心灵的日出——青春心智生活读本》与《世界的影像——文学理想启蒙读本》，某种程度上可以视为"生命读本"，是和学生一起讨论他们从童年到少年、青年的生命成长过程中所遇到的各种精神命题，帮助他们认识自己和自己赖以生存的世界。其中又贯穿着两个教育理念："成长的权利"与"敬畏青年"。严老师满怀激情地这样写道："从出生到大学毕业，一个人要用二十几年来求学，在此期间，他无须对社会有所贡献，他的任务就是学习、成长"，于是就有了"成长之美"与"成长的感觉"，更重要的是，还有"成长的权利"："儿童的权利，就是探索、发现和成长的权利。"而"青春时代不只是为了成年生活做准备，它本身就是一种生活，最多的梦想，最纯的情感，最强的求知欲，最真的人生态度……让我们一边欣赏自己青春的美，一边为自己的未来播种"。应试教育的最大问题正是在于对孩子仰望天空的幻想的权利的剥夺，对好奇、探索、发现、创造的欲望的压抑，用残酷的生存竞争，打磨年轻人生存的锐气，消解他们的理想与青春激情，最终把学生变成一个"成熟"的庸人。严老师的读本所要做的工作，不过是要把"属于孩子的还给孩子"，放手让他们自由而健康地成长。

第四卷《古典的中国——日常生活人性读本》，第五卷《白话的中国——20世纪人文读本》，第六卷《人类的声音——世界文化随笔读本》，则可以视为"文化读本"。严老师也自有独特的理解与处理：讲中国古代文化，他强调要引导学生"看中国人如何诗意地栖居在大地上"，"知道中国民族文化的好处，才能高高兴兴地做一个中国人"。他认为，引导青年学生"阅读20世纪白话文本"，"就是认识20世纪的中国，从文字上为百年中国把脉"。这是刚刚过去的历史，与"现在的中国"的现实生活有着血肉联系，与今天的学子是更为休戚相关，也更重要："书籍一定要与人痛痒相关才值得去读。"而讲到外国文化，他这样开宗明义："人所具有的，我都具有。世界，是我们共有的世界；一切的文化都有我的一份；一切的声音，都有我的音量。"他要引导学生建立一种"人类的家园"意识：一切非本民族的文化都不是"他者"，而是"我"的一个部分；"我"也应该对人类文化的创造做出自己的贡献。

第七卷《人间的诗意——人生抒情诗读本》，是以"诗歌"为"青春读书课"系列读本作"结"，这里包含着对"诗"与"年轻的生命"的内在联系的深刻理解："几乎在每一个人的人生中，都有一段诗意盎然的岁月，仿佛只有诗歌才能述说满腹的心思、书写对生活最初的感应。每个年轻人天生的就是诗人。"严老师所要做的，正是要恢复诗歌本身，以及中学诗歌教学所应具有的神圣地位。从整套书系的结构上看，这显然是一个提升：将所有的阅读、思考、讨论，都升华为纯净而丰厚的心灵的诗。

这不仅是对生活的诗意的把握，更是对语言的诗意的感悟。"汉语家园"是"精神家园"题中应有之义：母语，是一个人存在的永远的皈依。引导中学生感悟汉语之美，感受正确而自如地用汉语表达自己的快乐，建立与母语的血肉联系，将母语所蕴含的民族文化、民族精神的根扎在心灵的深处，并在此基础上构造起自己的精神家园。这是中学语文教育的根本，也是严老师这套读本的归结点：这里充满着思想之美、文学之美与语言之美，相信孩子们会喜欢它，成年人，我们这些教育工作者，也能从中受到许多启示。

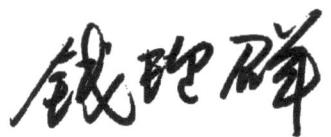

前　言

　　人的成长是一件奢侈的事。在所有的动物中，人的孕育期最长，人的学习生存技能的时间也最长。随着社会文明的演进，一个人的学生时代也日益延长。从出生到大学毕业，一个人要用二十几年来求学，在此期间，他无须对社会有所贡献，他的任务就是学习、成长。漫长的学生时代，属于社会对人的昂贵的投资期——人是大自然精雕细刻的一件作品，成长岁月的奢侈，正是为了让每个人有机会养育成一件珍品。

　　年年岁岁花相似，岁岁年年人不同。每一个年龄的人都具有独特的美，青春的美就在于成长。那些闪亮的日子，带着充满悬念的神秘，接踵而来。不成熟，正是青春的至纯至美。一切都没有定型，一切都还来得及，一切都可以从头设计。无数的可能性，无尽的选择，无可限量的未来，都在今天蕴藏。

　　中学校园，就像一座青春的流动站。一群群花样年华的少年，在这里洒下童真的迷惘，孵育巨人的梦想。作为整体，仿佛今天的云在抄袭昨天的云；落到个人，每一天太阳都是新的。成长的感觉，外人看来，是芝麻开花节节高的喜悦；自己体会，则有蛹虫化蝶的痛苦和新鸟破壳的挣扎。青春的快乐不是轻松，而是一步一个脚印地踏实进步。在真实的矛盾中突围的灵魂，才能获得飘然欲仙的心智的解放。

　　青春时代不只是为了成年生活做准备，它不是一个过渡的时段。青春时代，本身就是一种生活。一个人一生中最具活力的时段，也是一生中最热情洋溢的日子。最多的梦想，最纯的情感，最强的求知欲，最真的人生态度，如此美好的青春年华，我们岂能任由它混混沌沌地过渡掉？我们要明明白白地享受青春的生活，享受时间每天送来的珍奇，享受天天获得新知识的快感，享受每一次心灵的感动，享受心灵发育和智慧增长的喜悦，享受喜欢自己的美感，享受青春本身的魅力。

　　让我们一边欣赏自己青春的美，一边为自己的未来播种。

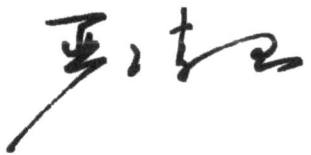

目 录

下编
成长的故事

梦幻迷离青春期

成长的岁月

孩子你慢慢来

YEARS OF GROWING UP

上编

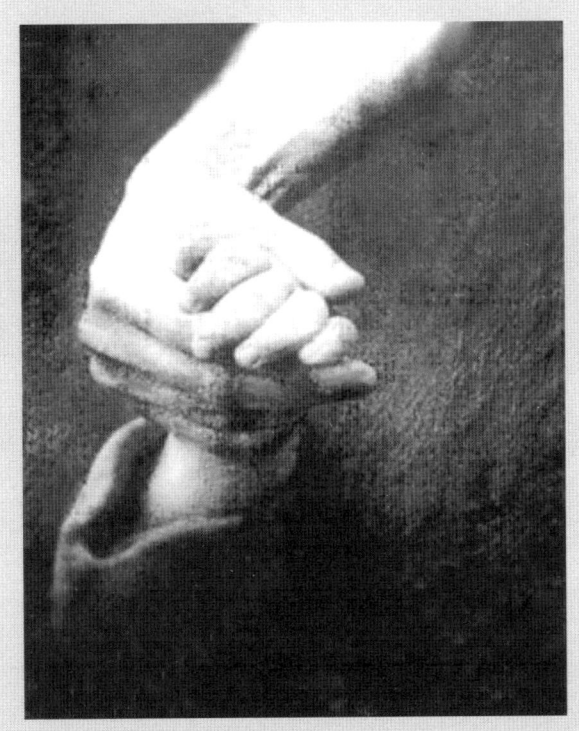

牵着孩子的手，带他走出黑暗和恐惧；
牵着孩子的手，带他走向广阔的世界。
小小的手，别哭。
请你接住，这是我的手。
让我与你同行。

【英国】斯蒂文森

屠岸 方谷绣 译

一个孩子的诗园①（4首）

真有这么一个世界，在成年人的世界覆盖之下，另有一个天真未凿的世界，就像雪被下的春芽，荒漠中的甘泉。在那里，一切都是神灵，一切都是新鲜，一切的朦胧都潜藏着希望，一切的梦幻都会成真，一切的谜语都有无数个谜底，一切的事物都没有标上价格，一切的生命都有一个长长的未来，而且，这个未来是值得期待的，这个世界是美好得可以让一些小小的人儿沉迷其中的——这就是儿童的世界，是专属于一个孩子的诗园。

斯蒂文森（1850~1894），英国作家。作品有《金银岛》《化身博士》《一个孩子的诗园》等。

瞧不见的游戏伴儿

独自玩耍的孩子，一点也不孤独。他们玩得兴致勃勃、浑然忘我，久久地沉迷其中，一点也没有大人们常常怨叹的寂寞和无聊。他们怎么能做到的？或许，有一个专门守护孩子的天使，名字可能叫作"儿童之友"，他陪着孩子玩耍、找乐。他快乐而友好，好心又耐心，他是精灵族，童话人，只有孩子才看得见。

孩子们独自在草地上游玩，
瞧不见的伴儿就悄悄来到身边。
孩子们高兴，寂寞，又挺乖，
"儿童之友"就从树林里走出来。

谁也没听到他，谁也没看到他，

---

① 选自斯蒂文森《一个孩子的诗园》，屠岸、方谷绣译，人民文学出版社，1982年版。

他这幅肖像，你永远不会描画。
可只要孩子们高兴，独个儿游戏，
他准定在这儿，不管在屋外，屋里。

他躺在桂冠里，他奔在草地上，
你碰响好听的玻璃杯，他就唱歌；
只要你快乐，又说不出理由，
在你身边就肯定有"儿童之友"！

他喜欢身子小，他不爱身子大，
能在你挖的洞子里住下的，正是他，
你让锡制的玩具兵上战场，
也是他：总站在法国人一边，吃败仗。

夜里，当上床的时候来到，
那是他：不再打搅你，叫你去睡觉——
你的玩具，不管在橱里躺、架上站，
那是他：会照料好每一样、每一件。

我的影子

我有个小小的影子，他跟我一模一样，他是我的一部分，他又不完全像我。他是我的朋友呢，还是另一个我？反正，有了他，我更喜欢我。

我有个小小的影子，进进出出跟着我，
我可不大知道他到底有什么用场。
他呀，从头到脚都非常非常地像我；
我跳上床去，倒看见他比我先蹦上床。

他怎样成长的呢，嘻，那才叫好玩——
全不像真正的孩子，慢慢地长大；
有时候他长得那么高，像皮球，一蹦蹦上天，
有时候他缩得这么小，我完全看不到他。
孩子应该怎样游戏，他可是完全不知道，
他呀，只知道捉弄我，跟我开玩笑。
他老是紧紧地跟着我，真像个胆小鬼，你瞧！

我像他跟牢我那样去跟牢保姆可多害臊!

一天早上,非常早,太阳还没有起身,
我起来看到露珠在金凤花儿上闪耀;
可是我那懒惰的小影子,真贪睡,还不醒,
他在我身后,在家里床上,呼呼地睡觉。

该睡的时候溜了

大人老是说:睡觉了,睡觉了!好像天一黑,剩下的事情就是睡觉。他们根本不知道,窗外的星光有多明亮。比人还多的星星,在天上眨着眼睛招呼我。每一颗星星上,一定有一个小孩子,看着大地上的我。

穿过窗格,窗栏,窗框,
    客厅和厨房里射出了灯光;
几百万,几千万,几万万颗星星,
    高高地旋转在我的头顶上。
树叶儿几千张,比不上星星多,
    教堂里,公园里,人不如星星多,
一群群星星啊,低头看着我,
    一群群星星啊,在夜空闪烁。
天狼星,北斗星,猎户星,火星,
    指引水手们航海的星……
在天上闪烁,墙边的水桶里,
    装了半桶清水和星星。
大人们看到我,边喊边追我,
    马上把我抱上了床;
灿烂的光啊,还在我眼前闪烁,
    星星们,还在我头上游荡。

睡 乡

白天我生活的地方,到了夜晚就完全不一样,因为我独自一人,去了睡乡。故事里的神仙和动物,全在那里等着我。我又高兴又害怕,每次漫游的地方都不一样。可是我不会迷路,总是能够回到白天待的地方。只是，我白天再寻找去睡乡的路，却怎么也找不到。

在白天，从早晨一直到黄昏，
我待在家里，守着朋友；
可是呀，每天夜里我出门，
老远地，到睡眠的国土去漫游。

我呀，只能一个人前往，
没人告诉我该去干什么——
我呀，自个儿站在小溪旁，
在梦里，自个儿又去爬山坡。

我得到许多稀奇的东西，
有的好吃，有的好看，
还见到许多可怕的景象，
在睡乡，直到太阳出东山。

白天，我寻找去睡乡的路，
怎样地努力，始终找不到；
白天，我也记不太清楚
睡乡的音乐——有多么奇妙。

【印度】泰戈尔

郑振铎 译

新月集①（4首）

新月，儿童之月，纯真、宁静、幽远、美丽。《新月集》，印度诗圣泰戈尔（1861~1941）献给世界儿童的珍宝。

纸 船

为什么小孩儿都喜欢玩纸船游戏呢？是对未知世界的好奇？是对未来人生之旅的模拟？或者，只是用小小的纸船通知世界——注意，我来了！

我每天把纸船一个个放在急流的溪中。

我用大黑字把我的名字和我住的村名写在纸船上。

我希望住在异地的人会得到这纸船，知道我是谁。

我把园中长的秀利花载在我的小船上，希望这些黎明开的花能在夜里被平平安安地带到岸上。

我把我的纸船投到水里，仰望天空，看见小朵的云正张着满鼓着风的白帆。

我不知道天上有我的什么游伴把这些船放下来同我的船比赛！

夜来了，我的脸埋在手臂里，梦见我的纸船在子夜的星光下缓缓地浮泛向前。

睡仙坐在船里，带着满载着梦的篮子。

对 岸

为了探知河对岸的奥秘，小孩儿居然立志做一个摆渡的船夫，是不是很幼稚？你是否想过，许多真正伟大的人物——比如那些著名的科学家、

---

① 选自郑振铎、冰心等译《吉檀迦利——泰戈尔散文诗选》，浙江文艺出版社，1991年版。

文学艺术家，他们一生都带着孩子般的好奇心，探索着宇宙和人心的奥秘，他们毕生的志趣，正是做一个摆渡的"船夫"啊。

我渴想到河的对岸去，

在那边，好些船只一行儿系在竹竿上；

人们在早晨乘船渡过那边去，肩上扛着犁头，去耕耘他们的远处的田；

在那边，牧人使他们鸣叫着的牛游泳到河旁的牧场去；

黄昏的时候，他们都回家了，只留下豺狼在这长满着野草的岛上哀叫。

妈妈，如果你不在意，我长大的时候，要做这渡船的船夫。

据说有好些古怪的池塘藏在这个高岸之后。

雨过去了，一群一群的野鹜飞到那里去，茂盛的芦苇在岸边四围生长，水鸟在那里生蛋；

竹鸡带着跳舞的尾巴，将它们细小的足印印在洁净的软泥上；

黄昏的时候，长草顶着白花，邀月光在长草的波浪上浮游。

妈妈，如果你不在意，我长大的时候，要做这渡船的船夫。

我要自此岸至彼岸，渡过来，渡过去，所有村中正在那儿沐浴的男孩女孩，都要诧异地望着我。

太阳升到中天，早晨变为正午了，我将跑到你那里去，说道："妈妈，我饿了！"

一天完了，影子俯伏在树底下，我便要在黄昏中回家来。

我将永不像爸爸那样，离开你到城里去做事。

妈妈，如果你不在意，我长大的时候，要做这渡船的船夫。

职 业

这孩子的理想一点也不远大，他只想做小贩、园丁和更夫，似乎很没有志气，很平庸，长大了这样活着似乎很没有价值。真是这样吗？职业对于一个人到底意味着什么呢？

早晨，钟敲十下的时候，我沿着我们的小巷到学校去。

每天我都遇见那个小贩，他叫道："镯子呀，亮晶晶的镯子！"

他没有什么事情急着要做，他没有哪条街道一定要走，他没有什么地方一定要去，他没有什么时间一定要回家。

我愿意我是一个小贩,在街上过日子,叫着:"镯子呀,亮晶晶的镯子!"

下午四点钟,我从学校里回家。

从一家门口,我看见一个园丁在那里掘地。

他用他的锄子,要怎么掘,便怎么掘,他被尘土污了衣裳。如果他被太阳晒黑了或是身上被打湿了,都没有人骂他。

我愿意我是一个园丁,在花园里掘地,谁也不来阻止我。

天色刚黑,妈妈就送我上床。

从开着的窗口,我看得见更夫走来走去。

小巷又黑又冷清,路灯立在那里,像一个头上生着一只红眼睛的巨人。

更夫提着他的提灯,跟他身边的影子一起走着,他一生一次都没有上床去过。

我愿意我是一个更夫,整夜在街上走,提了灯去追逐影子。

金色花

在孩子活泼的想象中,自己想变成什么就可以变成什么,比如说:把自己藏在一朵金色花里。那时候,妈妈看不见我,我却可以悄悄地发出香气,并把自己小小的影子投在妈妈正在读着的书页上。玩到肚子饿了的时候,我再变回妈妈的小孩。真能这样多好!

假如我变成一朵金色花①,为了好玩,长在树的高枝上,笑嘻嘻地在空中摇摆,又在新叶上跳舞,妈妈,你会认识我么?

你要是叫道:"孩子,你在哪里呀?"我暗暗地在那里匿笑,却一声儿不响。

我要悄悄地开放花瓣儿,看着你工作。

当你沐浴后,湿发披在两肩,穿过金色花的林荫,走到做祷告的小庭院时,你会嗅到这花香,却不知道这香气是从我身上来的。

当你吃过午饭,坐在窗前读《罗摩衍那》②,那棵树的阴影落在你的头发与膝上时,我便要将我小小的影子投在你的书页上,正投在你所读的地方。

但是你会猜得出这就是你孩子的小小影子么?

当你黄昏时拿了灯到牛棚里去,我便要突然地再落到地上来,又成了你的孩子,求你讲个故事给我听。

---

① 金色花:印度圣树,木兰花属植物,开金黄色碎花,译名亦作"瞻波伽"或"占波"。

② 《罗摩衍那》:印度的一部叙事诗,相传系第五世纪Valmiki所作。全书二万四千章,分为七卷。

"你到哪里去了，你这坏孩子？"

"我不告诉你，妈妈。"这就是你同我那时所要说的话了。

【德国】雷丁

柳筝 译

我的城市①（4首）

约瑟夫·雷丁（1929年生），德国作家。雷丁笔下的儿童"长大了"一点，他们不再一味在想象中梦游了，开始关注身边的世界，热爱现实生活，并提出自己"孩子气"的看法。

日安，白天！

每次一觉醒来，都精神抖擞地投入一个新的日子，一个成长的日子。白天一定很高兴与这种小孩合作的。不信，你试着去拍拍"白天的肩膀"。

你一起床
就去拍
白天的肩膀
捶他的肋骨
使劲把他拥抱
并对他说：
"日安，白天！
你可愿意
一直到晚上
陪我一道？"
你会吓一跳
白天多半会
咧嘴大笑，说：
"好！"

---

① 选自白冰、汤锐主编《世界儿童文学名著鉴赏大典·诗歌、散文、寓言卷》，广西人民出版社，1992年版。

不是每一个

是呀，不是每一个。除了自己，还有别人；除了我们，还有他们。我们拥有的，别人不一定拥有；我们渴望的，别人也一定渴望。所以，一个人的眼睛，不能只盯着自己的鼻子。而且，我们要知道，电影里不是除了好人就是坏人，生活中不要光凭表面现象去看人。

不是每一个买书的
都爱读书，
不是每一个戴奖章的
都是好手。
不是每一个上学的
都学到东西，
不是每一个买肥皂的
都为去污，
不是每一个到首都波恩去的
都善于管理，
不是每一个有手杖的
都去散步，
不是每一个用刺刺人的
都是玫瑰，
不是每一个有屁股的
都有一条裤。

建 议

为什么有那么多东西把人与人隔开呢？从孩子的角度看世界——往往是最正确的角度，这世上很多事情必须改变。你对自己生活的世界有什么建议吗？

应当来
一次大扫除
去掉世上所有
把人隔开的东西：
去掉铁丝网、

地界标杆、
栅栏、
城墙、
壁垒、
篱笆、
禁令、
关卡、
障碍物
以及"此地
唯我独有!"
"他人不得
入内!"
"禁止在此
寻物!"
"滚到你
该去的地方去!"
等句。

我的城市

这孩子有点调皮,一个调皮的城市小孩。他喜欢自己居住的城市,虽然他又脏又爱嚷嚷。孩子说,这是"我的城市",他的许多特点就像我的家人。别怪我又敲垃圾桶,又扔易拉罐,这是因为我喜欢让我的城市发出一点我的声响。

我的城市常常
是脏的;
但我弟弟
也脏,
可我欢喜他。
我的城市常常
爱嚷嚷;
但我姐姐
也爱嚷嚷,

可我欢喜她。
我的城市很沉闷
像我爸爸的声音，
又很明亮
像我妈妈的眼睛。
我的城市和我
我们是朋友
彼此很相知；
可不是泛泛之交，
像那些从远方来的
有时由市长陪着在
大街上逛的朋友。他可不
给他看
碎石堆。
我们还要把
我们的客人
接到家里，引进
住宅里，让他
和我们的垃圾桶
一起休息。
但有时，在我
上学之前，
我要敲敲
漂亮的灰垃圾桶
的盖子，
好让它快活地响，
我还要在垃圾场上
向闪亮闪亮的
白铁罐祝福地
扔一块石头
好让它跳跳舞。

【西班牙】加西亚·洛尔卡

赵振江 译

我走在布满雏菊的天上①（3首）

加西亚·洛尔卡（1898~1936），西班牙诗人、剧作家。神秘而幽深的诗句，犹如孩子的奇异的梦呓。

我走在布满雏菊的天上

小男孩难免有做巨人、英雄、侠客的梦想，今天我就认为自己是一个圣徒，漫步星空，就像走在布满雏菊的田野。我英雄救美，我仗义疏财，我手握月亮，并不想占为己有，我把它放回天空发出银光。我只是喜欢，漫步在布满雏菊的天上。

  我走在
  布满雏菊的天上。

我是圣徒
今天下午我这样想。
人们将月亮
放在我手上。
我重新把它
放回天空
上帝用玫瑰和光环
作为对我的奖赏。

  我走在
  布满雏菊的天上。

---

① 选自赵振江译《洛尔卡诗选》，漓江出版社，1999年版。

现在我沿着
这片田野
从坏蛋手中
解救那些小姑娘
并将金币
送给所有的少年郎。

我走在
布满雏菊的天上。

哑孩子

那些失去语言能力的孩子，他们的声音丢失在哪里？是否藏在一滴水里？或许，它们身穿蟋蟀的衣裳——远方蟋蟀的鸣叫就是哑孩子在说话，神秘而幽远，只是无人知晓？我寻找这声音，要把它们做成一枚戒指，戴在哑孩子的指上，作为我们相知相识的暗号。

孩子将自己的声音寻觅。
（它在蟋蟀之王的手里。）
孩子在一滴水里
将自己的声音寻觅。

我喜欢这声音并非为了开口
我在用它做一枚戒指
以便将我的沉默
戴在他小小的指头。

孩子在一滴水里
将自己的声音寻觅。
（那浮动的声音，在远方
身穿蟋蟀的衣裳。）

老蜥蜴
（1920年7月于苏海拉谷地）

谁能知道一只蜥蜴在想些什么呢？假如我们在傍晚的乡间小路上，

和一只老蜥蜴相遇,会不会一石头把它砸死,就因为它样子难看,体型又小,不是我们的对手? 你有没有像诗人洛尔卡一样想到——这也是一个生命,它也有自己的生活,甚至,它也像你一样,有自己的喜怒哀乐,会沉思,有爱的向往? 如果对某个小生命产生了这种情怀,你是否也想与它对话,就像诗人做的那样?

在酷热的小路上
我碰到好心的蜥蜴——
鳄鱼的泪滴
深思熟虑。
身穿魔鬼教士
绿色的长衣,
道貌岸然,
衣领儿烫得整齐,
俨然是一位年长的教授
心中充满悲戚。
一双憔悴的眼睛
在暮色中
沉迷,
像一位艺术家
平生怀才不遇。

朋友,这是您
傍晚的散步吗?
蜥蜴先生,
您拄着拐杖
老态龙钟,
村里的顽童
会叫您吃惊。
视力微弱的哲学家,
您在路上寻找什么,
是不是八月的傍晚
那捉摸不定的魔影
打碎了地平线的造型?

是向垂死的天空
乞求蓝色的施舍
还是乞求一厘米星星？
或者在探讨拉马丁
要么是喜欢聆听
鸟儿悦耳的啼鸣？

（请看那夕阳，
你的眼睛在闪亮，
啊，青蛙之龙！
具有人类之光。
思维的小舟
没有船桨
在你烧烟的虹膜上
渡过黑水茫茫。）

或许您在寻找
美丽的蜥蜴娇娘。
她浑身碧绿
宛如五月的麦苗，
又像睡泉的秀发一样，
她是不是将您藐视
离开了您的田庄？
啊，在清新的三棱草上
甜蜜的恋歌已经解体！
但是活着简直是见鬼！
您对我多和气。
"我反对毒蛇"的信条
在大主教肥厚的下巴上
赢得了胜利。

太阳
已经溶解在山巅，
羊群
使道路乱成一片。

是该走的时候了，
请您离开那狭窄的小路
别再深思熟虑，
当观察过星星
当蠕虫蚕食您的肌体
您会有处可去。

请您回家去吧
在那蟋蟀村庄的下边！
蜥蜴先生啊，
朋友，晚安！
田野已经没有人影，
群山已经没有声息，
道路上一片寂静。
只有从杨树林的叶丛中
不时传来
一只杜鹃的啼鸣。

【美国】艾米莉·狄金森

江枫 译

篱笆那边① （5首）

艾米莉·狄金森（1830~1886），美国诗人，一生葆有赤子之心。学者们称她是西方最伟大的女诗人，并非因为她的诗歌莫测高深，相反，倒是因为她的诗歌纯净如水，透亮地反射出人性的本真。她的许多诗歌，用童心去理解，才容易品出滋味。

亲爱的三月，请进

口口声声"亲爱的"，我们有点不习惯；对一草一木都说"亲爱的"，似乎是情感发了洪水，别人也受不了。但是，如果我们用喜悦和亲切的心情对待世界，总会有某种事物让你感动，比如，熬过一个寒冬，终于迎来了春天，我们或许会把她当作期待已久的贵客，热情招待。那时候，我们可能因为自己的喜悦和亲切，忍不住唤一声：亲爱的三月……

> 亲爱的三月，请进
> 我是多么高兴
> 一直期待你光临
> 请摘下你的帽子
> 你一定是走来的
> 瞧你上气不接下气，
> 亲爱的，别来无恙，等等
> 你动身时自然可好
> 哦，快随我上楼
> 有许多话要对你说
> 你的信我已收到，而小鸟

---

① 选自江枫译《狄金森诗选》，湖南人民出版社，1984年版。

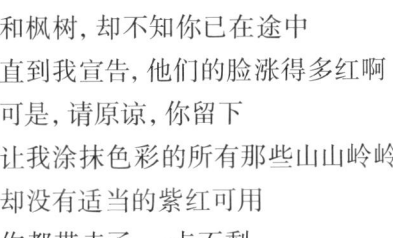

和枫树，却不知你已在途中
直到我宣告，他们的脸涨得多红啊
可是，请原谅，你留下
让我涂抹色彩的所有那些山山岭岭
却没有适当的紫红可用
你都带走了，一点不剩

请回答我，七月

如果五月和七月对话，他们会说些什么？他们一定好奇对方的世界是什么样，也一定想知道，在自己的季节生长的事物，到了另一个季节，不知到哪里去了？不用担心啊，这世上出现过的每一样，每一件，都被容纳万物的"年"好好收藏。

请回答我，七月
哪里是蜜蜂
哪里是干草
哪里是羞红的面孔

啊，七月说
哪里是种子
哪里是蓓蕾
哪里是五月
请你，回答我

哎，五月说
让我看雪飘
让我看风铃
让我看樫鸟

樫鸟他问道
哪里是玉米
哪里是迷雾
哪里是球果
年说，都在这里

篱笆那边

上帝，也是有童心的圣灵吧？不然，为什么人们说孩子是最接近神灵的呢？

篱笆那边
有草莓一棵
我知道，如果我愿
我可以爬过
草莓，真甜！

可是，脏了围裙，
上帝一定要骂我！
哦，亲爱的，我猜，如果他也是个孩子
他也会爬过去，如果，他能爬过！

如果我能使一颗心免于哀伤

从小说理想，我们都爱说要成为这个家那个家，很少会去想想，这些都是人的价值的外在标志。人活着，更重要的是内在价值的实现，比如说，善良、同情、一个生命对另一个生命的爱与关怀……

如果我能使一颗心免于哀伤
我就不虚此生
如果我能解除一个生命的痛苦
平息一种酸辛

帮助一只昏厥的知更鸟
重新回到巢中
我就不虚此生。

我的河在向你奔来

如果生命是一条河，那么海就是它的归宿；如果童年是一条河，那么海就是它的成年；如果一个人是一条河，那么海就是人群、社会、民族、祖国、人类；如果人的向往是一条河，那么海就是希望所在……万川赴海，海纳万川，当我的河向你奔来，大海，请你张开慈祥的怀抱，接住我！

　　我的河在向你奔来
　　欢迎么？蓝色的海！
　　哦，慈祥的海啊
　　我的河在等候回答
　　我将从僻陋的源头
　　带给你一条条溪流
　　说啊，接住我，海！

【芬兰】卡亚拉

飞白 译

我很小的时候①

你是中学生了，是否还记得"母亲的手臂发出早晨的清香"？当你"从一个梦爬向一个梦"的时候，你成长了吗？你迷路了吗？

我很小的时候湖水是蓝的，
我很小的时候礁岩是暖的。
我很小的时候
母亲的手臂发出早晨的清香，
我很小的时候
我手脚并用
从一个梦爬向一个梦。

---

① 选自飞白主编《世界诗库》，花城出版社，1994年版。

【中国】梁小斌

雪白的墙①

　　雪白的墙被涂脏了,清纯的童心被扭曲了,和谐的社会被搅乱了,平常的生活变形了。那雪白的墙,只能在梦中出现吗?

妈妈,
我看见了雪白的墙。

早晨,
我上街去买蜡笔,
看见一位工人
费了很大的力气,
在为长长的围墙粉刷。

他回头向我微笑,
他叫我
去告诉所有的小朋友:
以后不要在这墙上乱画。

妈妈,
我看见了雪白的墙。

这上面曾经那么肮脏,
写有很多粗暴的字。

妈妈,你也哭过,
就为那些辱骂的缘故,
爸爸不在了,

---

① 选自《诗刊》,1980年10月号。

永远地不在了。

比我喝的牛奶还要洁白、
还要洁白的墙，
一直闪现在我的梦中，
它还站在地平线上，
在白天里闪烁着迷人的光芒，
我爱洁白的墙。

永远地不会在这墙上乱画，
不会的，
像妈妈一样温和的晴空啊，
你听到了吗？

妈妈，
我看见了雪白的墙。

1980年5~8月

【中国】顾城

我是一个任性的孩子①

任性的孩子，才有真正的童年。从小事无巨细循规蹈矩（规矩是大人定的）的孩子，他的童年被成人社会剥夺了，当他从小失去了童年，长大了就会失去自我，然后，失去自己的一生。因为童年的游戏规则，和成人社会的不一样。一个任性的孩子，用童心来看世界，认为世界应该是这个样子——"每一个时刻，都像彩色蜡笔那样美丽"，"永远不会流泪的眼睛"，"快乐的小河"，"我想在大地上，画满窗子，让所有习惯黑暗的眼睛，都习惯光明"……而成年了的人们，认为这些幼稚可笑，这一切都是梦话愚行。所以，"我没有领到蜡笔"，只剩下"手指和创痛"——纯真的美梦就这样一个个自生自灭。试问，孩子幻想中的童话世界和现实的成人社会，哪个更值得人居住呢？成人社会的游戏规则都是合理的吗？当一个人走出童年，就一定要抛弃童心吗？

顾城（1956~1993），中国20世纪80年代朦胧诗派的主要成员之一。

我想在大地上，画满窗子，让所有习惯
黑暗的眼睛，都习惯光明。

也许
我是被妈妈宠坏的孩子
我任性

我希望
每一个时刻
都像彩色蜡笔那样美丽
我希望

---

① 选自顾城《黑眼睛》，人民文学出版社，1986年版。

能在心爱的白纸上画画
画出笨拙的自由
画下一只永远不会
流泪的眼睛
一片天空
一片属于天空的羽毛和树叶
一个淡绿的夜晚和苹果

我想画下早晨
画下露水所能看见的微笑
画下所有最年轻的
没有痛苦的爱情
画下想象中
我的爱人
她没有见过阴云
她的眼睛是晴空的颜色
她永远看着我
永远，看着
绝不会忽然掉过头去

我想画下遥远的风景
画下清晰的地平线和水波
画下许许多多快乐的小河
画下丘陵——
长满淡淡的茸毛
我让它们挨得很近
让它们相爱
让每一个默许
每一阵静静的
春天的激动
都成为一朵小花的生日

我还想画下未来
我没见过她，也不可能
但知道她很美

我画下她秋天的风衣
画下那些燃烧的烛火和枫叶
画下许多因为爱她
而熄灭的心
画下婚礼
画下一个个早上醒来的节日——
上面贴着玻璃糖纸
和北方童话的插图

我是一个任性的孩子
我想涂去一切不幸
我想在大地上
画满窗子
让所有习惯黑暗的眼睛
都习惯光明
我想画下风
画下一架比一架更高大的山岭
画下东方民族的渴望
画下大海——
无边无际愉快的声音

最后，在纸角上
我还想画下自己
画下一只树熊
他坐在维多利亚深色的丛林里
坐在安安静静的树枝上
发愣
他没有家
没有一颗留在远处的心
他只有，很多很多
浆果一样的梦
和很大很大的眼睛

我在希望
在想

一个孩子的诗园

但不知为什么
我没有领到蜡笔
没有得到一个彩色的时刻
我只有我
我的手指和创痛
只有撕碎那一张张
心爱的白纸
让它们去寻找蝴蝶
让它们从今天消失

我是一个孩子
一个被幻想妈妈宠坏的孩子
我任性

1981年3月

【德国】于尔克·舒比格

廖云海 译

当世界年纪还小的时候①（3则）

当世界年纪还小的时候，我们可以重新设计世界，当世界年纪还小的时候，一切是可能的。人的流浪叫旅行，旅行很有意思，整座城市的流浪会不会更有意思？狮子的吼声就像一个离家出走的孩子，它迷失在远方，回不了家，最后被一只老鼠收养，可是老鼠的吱吱声又被迫弃家出走，躲在远方，听老鼠发出狮子的吼声，感到新生的幸福。别人不相信你，这种事情常常发生，你怎么办——像南瓜一样，默默地成长。

于尔克·舒比格，1936年生于瑞士，职业是心理治疗师，业余写书。

流浪的城市

有一座城市叫做阿拉瓦德，它坐落在蔚蓝的海边。突然有一天，它不留痕迹地消失了。最早发现这件事的是个男人，他正要去城里探望他年老的母亲。他登上山丘，山丘上原本有座塔楼。塔楼不见了，烟囱也不见了，整个阿拉瓦德消失得无影无踪。海边，原本阿拉瓦德所在的地方空荡荡的，只剩下一条条空街道纵横交错。

"阿拉瓦德消失了，没有留下任何痕迹，也没有看到任何这方面的报道。"男人想，"它一定是趁着黑夜和浓雾走的。"

那人决定去找寻这座城市。他四处走，到处问："你们看到阿拉瓦德了吗？"没有人碰到过这座城市。"阿拉瓦德！"他扯破喉咙大叫。即使是在容不下一座村庄的峡谷里，人们也可以听到他的叫声。

"也许阿拉瓦德在离开的时候没有留意边界线，它是已经到了国外。"那人想。于是他去了不同的国家寻找。

十年后的一天，他突然看到一座在他的地图上没有标注的村庄。他以为自己迷路了，所以向一个正在赶家畜的年轻人问路："这条路是通往卡沙罗沙的吗？"

---

① 选自同名童话。四川少年儿童出版社，2006年版。

"也许是吧。"年轻人回答道。

"你不是这里的人吗？"

"不是的。"年轻人回答道，"这里经常变换地方。"

那人想这个年轻人一定是大脑有点问题。不过他还是像以往那样问了他的问题："有没有一座城市从这里经过呢？"

"一座城市？它叫什么名字呢？"

"阿拉瓦德。"

"我不知道这个城市。它是什么样子的？"

"在这座城市里有工厂、教堂、医院、学校、酒吧、商店、桥梁、停车场。"

"这里经常漂过一座座城市。"年轻人说，"也漂过一座座村庄。有时候还有单独的房子漂过。如果我要记住所有的名字和所有的塔楼、桥梁，我会被忙死的。"

"有城市经常从这里经过？"那人问，"那么它们去了哪里呢？"

"这儿、那儿，谁知道。"年轻人说，"去它们要去的地方。就拿这座村庄来说吧，它到这已经一个月了，我们不知道它是否会继续待在这儿，还是会永远留在这儿。或许，它只是在这里歇歇脚，然后继续远行。我们得跟着村子过日子，它去哪儿我们就去哪儿。有时候我们还没有适应，就又得收拾房子、畜舍、谷仓上路了。听说有一些一直在漂流的城市，它们没有停下来过。那里的居民基本上都是锅炉工和说书人。"

就在这个时候，远处传来咕隆隆的响声。"我们的村子要走了。"年轻人说，他拴好最后一头牛。"您现在走吧，如果您还想找到您的路的话。"

那人照着年轻人说的做了。他刚离开那座村庄，村庄就带着它的所有居民上路了。

天慢慢黑下来，那个人坐在路边想着他的城市："它也许迷路了，找不到地方停下来。"

然后他听到背后传来一阵阵喇叭声、铃声、笑声，他转过头去，看见他的城市出现在眼前。工厂、教堂、医院、学校、酒吧、商店、桥梁、停车场。

它看起来和从前没什么区别，只是多了一些长途旅行的沧桑。在城市的另一面，太阳正要下山。

"阿拉瓦德！"他轻声说。

"原来你在这里！"城市说，"正好，你母亲要死了，快来！她正在等着你呢。"

在我们这儿城市不会消失，只有猫会跑掉，金丝雀会飞掉，金鱼会游走。它们都去哪里呢？

狮子的吼声

一只生了重病的狮子大吼一声，它的吼声传向远方。在远方的尽头长着一棵荆棘，吼声缠挂在了荆棘上。吼声当然想要挣脱，它越用力就缠得越紧。经过几小时、几天、几星期之后，它终于挣脱了。它马上跑回狮子身边，狮子已经死了。在太阳的烘烤下，尸体已经腐烂发臭。鸟儿们单脚停在它的肋骨上，虫子在它的耳朵里筑巢。

这里必须说明一下，吼声不是第一次迟到了。在狮子没死之前，它就迟到过。通常狮子没办法骂它，因为这个时候它还没有声音，它必须先收回吼声。

没有了狮子，吼声怎么办呢？长此下去，肯定不行。它希望有个落脚的家。没有狮子愿意换新的声音，声音总是自己的好。要是羚羊和麋鹿肯换的话，对它们肯定有好处。但是，每次它们一听到狮子的吼声，就吓跑了，根本听不到吼声的请求。

吼声开始绝望。突然，一只小老鼠出现了。它从很远的地方听到了吼声的请求，它对换声音很感兴趣。"过来吧，狮子的吼声。"它吱吱地叫着，"我可以在喉咙里给你提供一个位置。"

"去你那儿？"吼声叫道。

老鼠二话不说赶跑了自己的声音，接纳了狮子的声音。对吼声来说，这一切来得太快了，但它总归没有拒绝。"地方虽小了点，但总比孤单好。"吼声想。

吱吱声在外边问："那么我呢？我该怎么办？"

老鼠吼道："你离我耳朵远点，你弄得我耳朵好痒。"

吱吱声没有了老鼠该怎么办？在故事结束之前还是得说明一下。吱吱声离开了老鼠，它得找一个新地方。在邻近的山坡上，它找到了一个空老鼠洞。它在那里住了下来。每天晚上它都在等待恐怖的狮子吼声，吼声穿过原野传到这里。每当吼声经过，大地都会颤动，那些长了蛀虫的水果就会落下来。

"我的狮子！"吱吱声小声地说。然后它总是在近乎幸福的赞叹声中入睡。

南 瓜

洋葱、萝卜和西红柿，
不相信世界上有南瓜这种东西。
它们认为那是一场空想。
南瓜不说话，
默默地成长着。

【古希腊】伊索

王念生 王焕生 译

伊索寓言（3则）①

　　伊索，前6世纪古希腊的一名奴隶，形体残障，聪明过人。因善讲寓言故事而获得自由。伊索寓言反映了普通民众的民间智慧，深受人们喜爱。伊索喜欢将动物与人作类比引申，似乎暗示人要向动物学习，有一种冷峻的幽默感。寓言通常先说故事后讲道理，许多故事可以引出不同的道理，所以，有些寓言在选用时只保留新鲜的故事，删除了陈旧的道理。

马、牛、狗和人

　　宙斯创造了人，却让人短寿。人依靠自己的智慧，在冬季来临时，给自己盖好房屋，住在里面。一天，冷得出奇，天又下雨，马冻得受不住，跑到人那里去请求保护。人说，除非马把自己的一部分寿命送给人，否则就不保护他。马高兴地答应了。不久之后，牛也由于耐不住这样的寒冬，跑来找人。那人照样对牛说，除非牛把自己的一部分寿命送给人，否则就不收留他。牛献出了自己的一部分寿命，也被收留下来了。最后，狗冻得要死，也跑来把自己的一部分寿命送给人，得到了保护。这样，在宙斯给的岁月里，人纯洁而善良；到了马给的岁数，就说大话，高傲自负；到了牛给的岁数，开始能办事；而到了狗给的岁数，动不动就发脾气，大吵大闹。

狐狸和葡萄

　　狐狸饥饿，看见架上挂着一串串的葡萄，想摘，又摘不到。临走时，自言自语地说："还是酸的。"

　　同样，有些人能力小，办不成事，就推托时机未成熟。

---

① 选自王念生、王焕生等译《伊索寓言》，人民文学出版社，1981年版。

买 驴

有个人买驴，要牵去试一试，就把它牵到自家的驴中间，让它站在槽前。这驴不和别的驴在一起，单单走去站在一头好吃懒做的驴旁边。于是，买驴人就给它套上辔头，牵去还给原来的主人。主人问："这样试可靠吗？"买驴人回答说："不必再试了，依我看，挑选什么样的朋友，自己就是什么样的东西。"

这故事是说，谁喜欢什么样的朋友，谁就是什么样的人。

【法国】拉封丹

远方 译

拉封丹寓言诗① （2首）

　　拉封丹（1621～1695），法国诗人，以寓言诗名世。讲故事兼说理，本不是诗歌所长，但拉封丹做得很成功，他的寓言诗采用自由观察者的视角，文雅、宽容、幽默，乐于赞美常识。

用孔雀毛装扮的八哥

一只八哥捡起孔雀脱下的羽毛，
就照他的模样打扮起来。
他骄傲地在孔雀中间昂首阔步，
认为自己真是个人物。
有只孔雀把他认出来了，
他就被大家讽刺、挖苦、捉弄、嘘赶和侮辱，
孔雀先生们把他的毛拔得一干二净，
使他的样子非常可怕，
他想到他同类那里去躲一下，
也被他们推出门外。

像他那样的两脚八哥真不少，
他们常常打扮自己，用别人脱下来的皮和毛。
大家管这样的人叫抄袭家。

庄稼人和他的孩子们

劳动吧，受累吧，
这是最不能缺的本钱。

---

　　① 选自白冰、汤锐主编《世界儿童文学名著鉴赏大典·诗歌、散文、寓言卷》，广西人民出版社，1992年版。

一个富裕的农民,感到自己的死期已近,
他把孩子们都叫到跟前听他讲话,
没有旁人在场。
他说:"你们不要卖掉家产,
那是我们的父辈留给我们的,
而且还有珍宝埋藏在里面。
我不知道藏在哪里,你们要鼓起勇气,
这样就能达到目的,找到东西。
秋收过后你们就在地里翻腾,
你们要挖啊,掘啊,锄啊,不让任何一个地方
不经过你们的手的发掘。"
父亲死了,儿子们把地都翻遍了,
这里,那里,到处都找遍了,
一年以后地里的收成比往常多得多,
但是钱,一点也没有埋在里面。
不过父亲的考虑很周到,用意很深,
在他死之前就向他们指出:
劳动就是财富。

【意大利】达·芬奇

守慧 译

鹰的遗言①

038

　　达·芬奇（1452~1519），意大利文艺复兴巨匠，博学多才。他的寓言堪称强悍的生命礼赞。面临死亡的鹰的遗言，大气磅礴，威风凛凛，是一份强者的宣言，那种从小"养成勇敢地直视太阳的习惯"的剽悍生命力，那种让太阳的烈焰燃烧羽毛的死法，那种死而复生的信念，简直就是巨人的生命之歌，作者的自我之歌。

　　一只年迈的老鹰孤傲地独居在鸟迹罕至的悬崖峭壁上，生活了好多好多个年头。然而，它的精力日益不济，感到自己寿数已尽。

　　老鹰发出一声强有力的呼唤，召集来居住在附近山岩上的儿女们。大家到齐之后，老鹰环顾一下每个孩子说：

　　"你们都是我养大的，我把你们抚养大，从小就使你们养成勇敢地直视太阳的习惯。我让你们那些经受不住烈日烤射的弟兄都饿死了。这就是为什么你们理应比其他鸟类飞得更高的缘故。谁敢靠近你们的巢穴，谁就要倒霉！一切动物在你们面前都会心惊胆战。不过，你们要宽宏大量，不要伤害无力自卫的弱者。要记住那条古老的格言：你可以迫使别人怕你，但不能迫使别人尊敬你。"

　　孩子们恭敬地聆听父亲的教诲。

　　"我的寿数已尽，"老鹰接着说，"但我不想死在窝里。决不！我要最后一次竭尽全力振翅冲入云霄。我要迎着太阳飞去，让烈焰烧掉我衰老的羽毛，然后立即坠入大海深处……"

　　说这番话的时候，四周万籁俱寂，连山谷的回声也不敢来扰乱这庄严的寂静。

　　"但你们要知道！"父亲最后对孩子们说，"就在那一瞬间，将会出现一个奇迹：我将变成一只年轻力壮的山鹰飞出水面，重新开始新的生活。同样的命运在等待你们。这就是我们鹰的命运！"

　　说完，老鹰展开双翅进行最后一次翱翔。它是那样高傲和庄严，在山崖上空

---

① 选自守慧译《达·芬奇寓言故事集》，百花文艺出版社，2000年版。

作了最后告别的盘旋,在这里,它养育了无数后代,度过了漫长的岁月。孩子们怀着无比深厚的感情,肃然目送父亲勇敢地迎着太阳冲去。

【奥地利】福·泰格特霍夫

高年生 译

美丽的龙^①（4则）

天籁童心

040

福·泰格特霍夫（1954年生），奥地利当代童话大师，立志在逐渐丧失童心的当代生活中"重新变为孩子"，用"新的图像"复兴童话。作品有《美丽的龙》《药草童话集》等。

千镜庙

猪八戒照镜子——里外不是人。狗照镜子呢？摇尾巴的狗觉得世上充满幸福的狗，夹紧尾巴的狗觉得世间充满邪恶的狗。人呢？人人心里都有一面镜子，照出你自己的世界。古人有言：己所不欲，勿施于人。

一只狗听说有一座很特殊的庙宇：千镜庙。这只狗不知道镜子是什么东西，可是听起来挺好玩儿，反正它也没有什么特别的事要干，便动身前往千镜庙。

它在路上走了好多天、好几个星期，终于来到这座神秘的庙宇前。

它跑上台阶，打开门走了进去。这时，有一千只狗从一千面镜子里望着它。它很高兴，便摇摇尾巴。这时，一千面镜子里的一千只狗很高兴，也都摇摇尾巴。这只狗心里想：世上充满幸福的、心满意足的狗。从此以后，它每天都到千镜庙来。

这天下午，另一只狗来到了千镜庙。它也跑上台阶，打开门走了进去。这时，有一千只狗从一千面镜子里望着它。这只狗十分害怕，便低吠起来并夹紧尾巴。这时，一千面镜子里的一千只狗低吠起来并且也都夹紧尾巴。这只狗心里想：世上充满凶恶的、低吠的狗。于是它再也不到千镜庙来了。

你们说，这座千镜庙究竟在什么地方？

你们可以在自己家门口找到它！凡是敞开心扉、擦亮眼睛面对人生的人，就会遇到敞开心扉、擦亮眼睛面对人生的人。

---

① 选自福·泰格特霍夫《美丽的龙》，高年生译，人民文学出版社，1996年版。

可是，凡是城府森严、目露凶光面对人生的人，所遇到的也都是这种人……

勺 子

人人只顾自己的地方，就是地狱；人人互相关爱的地方，就是天堂。

一天，一个贤明的犹太教经师来到上帝面前，说："主啊，我有一个问题，我的学生问我怎样区分天堂与地狱。两者我都不熟悉，因此我无法解答。你能帮助我吗？"

"当然，我的朋友，跟我来！"上帝牵着经师的手，领他走进一座大厅。大厅中央燃烧着一堆火，火上煮着一锅鲜汤，汤锅周围坐着许多人——手中拿着长长的勺子。

可是——这些人看上去面有菜色，病病歪歪。

"怎么会这样呢？"经师问。他定睛细看——这时他看到：人们手中的勺子太长，无法把它送进嘴里。

"这是什么地方？"经师问。

"朋友，这是地狱！"

上帝牵着经师的手，领他进了另一个房间。同样的景象：一堆火，锅中煮着鲜汤，许多人坐在火的周围——手中拿着长长的勺子。

可是——这些人看上去满面红光，心满意足。

"怎么会这样呢？"经师问，并定睛细看——这时他看到：这些人互相喂食，互相给吃的！

"你猜到这儿是什么地方了吗？"上帝微微一笑，"这就是天堂！"

敲断的石头

不管什么好的教义、真理、道理，如果只在人们嘴上说说，而不能进入人的内心，那它就是可疑的尴尬的东西。

两个人在谈论宗教。一个人谈伊斯兰教，另一人谈基督教。两人都认为他们的宗教是唯一正确的。

这时有一个陌生人走过，听了一会儿他们的谈话。当穆斯林和基督徒开始争吵的时候，陌生人说："来，我想给你们看一样东西。"

他领他们来到附近的一条溪流旁，走到水里去找寻一块石头。他找到一块石头后又拿起第二块石头把第一块石头敲断。

"看吧，"他说，"这块石头的外壳完全湿透。它在水里躺了有好几百年、好几千年。这使它有了现在的样子。可是再看看它的内部：那是干的。尽管年深日久，水并没有渗透到它的中心。你们的宗教就是这样：它们围绕人们已有好几百年，甚至好几千年，但是它们一直还没有渗透到人们的内心。"

陌生人走出溪水，把基督徒和穆斯林两人单独留下……

女巫的不肖子

　　女巫的不肖子，正是人间的好孩子。那个开枪射出鲜花的想象多么浪漫迷人啊。

大多数孩子都熟悉女巫：女巫使所有人感到害怕，把王子变成青蛙，在苹果中下毒，月满时飞往公羊山。女巫脸上长瘊子，大多驼背，肩上栖息着凶恶的乌鸦。她们爱吃毒蟾蜍和鸡眼，从不刷牙。

这些都是女巫自己说的，因为她们还对此感到自豪。可是克蕾策的事谁也不知道。为什么？因为此事使女巫们很为难。

克蕾策是一个真正可怕的女巫。她有一桩很大的心事：她的孩子库尼贝特。

库尼贝特使女巫们害怕。他是一个可怕的孩子，因为库尼贝特……很乖。他是一个可爱的好孩子。他对施魔法、毒苹果等什么都不感兴趣。他的扫帚只是用来扫地，他不肯用它来飞行。库尼贝特最爱吃的菜是维也纳煎肉排加菠菜。他只喝牛奶，每天刷两次牙。他的母亲克蕾策从早到晚骂个不停：

"我怎么会有这么一个坏儿子？你为什么这么乖！至少坏一次嘛！！！你将来怎么会成为真正的巫师呢？！"

克蕾策感到绝望。

再加上魔女节越来越近了。到那时女巫们的子女就得证明他们已是真正的女巫和巫师了。其他的女巫都不为自己的孩子操心。一个坏过一个，残暴酷虐，暴殄天物，乐此不疲。

他们为迎接魔女节想出了可怕的事情：烧房子，扔炸弹，让汽车相撞。"你们干得真漂亮，真是乖孩子、好孩子。"自豪的女巫母亲们说。

克蕾策感到不安。可库尼贝特快活高兴，安慰他的母亲："你不要担心，我一定不会给你丢脸的。"

这个时刻来到了。熊熊的烈火在燃烧，女巫们跳狂热的舞蹈，怪声高唱可怕的歌。女巫们的孩子表演他们所干的坏事。现在轮到库尼贝特了。他勇敢地走到前面，说："我要去战争之国。"

女巫们难以相信。难道库尼贝特终于改变了吗？现在他是否已变坏了？

"好。"她们喊道，"打仗杀人，这是最坏的事！"

她们围着库尼贝特跳起魔女舞，嘻嘻哈哈，心花怒放。

库尼贝特来到战争之国。

在那儿，穿着红色军服的士兵们向穿着蓝色军服的士兵们开火。

蓝城的炮弹把红城的房子打出很多的洞。绿城的男人们来到黄城，开枪，呐喊，把所有东西砸烂，并说："现在这也是一座绿城了。"——尽管它一直还是黄色的。

这就是战争。

"今天我要第一次使用我的巫师魔力。我要对战争施魔法！"库尼贝特很开心。

士兵们继续开枪开炮。可是忽然发生了这种事情：每一枪发出的不是子弹，而是……一朵鲜花。

红兵枪口发出的是红玫瑰，蓝兵枪口发出的是毋忘草。

代替炮弹射向天空的是花草树木，它们打到哪里就在哪里扎根。

起初士兵们丝毫无法理解发生了什么事。鲜花，遍地都是鲜花。每一枪都是一朵花。

"停止射击，"蓝兵向红兵喊道，"这使人痒得难受！"

红兵回嘴嚷道："谢谢你们的毋忘草，谢谢！来，让我们赶快在花儿凋谢之前照管好它们！"

士兵们忘掉了战争，如今宁愿把时间和精力用于他们的花草树木上。

女巫们获悉库尼贝特所干的事情后脸上立刻长出新的痤子。不仅如此！她们气得要死，因此……

【中国】张晓风

你的筷子好温暖①（5则）

　　一个孩子的成长历程中，有多少温暖的细节，让父母惊喜和感怀。一个个歪歪斜斜的脚印，闪亮在童年之路上，温暖此后的人生。

我现在知道左右了

　　女儿摔了一跤，当时也没有哭，两天后才发现锁骨受了伤，她的左手因此举不起来，又痛又不方便，要康复还得很长一段时间。

　　我心里当然不舒服，可是她自己却发现了一项意外的收获。

　　"哈，我现在知道哪边是左边了！"

　　她太小，一直分不清楚左右，这下好了，她知道了，痛的一边就是左！

　　有一句话说："当上帝关上了所有的门，他会给你留一扇窗。"

　　我们总是不甘心地哭着去捶那厚重的门，却忘记那个开向清风明月的窗。

你的筷子好温暖

　　一个寒冷落雨的下午，我回家很晚，独自一个人吃"午"餐。

　　小女儿早已吃过了，但看见我吃，她快乐地凑在我身边，要我夹一块豆腐给她，我给了她。

　　"啊！"她高兴地叫了起来，"妈妈你的筷子好温暖啊！"

　　我愣了一下，才想到也许因为天冷，菜都炖得滚烫的，筷子也就暖和了。但对一双简单的筷子竟表现出这样由衷的愉快，这样惊天动地的欢呼，却是我不曾体会的。

　　世人只会赞美佳酿，赞美丰盛的筵席，赞美那足以被称为伟大的东西，但一个三岁的小女孩却懂得享受一点点筷子尖端的温度，在一个寒冷的下午。

---

　　① 选自张晓风《晓风吹起》，作家出版社，1992年版。

出去才能回来

孩子的爸爸带着合唱团去环岛演唱,儿子和女儿刚好放假,也跟着去了。

旅行了一个礼拜,把歌声送到通街闹衢以及穷乡僻壤以后,他们要回来了。临回来的前一晚上,做爸爸的问小女儿晴晴:"我们要回家了,你喜欢回家还是出来呀?"

"我当然喜欢回家!"

"哦——"爸爸故意逗她,"你喜欢回家,那么下回出来不带你就是了。"

"不对,"她说,"不先带我出来,怎么能回家?"

做爸爸的无言以对。

其实,人生的历程大约也是这样:

没有大疑惑,怎能有大彻悟?

没有剧烈的撕痛,也就没有完整的愈合。

唯有像司马迁那样自放于最凶险的海雨天风中的冒险家,才能回到书斋中定定地握住一管笔。

真的,永远株守一隅的人并不知道什么叫回家。

我并不要赢别人

诗诗显然很喜欢毛笔,他几乎觉得那是一种魔法。虽然他的书法剑拔弩张,一点也不好看,而且最糟糕的是,不是黑墨汁滴脏了左上角,就是污手印弄坏了右下角。

不过,无论如何,他还是非常喜爱毛笔。

有天下午,他独自一个人在练字,被一位长辈看到,那位老书法家说:

"嗯,真好,你要进步了,你在班上就会赢别人了!"

我心中暗叫不妙。

"我才不要赢别人!"果真,他不屑地说。

"那你为什么要练字?"

"我写好了,自己看了高兴就是了,我才不要赢别人!"

我心中暗暗喝彩。

那天晚上,我就和他又谈起那件事,表示对他的激赏。

"本来嘛,"他理直气壮地说,"我为什么要赢别人,我只想写好看一点,自己高兴!"

不管他能不能写好横撇点捺，不管他能不能临好柳公权、颜真卿，我最喜欢的却是，他并不想压倒什么人的那份坦荡。竞争心也许可以促使一个人成为成功的企业家或艺术家，但无心相竞的天真却使人顿觉海阔天空而怡然自足。

它一定很想我

住在公寓四楼，养狗当然就成了一种奢望。

但距离我们家一百公尺之外，却又有三间狗店。我带女儿晴晴出门的时候，总是绕道去看一下狗。

晴晴爱上了一只肥肥滚滚，身长不足一尺的棕色小狗。

有时候，我们带着干酪，征得老板的同意，从笼子的铁条间喂那只小狗，它多半只顾玩，不肯好好地吃。

"那只小狗好可怜。"

"为什么？"

"我不能来看它的时候，它一定很想我。"

我惊讶她从哪儿学来的温柔敦厚，不说自己想狗，却担心狗想自己。

"等别家小朋友把它买去了，它一定很伤心。"

"为什么？"

"因为它就再也看不到我了。"

"是的，"我很庄严地告诉她，经历某些伤心，对小孩子来说几乎是必要的，"可是，说不定，它长大了，它的主人带它出来散步的时候，它还会认得你，记得你给它吃过干酪，它会跑过来闻闻你……"

"当然啦，它当然会记得我的味道。"

红砖的人行道上，我们牵着手慢慢地走，天地是如此的大，我们不知道自己是在失去，还是在拥有……

【美国】雪利·杰克逊

周凡 译

查尔斯①

> 孩子天生就是魔幻大师。他对自我的理解可以毫无困难地分解，我是可以有多个的，我也可以是别人，好事归我，坏事归别人或另一个我。为了化解心理压力，孩子有惊人的本领，比大人们强多了。

劳瑞上幼儿园那天起，就不再穿有围兜的灯芯绒背带裤，而换上了系皮带的紧身牛仔。第一个早上，做妈妈的我看着他和隔壁稍大一点的女孩走出去时，心里明白了：我的生活从此要发生些变化了——一个穿长裤的、神气活现的小大人代替了那个甜甜嗓音的、上托儿所的娃娃，他居然忘了在拐弯时向我招手说再见。

他回家时也是同样的趾高气扬，前门"砰"的一声被推开，帽子先扔了进来。他的嗓门突然变得粗声粗气："有人在家吗？"

午饭时他对父亲出言不逊，又打翻了小妹妹的牛奶，并一本正经地告诉大家，他的老师说我们不应该讲上帝的坏话。

"幼儿园里怎么样？"我故意漫不经心地问道。

"还行。"

"你学到什么东西了？"他父亲问。

劳瑞冷冷地翻了父亲一眼，说："我没有学没有东西。"

"任何东西，"我纠正他，"没有学任何东西。"

"但是老师打了一个孩子的屁股，"劳瑞看着面包和黄油，"因为他淘气。"他嘴里塞满了面包，又加了一句。

"他怎么淘气了？"我问，"这孩子是谁呀？"

"查尔斯，"劳瑞想了片刻回答，"他淘气。老师打了他的屁股，还罚他站，哦，他太淘气了。"

"他干了什么啦？"我追问道，但是劳瑞已经爬下椅子拿起一块饼扬长而

① 选自《读者文摘》杂志，1987年第7期。

去，他父亲还在对他说着："哎，小家伙……"

第二天吃午饭时劳瑞一坐下就宣布："查尔斯今天又犯坏了，"他咧着嘴笑，"查尔斯今天打老师了。"

"天哪，"我想，看在上帝的分上，"他又挨打了吧？"

"他当然挨打了，"劳瑞转向他父亲："瞧这儿！"

他父亲抬起头："干吗？"

"往下看——看我的大拇指！唉，你真是个大傻瓜。"他哈哈大笑起来。

我赶紧岔开："查尔斯干吗打老师？"

"老师要他用红蜡笔画，查尔斯偏用绿的，他就打老师了，老师就打他屁股了。老师还不让别的小朋友跟他玩，可是别的小朋友还是跟他玩。"

第三天——也就是星期三——查尔斯在玩跷跷板时把一个小女孩的头撞出血了，课间休息老师不许他出去玩；星期四查尔斯又被罚"立壁角"，因为他在故事课上不停地拿脚跺地板；星期五查尔斯乱扔粉笔而被剥夺了写黑板的权利。

星期六我同丈夫商量说："把劳瑞放在幼儿园里好不好？你看他学得这么没规矩，话也说不像，还有这个叫查尔斯的孩子，听上去可对他没什么好影响。"

"没事，"丈夫安慰我说，"世界上总有像查尔斯这样的人，晚碰到不如早碰到。"

星期一，劳瑞回家比往常晚，我牵肠挂肚地在门口台阶上等着。"查尔斯，"他一边爬上坡来一边大声嚷嚷，"查尔斯又捣蛋了。"

"快进来吧，等着你吃饭呢！"

"你猜查尔斯今天干什么了？"他跟我进门，"查尔斯今天在幼儿园里大吵大闹，一个一年级的小朋友只好去叫老师，老师要查尔斯放学后留下来，别的小朋友也留下来陪他。"

"后来呢？"我问。

"他就那么坐着。"劳瑞爬上椅子，"嗨，爸，你这老傻瓜！"

我告诉丈夫："查尔斯今天给留下来了，所以大家都回来晚了。"

"这个查尔斯长得什么样？"我丈夫问，"他姓什么？"

"他个子比我大。他没橡皮。他从来不穿外衣。"

星期一晚上开第一次家长会，但劳瑞的小妹妹感冒了，我没去成。我一直想见见查尔斯的妈妈。星期二劳瑞突然告诉我们："今天有个人来看老师。"

"是查尔斯的妈妈吧。"丈夫和我不约而同地问道。

"哪儿啊，"劳瑞不以为然地说，"是个男的，来教我们做体操，教我们用手碰脚尖。"他爬下椅子，蹲下，手碰了碰脚尖，"看，就这样。"他又坐回椅子上，拿起叉子，变得严肃起来："查尔斯连体操也没做。"

"那好嘛,"我由衷地说,"查尔斯连体操也不愿做吗?"

"哪儿啊,查尔斯跟老师的朋友捣乱,老师不让他做了。"

"又捣乱了?"

"他踢了老师的朋友。老师的朋友叫他像我刚才做那样拿手碰脚尖,查尔斯踢他一脚。"

"你说他们会拿查尔斯怎么样?"劳瑞父亲问他。

劳瑞煞有介事地耸了耸肩:"开除他,我想。"

星期三和星期四又是老样子。查尔斯还是在故事课上大喊大叫,还给了一个小朋友肚子上一拳,打得他哭了起来。星期五查尔斯放学后又被留下来,其他孩子也只好又留了下来。

劳瑞去幼儿园3个星期,查尔斯仿佛成了我们家庭的一员了。当劳瑞的小弟弟把小玩具车装满泥拉进厨房时,他就成了一个"查尔斯",而我的丈夫,不小心用胳膊肘勾住了电话线,把电话机、烟灰缸和花盆一股脑儿碰掉在地上时,他的第一个反应就是:"活像个查尔斯。"

就在接下去的两个星期,查尔斯的手变好了。星期四劳瑞吃午饭时严肃地报告说:"查尔斯今天可真不错,老师奖给他一个苹果。"

"你说什么?"我问。我丈夫小心翼翼加了一句:"你是说查尔斯?"

"对。他帮老师分蜡笔,收本子,老师说他是个好帮手。"

"怎么会呢?"我满腹狐疑地说。

"他帮了老师的忙,就这么回事。"劳瑞耸了耸肩。

当晚我问丈夫:"你相信吗!查尔斯真能改邪归正?"

"你等着瞧吧,"我丈夫讽刺地说,"像查尔斯这样的孩子,还不定又要使什么坏呢。"

我丈夫似乎没有言中。又一星期过去了,查尔斯还是老师的帮手,他每天分东西收东西,再也没有小朋友因为他而被放学后一起留下来了。

"下星期又要开家长会了,"一天晚上我对丈夫说,"家长会上我一定得见见查尔斯的妈妈。"

我丈夫说:"问问她查尔斯怎么会变好的,我很想知道。"

"我自己也很想知道。"我说。

但就在那个星期的星期五,查尔斯的老毛病又犯了。劳瑞吃午饭时略带迟疑地说:"你们猜查尔斯今天干了什么?他教一个小女孩讲一个字,她讲了以后,老师就用肥皂洗她的嘴巴,而查尔斯在一旁哈哈大笑。"

"什么字?"我丈夫脱口问道。

"我就告诉你一个人,这个字太难听了。"他爬下椅子,走到他父亲身边,他

孩子你慢慢来

049

父亲低下头，劳瑞眉飞色舞地对着他耳语起来。他父亲睁大了眼睛。

"他让女孩子说了那个字了？"

"她说了两遍。查尔斯叫她说两遍。"

"老师惩罚查尔斯了吗？"

"没有。查尔斯还是发他的蜡笔。"

星期一早上，查尔斯亲自出马，把那个难听的字说了三四遍，他的嘴也被洗了三四次。他又扔粉笔了。

那天晚上我准备去参加家长会，我丈夫送我到门口，叮嘱说："请她散会后到家里来喝杯茶，我想见见她。"

"她在就好了。"我满怀希望地说。

"她肯定在的，"我丈夫说，"没有查尔斯妈妈在场，他们开家长会还有什么意义？"

在会上，我坐立不安，环视着周围那些安详的脸，暗暗琢磨哪张脸藏着查尔斯的秘密。但是谁看上去都不像是家里有个查尔斯的样子。会上没人站起来为她儿子的胡作非为表示歉意，甚至没人提到查尔斯这个名字。

会后我认出了劳瑞的班主任，她手里拿着一杯茶和一块巧克力饼，我手里拿着一杯茶和一块水果糕，我们慢慢向对方走去，微笑着。

"我一直想见见您，我是劳瑞的妈妈。"

"我们对劳瑞都很感兴趣。"

"哦，他真的很喜欢幼儿园，他回家老说起幼儿园里的事。"

"开始的那两个星期他有些不习惯，"班主任认真地说，"但他现在表现不错，是老师的小帮手了。当然了，有时他也还会犯点小错误。"

"劳瑞一向挺能适应环境，我想他是受了查尔斯的影响。"

"查尔斯？"

"是呀！"我笑着说，"有查尔斯这样调皮的孩子在幼儿园里，你一定忙得不可开交吧？"

"谁是查尔斯？我们幼儿园里没有叫查尔斯的呀！"

【苏联】艾拉·伊万诺娃

马丁 译

怎样教育你的妈妈①
—— 一个六岁小孩的经验

　　这位母亲非常明智，知道接受小孩的教育。聪明的孩子常常会教育他们的父母，因为他们知道父母一定会欣赏自己孩子的聪明，如果你有忍受挨揍的特殊功能和能言善辩的口才的话，成功的概率就会高于父母对你的教育。

　　早就觉得我的儿子在教育我，而不是我教育他。譬如，他对著名心理学家乌拉基米尔·列维推荐给父母的那一套教育方法运用得可在行了。

　　想一想给孩子做饭这个问题。我可从未真正碰到这个问题，相反，倒是我的儿子老是绞尽脑汁设法让忙忙碌碌、粗心大意的妈妈给他弄吃的。有时我暗自抱怨："天哪，人家做妈的运气真好，她们的孩子从来不饿，我的儿子老是饿。"

　　大清早，儿子就叫了："妈妈，起床吧，我饿。"

　　"别缠我。我昨晚睡得很晚！"

　　"妈妈，求你起来做点吃的。"

　　"哎呀，自己做个三明治吧，香肠和乳酪都有。"

　　小家伙想打动我的恻隐之心，说小孩早晨应该吃粥，必要时还要加上冰激凌呢，不该吃香肠，他得去练琴，一点东西都还未吃呢，等等。

　　不管他怎么说都白搭。这孩子跟妈妈在一起可就不走运了，他的妈妈不那么好对付。于是，他就要起花招来——转移视线。这很容易使人想起心理学家的忠告：不要硬性规定你的孩子怎样做，设法转移他的视线，想出一种他乐意做的游戏，趁他情绪好而且毫无觉察时，要他干什么他就干什么。

　　"妈妈，发大水了！"我儿子喊起来。

　　我睡意全消。一骨碌从床上爬起来，跑进门厅。连水的影子也没有！

　　"妈妈！"这小子突然号啕大哭起来，边哭边说，"你就要被淹死了！你正站

---

　　① 选自《读者文摘》杂志，1987年第7期。

在水里，河水决堤了，你只能从桥上过，我把桥搭好了。"

地上到处是纸板，那就是桥了，我穿过它们去厨房里做了粥。儿子赢了第一个回合。

"妈妈，该吃晚饭了，我饿。"

"我正忙要紧事呢，你把汤放到煤气炉上，点上火。"

"妈妈，难道你不知道不准小孩点火吗？"

"所有像你这么大的小孩早就会点火了，人家还在院子里生火呢。"

"真的吗？前几天收音机里说，两个小孩玩火柴引起了火灾。"

我虽不让步，口气却软下来："我们来玩昨天的游戏吧，你当爸爸，我当女儿。"

"我不干！"狡猾的小家伙坚决反对。"吃过晚饭再玩，我当爸爸去买东西，你当女儿在家洗碗。"

我只好让步，去厨房里做汤。

要耐心对待你的孩子，要是他没有完成一件事，应该强调他的成功而不是失败，夸奖他，表明你的希望：他明天会做得好些……

倒是我的儿子待我耐心极了。他才6岁，就跟我磨蹭，让我答应他一个人去院子里玩。那是5月一个阳光灿烂的日子，我们家的窗子敞开着，这时我正给一个学生上英文课。

"妈妈，我可以在窗子外边玩吗？那儿更好玩，你也能看见我，就在窗子旁边，不要紧的。"

还能不让他就在窗子外边玩吗？

"妈妈，我可以去沙坑里玩一会儿吗？我马上就会回来的，我一回来就告诉你，不要紧的。"

他尽可能地拖延在沙坑玩的时间，等我想起来，他已经在沙坑里玩了两三个小时了。

我儿子对教育我不要打他骂他下的功夫最大。

"你不知道不该打小孩的屁股吗？你干吗大声嚷嚷，慢慢说不行吗？"

"为什么不能打小孩的屁股？"我吃了一惊，不禁问道。

"所有的小孩都这样讲。"

"你怎么知道的？你还不会看书呢。"

"我就是知道。"

不要在孩子打碎了东西或伤了自己，或是准备睡觉或刚刚醒来时训斥或惩罚孩子。吻你的孩子，祝他晚安，拥抱他，对他说些温情的话……

我把儿子放上床，熄了灯，正要去另一间屋里打字，因为第二天要把翻译稿交出去。

"妈妈，在我这儿坐一会吧，就5分钟。5分钟你也干不了什么。对了，握住我的手，抱抱我吧。我有话要对你说。你是世界上最好最好的妈妈。"

"我不是还骂你了吗？"我说。

"嗯，可是……不要紧的，你骂我，可你还是好妈妈呀。也许明天你就不骂我了。"

你瞧，我并非不可救药。

不要让小孩感到让人讨厌，和他一起玩。

我儿子老和我一起玩。我从来都不知道第二天早晨醒来时我将是什么——狐狸、松鼠、机器人、婴孩、小狗、汽车、火车、宇宙飞船……我也不知道在孩子睡觉的地方会发现什么——小兔、小熊、电动赛车、魔术师或者一只小公鸡。

一天早晨，我听到一种奇怪的咕嘟咕嘟的声音。

"妈妈，你猜这是什么声音？"

我说了一大串我知道的动物的名字，没有一个猜中。我儿子得意洋洋。

"这是两条蛇在喝牛奶呢。"他说。

"为什么是两条？"我问。

"多傻的问题呀！"孩子更得意了，"因为我有两只脚呀。"

昨天一睁开眼我又成了一个沙场老兵，儿子给我挂满奖章，嘴里还学着乐队伴奏，把我弄进他特制的"轿车"开进厨房去做早饭。

吃早饭时，6岁的儿子又想点子不用叉子和勺子，而且非让我也学他的样儿吃，因为我们现在是小狗儿。

我注意到他老是不停地转动小脑筋。对我来说，很久以来总是每天匆忙应付各种不得不做的事。一句话，恐怕年过30很少有人再勤于思索了，他们不是没有时间思考，而是忘了怎样思考。

"妈妈，有了秘密怎么办？应该对所有的人都讲实话吗？"

"不，对别人不能什么话都说，不过得除去爸爸和妈妈，不管什么事都要告诉爸妈。"

"可是每次黛娜告诉我什么，总是要我起誓连爸妈都不讲。我想知道秘密，又得告诉你，怎么办呢？"

这个看起来很简单的问题，一下子把我难住了。又想知道秘密，又要告诉爸妈，该怎么办？我和儿子一起思考。最后，我们做出这样的答案：有坏秘密和好秘密之分。做了错事不告诉任何人就是坏秘密，就不应该保密。但是，如果一个小姑

娘给你一朵花或一块鹅卵石，要求你不要告诉别人，这就是好秘密，应该保密。

"妈妈，那你能保密吗? 我想告诉你一个好秘密。"

"我当然能保密啦。"

"我谈恋爱了。和塔尼娅，就是住在九楼的那个小女孩。我不想让任何人知道，连她也不让知道。你答应我别告诉她，行吗?"

我根本不知道应该怎样教育孩子，可有时想到自己反过来受孩子的教育不是也不坏吗? 我们成年人难道不该向孩子们学点表达情感的能力、学他们对所有人——不管是孩子还是成人的那种纯真无邪、诚挚热情的态度吗? 我有个朋友（她是儿科医师）为打消我的疑虑曾对我这样说："也许做一个粗心大意、无忧无虑的母亲比那种过分爱护、体贴子女的母亲更好。至少第一种类型的母亲不会妨碍孩子的发展。"她的话不无道理。

【中国】龙应台

孩子你慢慢来①（4则）

以犀利的文字在华人圈到处点燃"野火"的当代女作家龙应台，居然写出了这样一本深情款款见微知著的育儿之书，说明愤怒和不满的底色正是深爱与同情。

龙应台（1952年生），台湾作家，享誉华语圈的公共知识分子。作品有《野火集》《人在欧洲》《孩子你慢慢来》《亲爱的安德烈》《目送》等。

读《水浒》的小孩

文学经典是否适合从小阅读？其中的暴力和情爱孩子能够理解吗？不理解是否就会有负面效应（比如"打家劫舍"或盲目早恋）？是否因为有儿童不宜的内容，文学经典就不算经典，不应该代代相传？

讲完了一百回《西游记》之后，妈妈开始讲《水浒》。鲁智深那胖大和尚爱喝酒、爱吃狗肉，动不动就和人打群架，乐得安安哈哈大笑。

鲁智深睡的时候，鼾声像打雷，半夜起来，就在那佛殿上大便小便——

安安捏着自己的鼻子，说："好臭。"可是咯咯笑个不停。

妈妈心中暗想：这书是不是要坏了我的生活教育？暂且说下去：那鲁智深啦，喝醉了酒，半夜里摇摇晃晃回到山庙，山门关了，他用拳头打门，砰砰砰砰像打鼓一样。敲了一会儿，扭过身来，看见门边一个金刚，大骂：

"你这个鸟大汉！不替我开门……"

跳上去就拆，把金刚的手折断了，拿那断手去打金刚的腿，打得扑扑扑，泥土和颜色都掉下来了……

安安圆睁着眼睛，听得入神。妈妈在想：呀，这不是和"文革"小将破"四旧"一样吗？

---

① 选自龙应台《孩子你慢慢来》，湖南文艺出版社，1994年版。入选文章略有删节。

等到安安听见鲁智深将两个泼皮一脚踢到粪坑里头时，他笑得趴在床上，直不起身来。

少华山上有三个强人，带着七百个小喽啰，打家劫舍——

"什么是打架、节射？"

打家劫舍呀，就是一家一家去抢东西，强盗嘛！

安安点点头，妈妈继续：这三个强盗——嗯——三个好汉呀，一个是神机军师朱武，很聪明；第二个强盗——呃——好汉呀，是陈达；第三个好汉是用一口大杆刀的杨春。这些好汉住在山寨中，需要钱用的时候，就下山去要买路钱，记得李忠和周通吗？他们持兵器拦在山路上，喝道："兀！那客人，会事的留下买路钱！"那客人中有人拿着刀来斗，一来一往斗了十几回合，小喽啰一齐拥上来把那些过路的客人杀死大半，劫走了车子财物，好汉们唱着歌慢慢地上山……

安安蹙着眉尖，一动也不动不知在想什么，妈妈则声音越来越小。

讲到宋江和婆惜的那个晚上，妈妈就有点结结巴巴的紧张。

婆惜说，要我还你这个信不难，有三个条件：第一，你写张纸，任我改嫁。

妈妈瞥了6岁的小男孩一眼，说，这一条没什么不对，就是离婚证书嘛！他们不再相爱了，所以要分开。

安安点点头。

第二条，我头上戴的，我身上穿的，家里使用的，虽都是你办的，也写一纸文书，不许你日后来讨。嗯，妈妈好像在自言自语似的说，这条也不过分，财产本来就该夫妻共有，分手的时候一人一半，对不对？

安安点点头，深表同意："我跟弟弟也是这样。"

第三条，梁山泊送你的一百两金子要送给我——这，就太贪心了，你说呢？

安安做出义愤填膺的表情，"对，好贪心的女人！"

宋江来掀被子，婆惜死不让，抢来抢去，拽出一把刀子来，宋江就抢在手里，婆惜见刀就大叫"黑三郎杀人啦！"叫第二声时，宋江——

妈妈住了嘴，眼睛盯着书本——"左手早按住那婆娘，右手却早刀落去；那婆娘颈子上只一勒，鲜血飞出，那妇人兀自吼哩。宋江怕她不死，再复一刀，那颗头伶伶仃仃落在枕头上……"

"怎么样了妈妈？"

哦——嗯——嗯——宋江一生气就把婆惜给杀了。妈妈说，匆匆掩起书，然后，官府要抓宋江，所以宋江就逃到梁山泊去了。晚安！睡觉了。

"妈妈，宋江也是个好汉吗？"灯关了之后，黑幽幽里安安发问。

妈妈将他被角扎好，亲了下他额头，轻声说："他不是好汉，好汉不杀人的。睡吧！"

"可是梁山泊上一百零八个都是好汉呀？！"安安不甘心地踢着被子。

"拜托——"妈妈拉长了声音，"明天再说好不好？"

明天，明天真是一眨眼就到；妈妈坐在儿子床头，眼睛盯着新的一段发呆。

"那妇人见头势不好，却待要叫，被武松揪倒来，两只脚踏住她两只胳膊，扯开胸脯衣裳。说时迟那时快，把尖刀去胸前只一剜，口里衔着刀，双手去挖开胸脯，抠出心肝五脏，供养在灵前；咔嚓一刀便割下那妇人头来，血流满地……"

后来，妈妈喝了一口水，说，因为潘金莲害死了武大，所以武松为哥哥报仇，杀死了潘金莲，也上山做强盗——呃——好汉去了。我们跳到第二十八回好吗？

武松被关着的时候，有个管营，就是管牢房的啦，天天给他送酒送肉来。后来才知道，原来这个管营在快活林开个酒肉店，利用牢房里的囚犯当保镖、打手，过路的人都要先得到他的许可才能去做生意，"那许多去处，每朝每日都有闲钱，月终也有两三百两银子……"

妈妈顿了一下，心想，这不就是地痞流氓黑手党在索取保护费吗？

管营的生意坏了，因为有个傻大个儿，外号叫蒋门神的，功夫比他还好，酒肉店的生意都被他抢去了。所以武松非帮忙不可。

"这就是为什么管营每天给武松送酒送肉！"妈妈若有所思地看着安安。

安安带着期待的兴奋，问："那武松去打了吗？打了吗？"

武松就喝了很多酒，醉醺醺地闯到蒋家酒店，把蒋门神的酒店打个稀烂，把蒋门神打个半死……

"不行！"妈妈突然"叭"一声盖上书，神情坚决，站了起来，"安安，这武松简直就是个四肢发达头脑简单的地痞流氓，他根本不是英雄，《水浒传》我们不读了，换换换！换书！"

安安苦苦哀求，做妈妈的不为所动，不知道在对谁生气似的关了灯，走出了房门。

借口还在找书，妈妈有好几个晚上没说书。有一天下午，妈妈坐在二楼书房里写什么东西，耳里忽有忽无地听着窗下孩子们嬉闹的声音。突然，她停下笔来，孩子们似乎在和过街的老人谈话，其中有安安的声音，不清楚在说些什么。

过了一会儿，又是孩子们和过街的老人交谈的叽叽喳喳声。重复几回之后，妈妈实在好奇。她趴在窗上，伸出半个身子往下看。

6岁的安安和对门5岁的弗瑞弟，各人手里挥舞着用竹竿和破布扎起的旗子，站在人行道的两边。一个提着菜篮的老妇人蹒跚而来，两个小男孩拦在她面前，把旗子交叉，挡着路，安安用清脆的德语说："嘿！过路的客人，留下买路钱！我们兄弟们需要点盘缠！"

老妇人呵呵呵笑起来，说："哎呀！光天化日之下碰到强盗！我没钱，可是

有巧克力，行不行？求求你们！"

两条好汉睁着晶亮的眼睛，看着老妇人枯槁的手臂伸进菜篮子里。

"好，放行！"安安威武地施发口令；两支旗子撤回，让出路来。

这条街的一端是个老人院，另一端是个超级市场；安安显然专找老人下手。

在两个强盗尚未来得及逮到下一个老人之前，妈妈已经离开了窗口，赤脚飞奔下楼，夺门而出气急败坏地，正要破口大骂，安安兴高采烈地迎上来，一边挥舞着旗子，一边大声说：

"妈妈，妈妈——你看你看，我们打家劫舍了好多巧克力；弗瑞弟也有功劳……"

一只老鼠

为学的态度不是要精益求精吗？学生有没有暂时放弃的权力？学习是为了达到父母和老师的期望呢，还是促进自我的成长？

《经济学人》周刊上有个统计数字让妈妈眼睛亮了一下。一年级学童每个星期要花多少时间在家庭作业上？美国：1.8小时。日本：3.7小时。中国台湾：8小时。

"我的天！"妈妈暗叫一声。她开始计算安安写作业的时间。花花绿绿、四四方方一个大书包，里头通常只有一本笔记本和一盒笔。课本都留在学校里，"背回来太重了，老师说。"每天的作业，是一张纸，上面要写四行字，用粗粗的蜡笔写一张，每一个字母都有一个鹅卵石那么大，也就是说，一整面写完，如果是写驴子ESEL这个字，4行总共也不过是16个字。

安安在30分钟之内就可以写完。如果他在椅子上扭来扭去、踢踢桌子、踢踢椅子，在本子上画一辆汽车两只狗；如果他突然开始玩铅笔、折飞机、数树林里捡来的栗子，如果他开始"走神"的话，时间当然要长一点。但是他真正花在家庭作业上的时间，每天最多不过30分钟，也就是说，每周5天，总共150分钟，也就是2.5小时，比美国稍微多一点点，但是你得知道，美国孩子一般下午3点才下课，安安可是每天上午11点半就放学了。

然后就是自己玩的时间。玩，玩，玩。每年回台湾，妈妈得为安安和飞飞到法兰克福台湾代表处申请签证。申请书上总有一栏，问此申请人职业为何？妈妈规矩地填上"玩玩玩"。申请人访台目的？"玩玩玩"。如果有一栏问申请人专长，妈妈想必也会填上"玩玩玩"。

11点半放学，安安走路回家。开始的几个月，妈妈总是在后面跟着，像侦探一

孩子你慢慢来

样,监视他是否在每一个十字路口都停下来看两边来车,是否走在人行道的范围以内……一回到家,就开始做功课。

"昨天的作业得了几只老鼠?"

书桌旁有一张为妈妈放的椅子。

"一只。"安安打开本子。昨天的字写得歪歪斜斜的,角落里盖着一个蓝色的老鼠印章。当然只值得一只老鼠;你昨天一面写一面在玩那个唐老鸭橡皮擦对不对?你能不能专心一点?一段时间只做一件事,做完一件事再做另一件,懂不懂?做不做得到?嗯?把那本漫画拿开,等一下再看,拜托,你听见了没有?我数到3你再不动……

安安终于写完了4行大字,递给妈妈。红红蓝蓝的满是颜色。妈妈瞄了一眼,说:"这最后一行写得不怎么好,那个N都超过格子了。"

安安抿着嘴。

"这样吧!"妈妈继续,"另外拿张白纸,你就补写这一行怎么样?这样才会得三只老鼠。"

安安白净的脸蛋开始涨红。

妈妈从抽屉中抽出一张纸,"来,我帮你把线画好,很简单嘛,一行就好——"

"为什么?"安安忍不住了,生气地注视着母亲,从椅子上滑下来,大声嚷着,"为什么我要再多写一行?你总是要我写得好、写得漂亮,我只是一个小孩,我没办法写得像你那么好——"

泪水涌上了他的眼睛,他咆哮着说:"你总要我得两只老鼠三只老鼠、这么好那么好,我有时候也要得一只老鼠——我也有权利得一只老鼠,就得一只老鼠呀……"

妈妈被他情绪的爆发吓了一跳,坐在那儿半天说不出话来。

两个人都沉默着。

半晌,妈妈搁下手中的纸,用手背抹了抹安安的眼泪,叹了口气,说:

"好吧!就一只老鼠。你去玩吧!"

安安默默地收拾东西,把书包扣好,走向门口。到了门口,却又回身来对还发着呆的妈妈说:

"有时候我可以拿三只老鼠。"他走了出去,"有时候。"

放 学

那个侦探一样追踪孩子放学的行迹的母亲,用实证的方式关爱孩子，是否比事后的审问和责骂要科学和温情？其实，每一个孩子的身后，都有许多关注的目光，护送你一路前行，只是你一时没发现罢了。

安安上小学了。半年之后，妈妈觉得他可以自己走回家，不必再用车接了，毕竟只是15分钟、拐三个弯的路程。

15分钟过去了，又过了一个15分钟。妈妈开始不安。放学45分钟之后，她打电话给米夏儿——米夏儿是锡兰和德国的混血儿，安安的死党：

"米夏儿，安安还没到家，你知道他在哪儿吗？"

"我们一起离开教室的呀。我到家，他跟克利斯就继续走啦！"米夏儿声音嫩嫩的。

妈妈紧接着打下一个电话：

"克利斯，你已经到了家了？那安安呢？"

"我们一起走的呀！我到家，他就跟史提方继续走啦！"

看看钟，距离放学时刻已经近乎一个小时。妈妈虎着脸拨电话：

"史提方，你也到家了？安安呢？"

"不知道哇！"史提方是个胖孩子，嘴里模糊不清，好像正嚼着东西，"我到家，他就自己走啦！"

1个小时零10分之后，妈妈拎起汽车钥匙，正准备出门巡逻，门铃响了。

安安抬头，看见母亲生气的脸孔，惊讶地问："怎么啦？"

"怎么啦？"妈妈简直气结，"怎么啦？还问怎么啦！你过来给我坐下！"

安安卸下背上的书包，嘟着嘴在妈妈指定的沙发角坐下。他的球鞋一层泥，裤膝上一团灰，指甲里全是黑的。

"你到哪里去了？"审问开始。

"没有呀！"安安睁大眼睛。

"只要15分钟的路，你走了1小时零10分，你做了什么？"

"真的没有呀！"安安渐渐生气起来，声音开始急促，"我跟米夏儿、克利斯、史提方一起走，就这样一路走回家，哪里都没去，什么都没做呀？！"他气愤地站了起来。

妈妈有点气短：看样子孩子没说谎，可是15分钟的路怎么会用掉70分钟？

"安安，妈妈只是担心，怕你被车子撞了，被坏人拐了，你晚到妈妈害怕，懂吗？"

点点头，"我知道，可是我真的哪里都没有去。"

好吧，洗手吃饭吧！

以后的日子里，妈妈又紧张过好几次，用电话追踪来追踪去，然后安安又一脸无辜地出现在门口。有一次，他回来得特别晚，大概在放学过后一个半小时。妈妈愤怒地把门打开，看见安安一头大汗，身子歪向一边，"妈妈帮忙! 赶快! "他说。

他的一只手提着一个很重的东西，重得他直不起身来。妈妈接过来一看，是个断掉的什么机器里头的螺旋，铁做的，锈得一塌糊涂，很沉，起码有10公斤重。

妈妈呆呆地望着孩子，暂时忘记了生气："你你你这是哪来的? "

安安用袖子擦汗，又热又累两颊通红，却很高兴妈妈问了，十分得意地说：

"学校旁边有个工地，从那儿捡来的! "说完捶捶自己的肩。

"你——"妈妈看看地上那块10公斤重的废铁，觉得不可置信，"就这么一路把它给提回来啦? "

"对呀! "安安蹲下来，费劲地用两手抱起废铁，"就我一个人呀! 不过我休息了好几次。"

说完一脚就要跨进门去，被妈妈挡住，"等一下，你要干什么? "

"把它带进去放好呀! "安安不解。

妈妈摇摇头，"不行，放到花园松树下去，不要带进屋子里。"

安安兴冲冲地往花园跑，勾着小小的身子搂着他那10公斤重的废铁。

妈妈决定亲眼看看孩子怎么走那15分钟、三个拐弯的路程。

11点半，钟敲了。孩子们像满天麻雀似的冲出来，叽叽喳喳吵得像一锅滚水。孩子往千百个不同的方向奔跑跳跃，坐在长凳上的妈妈好不容易才盯住了安安，还有安安的死党。

四个小男生 (都是男生，安安不跟女生玩的) 在前头走，妈妈在后头跟着，隔着一段距离。经过一截短墙，小男生一个接一个爬上去，惊险地走几步，跳下来；再爬上去，惊险地走几步，跳下来……11点45分。

经过一个庭院深深的大铁门，里头传出威武的狼狗叫声。米夏儿已经转弯，现在只有三个男生了。三个男生蹑手蹑脚地走向大铁门，一接近铁门，狼狗扑过来，小男生尖叫着撤退，尖叫声中混着刺激的狂喜。狼狗安静下来，小男生又开始蹑手蹑脚地摸向大铁门……狂喜尖叫地撤退。妈妈看看手腕，12点整。

克利斯转弯，这已到了板栗街。安安和史提方突然四肢着地，肩并肩，头颅依着头颅的在研究地面上什么东西。他们跪趴在地上，背上突出着正方形的书包，像乌龟背着硬壳。

地面上有一只黑色的蚂蚁，蚂蚁正用它的细手细脚，试图将一只死掉的金头绿眼苍蝇拖走。死苍蝇的体积比蚂蚁起码大上20倍，蚂蚁工作得非常辛苦。

妈妈很辛苦地等着。12点15分。

史提方转弯。再见再见，明天下午我去你家玩。

安安踽踽独行，背着他花花绿绿的书包，两只手插在裤袋里，嘴里吹着不成调子的口哨。

差不多了吧！妈妈想，再转弯就是咱们的麦河街。

安安住脚。他看见了一片美好的远景：一块工地。他奔跑过去。

Oh, My God！妈妈心一沉。工地上乱七八糟，木板、油漆桶、铁钉、扫把、刷子、塑料……安安用脚踢来翻去，聚精会神地搜索宝藏。他终于看中了什么：一根约两公尺长的木条，他握住木条中段，继续往前走。

12点25分。

在离家还有三个门的地方，那是米勒太太的家，安安停下来，停在一株大松树下，仰头往上张望。这一回，妈妈知道他在等什么。松树上住着两只红毛松鼠，经常在树干上来来去去地追逐。有时候，它们一动也不动的，就贴在那树干上，瞪着晶亮的圆眼看来来往往的路人。

现在，两只松鼠就这么定在树干上，安安仰首立在矮篱外，他们彼此用晶亮圆滚的眼睛瞅着对方，安静得好像可以听到彼此的心跳。

在距离放学时间1个小时零5分之后，7岁半的安安抵达了家门口。他把那两公尺长的木条搁在地上，腾出手来按了门铃。

触电的小牛

孩子认识世界，免不了会犯错。莽莽撞撞地撞向电线的小牛，知道有些事情是不能做的。妈妈的诱导和处罚方式，使孩子知错而没有挫败感，使孩子仍然拥有"又一个阳光浑似花生油的下午"。

一个秋天的下午，阳光懒懒地照进窗来，浓浓的花生油似的黄色阳光。之所以那么油黄，是因为窗外木兰树的叶子金黄了，落了一地，好像有人用黄色的毯子将草地盖了起来。

电话刚好响起来。

"您是华德太太吗？"

"是的。"

"您认识一个小男孩叫弗瑞弟吗？"

妈妈的脑袋里"叮"一声：出事了。安安和弗瑞弟在半个小时前一起到超级市场后面那个儿童游乐场去了。

"我是哈乐超市的老板。弗瑞弟在我们店里偷了东西，他的家长都不在，您可以来接他吗？"

妈妈第一次当小偷，也是在8岁那一年。从母亲皮包里拉出一张10元钞票，然后偷偷藏在衣柜底下。可是衣柜上有一面很大的穿衣镜，坐在客厅里的父亲眼睁睁看着女儿蹑手蹑脚的每一个动作。

安安在哪里？他也偷了吗？偷了什么？

穿过一排又一排的蔬菜，穿过肉摊、面包摊，穿过一格一格的鸡蛋，在后面一个小小的办公室里，妈妈见到了刚上一年级的弗瑞弟。

弗瑞弟马上哭了起来，拳头揉着眼泪，抽泣着：

"是安安叫我来偷的——我自己不要偷的——是安安叫我来的……"

几个大人围在一旁。超市主人小声对妈妈说："他真怕了，不要吓到他。"

妈妈蹲下来，把弗瑞弟拥在怀里片刻，等他稍稍静下来，才说：

"你别害怕，弗瑞弟，他们不会叫警察的，我们照顾你。我先要知道——"

妈妈扳正小男孩的肩，直直注视着他，"我先要从你嘴里知道你做了什么。真真实实地告诉我。"

"我进来，拿这些巧克力——"妈妈这才看到桌上一大包糖，"塞在我衣服里面，就这样——"

现行犯当场表演他如何缩着脖子、弓着背、抱着肚子走出去。

妈妈想笑，但是忍住了，做出严肃的脸孔："这个伎俩，是安安教你的还是你自己想的？"

"完全是我自己想出来的！"声音里透着几分骄傲，"全是我自己用脑袋想的！"

"这个小孩，"老板插进来，"上星期我就从镜子里注意到，老是弯腰驼背地走出去，我就要我们小姐注意了。刚刚他又出现，第一次被他走掉，这一次我们是等着他来的。"

妈妈和老板握手，感谢他对孩子的温和与体谅，并且答应会和弗瑞弟的父母解释情况。

弗瑞弟紧紧抓着妈妈的手，走出超市的玻璃门。

在小径上，妈妈停下脚步，弯下身来面对着小男孩：

"弗瑞弟，我现在要问你一个问题，而你对这个问题必须给我百分之百的真实答案——你答应吗？否则我就从此以后不再是你的朋友。"

弗瑞弟点点头，他的脸颊上还有未干的眼泪。

"我的问题是：是安安要你去偷的吗？"

"不是，"回答来得很快很急，"不是，全是我自己计划的，安安是我的朋友，我要讲真话。他没有叫我去偷。"

"好。"妈妈用手指抹去他的眼泪，"你答应从此以后再也不拿别人的东西吗？"

他点点头，"再也不了。"

没走几步，就看见安安坐在一根树干上，两只瘦腿在空中晃呀晃的。他看起来很镇静，那种山雨欲来风满楼的镇静。

当妈妈和安安独处的时候，安安终于憋不住了："妈妈，我没有偷。我没做错事。"

妈妈在花生油颜色的客厅里坐下，安安在她面前立正。

"我不要听一句谎话，你懂吗？"

点头。

"他去之前，你知不知道他要去偷？"

点头。

"他偷了糖之后，是不是和你分了那糖？"

点头。

"他以前偷，你都知道吗？"

点头。

"每次都和你分？"

"我们是好朋友。"

"你有没有叫他去偷？"

"没有。"很大声。

妈妈抬眼深深地注视这个8岁的小孩。原野上有一群乳牛，成天悠闲自在地吃草，好像整片天空、整片草原都属于他们，一直到有一天，一只小牛想闯得更远，碰到了一条细得几乎看不见的线——那是界线，线上充了电，小牛触了电，吓了一跳，停下脚来——原来这世界上有去不得的地方，做不得的事情。

"你知道什么叫共犯吗？"妈妈问。

"不知道。"

"共犯，"妈妈说，"就是和人家一起做坏事的人。譬如拿刀让人去杀人，譬如让别人去偷，然后和他一起享受偷来的东西……你的错和弗瑞弟一样重，你知道吗？"

安安在思考，说："他多重？我多重？"

"他六分重，你四分重。够重吗？"

点头。

"我也得处罚你。同意吗？"

点头，眼帘垂下去。

母子两人在书桌旁。"写好了交给我，我去接飞飞回来。"

那天晚上，爸爸和妈妈一起坐在灯下看一篇写得歪歪斜斜的日记：

"今天很倒méi。弗瑞弟去哈乐chāo市被dǎi到了。他妈妈不给他糖，所以他去偷。我心里很nán受，因为我也吃了偷来的糖。妈妈说那叫分脏（赃）。

我没有偷，但是没叫他不偷，因为他都跟我分。我现在之（知）道，偷是jué对不可以的。我再也不会了。很倒méi，妈妈处fá我写报告，写错很多字，cā了很久，我心里很nán过。很nán过。1993年9月28日"

你知道弗瑞弟的遭遇吗？第二天早上，他捧了一束鲜花，和他爸爸走到哈乐超市，向老板鞠躬道歉。回来之后，被禁足一星期，意思就是说，放学回来只能在花园里自己玩，不许出门。和好朋友安安只能隔篱远远相望。从书房里，妈妈听到他们彼此的探问。

"弗瑞弟，我妈fá我写文章，现在还fá我扫落叶。你在干什么？"

扫把声。脚踏落叶声。

"我妈也fá我扫花园。叶子满地都是。"

安静。

"可是我觉得蛮好玩的——你不喜欢扫落叶吗，弗瑞弟？"

"喜欢呀，可是，我妈还fá我三天不准看电视。"

"啊，我也是……"黯然。

又是一个阳光浑似花生油的下午。

【法国】圣埃克苏佩里

马振骋 译

小王子①

　　有一个来自比一幢房子大不了多少的小星球上的小王子，让我们温习什么是真正的童年和人的纯真。在小王子的眼里，对一朵花的柔情是世界上最重要的事，而大人们是多么"不懂事"呀，天天干一些莫名其妙的"正经事"，却"从来没有嗅过一朵花，从来没有望过一颗星星，从来没有爱过一个人"。这样的"正经人"，小王子说，"他不是个人，是个蘑菇！"每个孩子，曾经都是"小王子"。什么时候，什么原因，让一个个"小王子"变成了满地的"蘑菇"呢？可是他和他的玫瑰花闹别扭了，他在"星际旅行"中认识了一些"怪得没治了"的大人，然后来到地球，与一只狐狸成了朋友，他们确立了"驯养"关系——建立起感情联系。多么奇妙，从此，对麦子不感兴趣的狐狸，见到黄澄澄的麦子，就会想起金黄头发的小王子。而小王子明白了，即便花园中有五千朵玫瑰也不可取代那一朵，只有与自己建立了"驯养关系"的那一朵才是世上唯一的，"你为你的玫瑰花费了时间，才使你的玫瑰变得重要。"

　　阅读《小王子》的三种方式：1. 小王子致玫瑰的情书：爱情故事。故事的中心情节是"我和一朵花闹了别扭"，于是到处漫游。小王子就是作者自己，他的妻子康苏罗，就是那朵带刺的玫瑰。两个孩子般天真的大人，一个向往天空，一个爱好梦幻，两个来自童话故事中的角色，就像一头大熊和一只小鸟的结合，他们相爱，却不懂得怎样让对方快乐。写作《小王子》就是一种试探，尝试着找回爱的伊甸园。现实的冲突沉淀为小说的细节，"这朵花躲在绿屋里，梳妆打扮没有个完。""玫瑰"以感情作要挟，以气喘掩饰谎言，"玫瑰咳得很厉害，假装快死了。"玫瑰的虚荣心折磨人，她时时需要别人的关注、惧怕一头不存在的老虎。小王子担心失去她：玫瑰随时有可能被羊群吃掉、茎部常有毛虫爬上爬下。然后是罕见的温柔表述："她天真地伸出四根小小的刺"，以为这样的装备就可以对付

---

　　① 选自圣埃克苏佩里《小王子》，马振骋译，人民文学出版社，2000年版。本文是节选。

世界。"花的话不应该信。应该根据她的行动而不是言辞来评论她。应该揣摩到她小小诡计后面隐藏的一片柔情。但我年纪太小，不懂得爱她。"

2. 从星辰发向人间的密码：寓言故事。小说是在二战初期法国沦陷之后作者流亡美国时创作的，"小王子"游历星球所见，就是地球时局的象征：吞象的蟒蛇，会把星球撑破的猴面包树（如癌病变一样的法西斯势力），"我"忧心如焚画下它，大声疾呼"孩子们，要当心猴面包树！"还有那些正经的"蘑菇"：摆出威严样子的专制老国王、需要人崇拜的爱虚荣的人、借酒浇愁的酒鬼、企图把星星占为己有"对星星做不出有益的事"的商人、忙忙碌碌的点灯人、只会把世界存档却不见真山真水的地理学家……这些大人不知道在找什么。

3. 圣埃克苏佩里与自己的对话：人性故事。狐狸告知小王子一个巨大的生命秘密："驯养"。首先是创造联系，然后要养在心里。在千万个小男孩与千万头狐狸中间、邂逅、选择、喜爱了对方，我们就彼此"驯养"了。"你对我是世上唯一的，我对你也是世上唯一的。"漠不相关的两个从此相互依恋、相互需要。你的脚步声好似音乐；黄澄澄的麦田也让我喜悦，因为它酷似你的金发；你让我腻味的生活充满阳光。人间玫瑰有千万朵，你心爱的只有一朵。因为"你为玫瑰花费的时间，才使你的玫瑰变得重要"。因为你和这一朵玫瑰已经将彼此养在心里。只有魂魄所系的东西，对我们才有意义。

圣埃克苏佩里（1900~1944），法国飞行员，作家。他在闲暇时喜欢在餐巾纸上随手涂抹"孤独的小人儿"，出版家看见后，建议他为这小人儿写一本书，于是就有了这本人类童心的珍品写真《小王子》。作者是一个拒绝"成熟"的人，和小王子一样纯真的人，或者说，小王子正是作者内心自我的化身，"我"与"小王子"不过是镜子内外的自己。小王子与我的对话，就是自我对话。成熟对他来说"更像是一种流放"，是一种远离人的本真状态的虚假的生活，所以他宁愿选择蓝天作为庇护所，在4000米的高空享受"孤独寂寥的感受"，用英雄主义捍卫自己的纯洁。他的文字多与飞行有关，有《人的大地》（一译《风沙星辰》）、《夜间飞行》等。作者在二战期间执行飞行侦察任务时遇难。

一

我6岁的时候，有一回看到一幅壮丽的图画，登载在一本描写原始森林的书中，书名叫《亲身经历的故事》。画的是蟒蛇吞野兽。下面是这幅画的摹本：

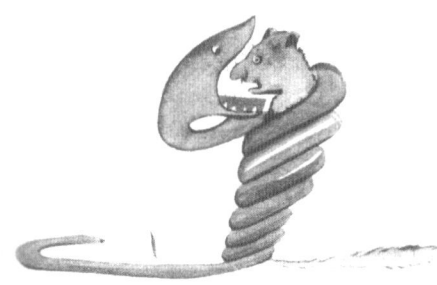

书中说："蟒蛇捕到猎物，一口不嚼，囫囵吞下，然后不再游动，睡上6个月把它消化掉再动弹；它们就在长长的6个月的睡眠中消化这些食物。"

我于是对丛林中的种种猎奇反复思索，拿起一只彩色笔，也画成了我的第一张画。我的作品一号。原作如下：

我给大人看我的杰作，还问他们看了我的画怕不怕。

他们回答说："一顶帽子有什么可怕的？"

我画的不是一顶帽子。是一条正在消化大象的蟒蛇。为了让大人们看懂，我又补画了蛇的内部。大人们总要人给他们解释。我的作品二号是这样的：

大人们劝我别画什么剖视的或不剖视的蟒蛇图，把心思用到地理、历史、算术和语法上去。我就是在6岁的时候，一个光辉的画家生涯中辍了。我的作品一号、作品二号没有获得成功，使我心灰意懒。大人们自个儿什么都不懂，要一遍又一遍地给他们解释，真够孩子们累的。

我不得不另选一个职业，学上了驾驶飞机。我在世界各地到处飞行。地理确实帮了我的大忙。我一眼就可区别中国和亚利桑那[①]。夜里迷了路，这是非常有用的。

我一生中跟许许多多的正经人有过许许多多的接触。我在大人中间生活了很久，对他们进行过深入的观察。这并没有改进多少我对他们的看法。

我始终把作品一号留着，遇上一个我看来头脑略微清醒的大人，就用图画考验他。我要了解他是不是真的懂事。但是没一回他们不是回答："这是一顶帽子。"于是我不跟他谈蟒蛇，谈原始森林，谈星星。我迁就他。我跟他谈桥牌、高尔夫球、政治和领带。大人很高兴，结交了一个如此明白事理的人。

二

我就是这样在生活中落落寡合，找不到一个说话投机的人，直到6年前遇到一次故障，降落在撒哈拉沙漠。发动机里的什么出了毛病。身边没有机械师，没

---

① 亚利桑那，美国的一个州。

有乘客；我准备靠自己去完成一项困难的修理工作。这对我是桩生死攸关的事。我带的水，勉强够喝一个星期。

第一夜，我在沙地上睡着了，远离人烟一千里外，比大洋中乘小舟漂泊的遇难者还孤独。天蒙蒙亮，当一个奇怪的小声音把我唤醒时，你们想象我是多么惊奇。这个声音说：

"请你……给我画一只绵羊！"

"嗯！"

"给我画一只绵羊……"

我跳起身，像遭到了雷击。我把眼睛揉了又揉，要瞧个仔细。我看到一个见所未见的孩子，神情严肃地望着我。下面是我后来给他画得最成功的衣服肖像。不过，我的作品，说实在的，远远不及他本人可爱。我从来没有画过别的，除了那两张剖视的和不剖视的蟒蛇图。

我两眼圆睁，望着这次显灵不胜惊讶。别忘了，我远离人烟一千里外。我的小人儿既不像迷了路，也不像要累死、饿死、渴死、怕死的样子。外表上绝不是个走在沙漠中心、远离人烟一千里外的孩子。终于能开口时，我对他说：

"不过……你在这里干什么？"

他慢悠悠地又说了一遍，仿佛这是桩非常正经的事情：

"请你……给我画一只绵羊……"

当奇迹过于动人心魄时，谁敢不照着办呢。尽管远离人烟一千里，处在死亡的威胁下，这件事看来有多么荒谬，我还是从口袋里掏出一张纸、一支钢笔。但是，我过去主要学地理、历史、算术和语法，想到这里，我（没好气地）对小人儿说我不会。他回答说：

"没关系。给我画一只绵羊。"

我从来不曾画过绵羊，只会画两张画，就把其中一张给他重画一遍。就是那张不剖视的蟒蛇图。听了小人儿的回答，我傻了眼：

"不！不！我不要蟒蛇吞大象。一条蟒蛇，太危险。一头大象，又太占地方。我家才一丁点儿大。我要的是一只绵羊。给我画一只绵羊。"

我画了起来。

他仔细看了一眼，然后说：

"不！这一只病得很厉害。给我另画一只。"

我又画。

我的朋友露出善意的微笑，宽容地说：

"你看……这不是一只小羊，是一只大公羊。它有角……"

我又重新画了一张。

像前几张一样遭到拒绝。

"这只太老了。我要一只绵羊，可以活很久。"

因为急于动手拆卸我的发动机，我不胜其烦，涂下了这一张。

然后嚷嚷说：

"这是箱子。你要的绵羊在里边。"

但是令我惊奇的是我的小法官居然笑逐颜开：

"我要的正是这个！你说要给这只羊备上很多草料吗？"

"问这个干吗？"

"因为我的家才一丁点儿大……"

"肯定够的。我给你的绵羊也一丁点儿大。"

他低下头看画：

"不那么小吧……咦！它睡熟了……"

我就这样认识了小王子。

…………

四

我就是这样了解到第二件大事：他出生的星球比一幢房子大不了多少！

…………

我所以说出小行星B612号的来龙去脉，透露了它的编号，是为了那些大人。大人喜欢数字。你跟他们谈起一位新朋友，他们绝不会问本质的东西。他们不会对你说："他的声音怎么样？他爱好什么游戏？他搜不搜集蝴蝶？"而是问："他岁数多大？几个兄弟？体重多少？他父亲挣多少钱？"这样问过以后，他们认为对他有所了解了。如果你对大人说："我看到一幢漂亮的房子，红砖砌的，窗前有天竺葵，屋顶上有鸽子……"他们想象不出这幢房子是什么样的。要是说："我看到一幢房子, 价值10万法郎。"他们会惊呼:"多漂亮呀!"

因而, 你对他们说:"从前有过一位小王子, 证据是他长得很可爱, 喜欢笑, 要一只绵羊。一个人要绵羊, 就是他存在的明证。"他们会耸耸肩, 把你当作孩子看待! 但是, 你对他们说:"他来的那颗星球是小行星B612号。"他们就深信不疑, 不会再用他们的问题跟你纠缠了。他们就是这个样。不应该怪他们。孩子对大人应该宽宏大量。

当然, 我们这些理解生活的人, 才不把数字放在眼里呢! 我乐于把这个故事的开头写得像篇童话。我愿意说:"从前, 有一位小王子, 住在一颗比自己大不了多少的星球上, 需要一位朋友……"对于理解生活的人来说, 这样会真实得多。

…………

六

啊! 小王子! 我就这样渐渐明白你过着忧郁的小日子。很长一段时间, 你唯一的消遣是欣赏夕阳的清辉。我知道这件新鲜的小事, 是在第四天早晨, 那时你对我说:

"我喜欢看太阳下山。我们一起去看一次吧。"

"但是要等……"

"等什么?"

"等太阳下山。"

你起先显得非常惊讶, 后来又自个儿笑了。你对我说:

"我一直以为在自己家里呢!"

不错。在美国时当正午, 在法国——众所周知——恰值夕阳西下。要是能够在一分钟内赶到法国, 当然可以观看日落。不幸, 法国太远了。但是, 在你那个一丁点儿大的星球上, 你把椅子移动几步就可以了。你哪时想看, 哪时就可望见黄昏的余晖……

"有一天, 我看了43次太阳下山!"

过了一会儿, 你又说:

"你知道……人忧伤的时候喜欢看太阳下山……"

"43次的那天, 你确实那么忧伤吗?"

但是小王子没有回答。

七

第五天，还是亏了那只绵羊，才泄露了小王子的生活秘密。他忽然直截了当地问我，像对一个问题默默思考了很久：

"绵羊吃灌木，当然也会吃花啰！"

"绵羊遇上什么吃什么。"

"带刺的花也吃。"

"那刺长了干什么用的？"

我不知道。我那时忙于把发动机上扣得紧紧的螺栓拧下来。我十分担忧，故障看来非常严重，饮用水也日益耗尽，叫我感到大难临头了。

"那刺长了干什么用的？"

小王子一旦提出一个问题，从不放弃。我正被螺栓弄得心烦意乱。随口说：

"刺长了没什么用，完全是花的心眼儿坏！"

"哦！"

沉默了一会儿，他带点怨恨地冲着我说：

"你的话我不信！花是娇弱的。她们天真，尽量给自己壮胆。她们长了刺以为可以把人家唬住。"

我没理会。这时，我对自己说："螺栓要是再拧不下来，我一锤子把它砸了。"又是小王子打断了我的思路：

"你相信花会……"

"别烦了！别烦了！我什么都不信！我是随口回答的。我要忙我的正经事。"

他望着我愣住了。

"正经事！"

他看见我手里攥个锤子，指头上沾满黑色油污，俯在一个在他看来丑陋不堪的玩意儿上。

"你说话像个大人！"

这句话说得我有点儿难为情。但是他无情地接着说：

"你就是说不清楚……你就是不会区分！"

他真的气坏啦。一头金发在风中乱摇：

"我到过一颗星球，那里有一位红脸先生。他从来没有嗅过一朵花，从来没有望过一颗星星，从来没有爱过一个人。除了加法以外，从来没做过别的事。整天像你一样反复说：'我是个正经人！我是个正经人！'神气活现，自命不凡。但他不是个人，是个蘑菇！"

"是个什么？"

"是个蘑菇!"

小王子这时气得面孔煞白。

"几百万年来,花身上长刺。几百万年来,羊还是吃花。花为什么费那么大功夫去长一些没用的刺,弄明白这件事不正经吗?羊与花要打仗,这不重要吗?这不比红脸胖子的加法更正经、更重要吗?如果我认识世上独一无二的一朵花,哪儿都不长,只长在我的星球上,而一只小绵羊,一天早晨像这个样糊里糊涂的一下子把它毁了,这不重要吗?"

他的脸红了一下,接着说:

"要是有个人爱上了亿万颗星星中仅有的一朵花,他望望星空就觉得幸福。他对自己说:'我的花在那儿……'但是羊若把花吃了,对他来说,所有的星星都像忽地熄灭了!这个还不重要?"

他说不下去了。突然抽抽噎噎地哭了起来。天早黑了。我扔下工具,也顾不得锤子、螺栓、口渴、死亡。在一颗星上,在一颗星球上,也就是在我的这个地球上,有一位小王子需要安慰!我把他搂在怀里,摇他。对他说:"你爱的那朵花不会有危险……我给你的绵羊画一只嘴套……我给你的花画一副铠甲……我……"我自己也不知所云了。我感到十分笨拙。不知道怎样打动他,怎样接近他……眼泪的王国太神秘了。

八

我很快学会了更好地去认识这朵花。在小王子的星球上,一直长着一些非常朴素的花,花冠上只镶一轮花瓣,不占地方,不碍事。在草丛中朝开暮落。但是,不知从哪儿吹来的一颗种子,有一天抽出了芽,小王子密切注视这条与众不同的嫩枝。可能是一棵新品种的猴面包树。但是枝条很快停止往上长,开始孕育花朵。小王子眼见它形成一只大花蕾,感到从中会出现奇迹。但是这朵花躲在绿屋内,梳妆打扮没有个完。她细心选择颜色,缓缓披上衣衫,把一枚枚花瓣整理梳齐。她不像虞美人那样形容憔悴地就往外走。她要仪态万方地来到世上。喔,是的。她非常爱俏!她躲着人梳妆了好多好多天。然后,一天早晨,恰在日出的时刻,她露面了。

她,精雕细琢了那么久,却打着呵欠说:

"啊!我刚醒哩……原谅我……还是蓬头散发的……"

小王子那时抑制不住内心的倾慕:

"您真美！"

"是吗，"花儿轻声细气地回答，"我和太阳同时诞生……"

小王子猜想她不很谦虚，可是她那么动人！

"我相信这是进早餐的时间了，"她马上接着说，"劳驾给我……"

小王子满脸羞惭，去找了一壶清水奉献给她。

这朵花虚荣多疑，不久把小王子折磨得很苦恼。比如说，有一天，提到自己的四根刺，她对小王子说：

"那些老虎会张牙舞爪扑过来的！"

"我的星球上没有老虎，"小王子表示不以为然，"而且老虎也不吃草。"

"我可不是一棵草。"花儿低声回答。

"原谅我……"

"我才一点儿不怕老虎呢，可是风叫我讨厌。你没有屏风吗？"

"见了风就讨厌……一株植物像这个样，那是没治了，"小王子早已看在眼里，"这朵花太鬼了……"

"晚上，您把我放在罩子底下。您这里太冷，住不惯。我来的那个地方……"

但她没说下去。她是从种子来的，不可能在其他世界有什么经历。她撒的谎那么幼稚，叫人抓住了又感到委屈，咳上两三声，反怪小王子的不是：

"屏风呢？……"

"我刚要去找，可是您跟我说上话了！"

这时，她故意咳得更响，存心要他不安。

小王子尽管满腔热情，也很快对她产生了怀疑。他把这些琐言碎语看得过于认真，反招来许多烦恼。

"我不应该信她的话，"有一天他对我吐露，"花的话不应该信。花是供观赏和嗅闻的。我的星球有了这朵花芳香扑鼻，但我不懂得应该为此

高兴。老虎爪子这事惹得我非常恼火，原本可
以打动我的心……"

还对我说：

"我那时一点儿不懂事！应该根据她的
行动而不是言辞来评论她。她对我散发香味，
使我充满光明。我不应该一走了事！应该揣摩
到她小小诡计后面隐藏的一片柔情。花有多么
矛盾！但我年纪太小，不懂得爱她。"

九

我相信他是乘候鸟的一次迁徙出走的。动身那天早晨，他把星球收拾整齐，
将活火山口仔细疏通。他有两座活火山，清晨热早饭方便得很。他还有一座死火
山。但是正如他说的："以后的事很难说！"把死火山口也同样疏通一番。火山口
保持畅通，火山燃烧缓慢均匀，就不会引起喷发。火山喷发如同烟囱冒火。当然，
在我们的地球上，我们太渺小了，没法打扫火山。所以火山给我们造成那么多麻
烦。

小王子也怀着忧郁的心情拔掉最后
几株猴面包树。他相信自己一走就不会
回来了。但是这天早晨，这些日常工作在
他看来极其亲切。最后一次浇花，准备盖
上罩子的时候，他一阵心酸，发觉自己想
哭。

"分别啦。"他对花说。

但是她没有回答。

"分别啦。"他又说了一遍。

花咳嗽一声。不是因为她感冒。

"我以前真傻，"她终于对他说，
"我请你原谅。努力做个幸福的人吧！"

没有一句责备的话，反使小王子感到
意外。他站在那里，窘态毕露，罩子举在
空中。他不懂这份脉脉温情。

"是的，我爱你，"花对他说，"你一点儿不知道，这是我的错。再说也没用了。
但是你那时跟我一样傻。努力做个幸福的人……把罩子放回去吧，我不需要。"

"但是风……"

"我不至于那么容易感冒……夜间清新空气对我有好处。我是一朵花。"

"但是动物……"

"我要是想跟蝴蝶交往，就应该让两三条毛虫在我身上爬。我觉得这很美。要不谁来看望我呢？你嘛，又远在天边。大动物我一点儿不怕。我有爪子。"

她天真地伸出她的四根刺。接着又说：

"别磨蹭啦，这挺恼人的。你下决心走，那就走吧。"

因为她不愿意小王子看到她哭。这是一朵骄傲的花儿……

二十

小王子在沙漠、山岭、雪地中长途跋涉后，终于发现一条路。条条路都是通向人的。

"你们好。"他说。

这是一座盛开的玫瑰园。

"你好。"玫瑰花说。

小王子望了一眼。她们无一不跟他的那朵相像。他吃了一惊，问问她们：

"你们是谁？"

"我们是玫瑰花。"玫瑰花说。

"啊！"小王子说……

他非常伤心。他的花对他说过，宇宙中仅有她一朵。然而，这里单是一座花园里，就有5000来朵，朵朵相像！

"她要是看到这个景象，"他自言自语，"又要光火了……又要咳个不停，寻死觅活地给自己遮羞。我又得假装体贴。因为，要不然，为了出我的丑，她真会让自己死去的……"

他还对自己说："我以为有一朵独一无二的花，很满足，其实只是一朵普通的玫瑰花。这个，加上三座膝盖一般高的火山，其中一座很可能永远喷不出火，我成不了一位伟大的王子……"他伏在草地上呜呜哭了。

二十一

这时候，出现了一只狐狸。

"你好。"狐狸说。

"你好。"小王子彬彬有礼地回答。他转过身去，但什么也没看见。

"我在这里。"声音说，"苹果树下……"

"你是谁?"小王子说,"你真漂亮……"

"我是狐狸。"狐狸说。

"来跟我玩吧。"小王子向他提出,"我很伤心……"

"我不能跟你玩,"狐狸说,"我没经过驯养。"

"啊!对不起,"小王子说。

但是,想了一想,又说:

"什么叫'驯养'?"

"你不是本地人?"狐狸说,"你在找什么?"

"我在找人。"小王子说,"什么叫'驯养'?"

"那些人,"狐狸说,"他们有枪,他们打猎。讨厌极了!他们也养鸡,这使他们还有点儿意思。你在找鸡吗?"

"不,"小王子说,"我在找朋友。什么叫'驯养'?"

"这件事记得的人不多了,"狐狸说,"意思是:'建立感情联系'……"

"建立感情联系?"

"不错,"狐狸说,"你对我不过是一个男孩子,跟成千上万个男孩子毫无两样。我不需要你。你也不需要我。我对你不过是一只狐狸,跟成千上万只狐狸毫无两样。但是,你要是驯养我,咱俩就会互相需要。你对我是世上唯一的。我对你也是世上唯一的……"

"我开始懂了,"小王子说,"有一朵花……我相信她把我驯养了……"

"这可能,"狐狸说,"地球上形形色色的事都有……"

"喔！那不是在地球上。"小王子说。

狐狸不胜诧异：

"在另一颗星球？"

"是的。"

"那个星球上有猎人吗？"

"没有。"

"哈，这有意思！鸡呢？"

"没有。"

"天下没有十全十美的事。"狐狸叹口气。

但是狐狸又回到原来的想法：

"我的生活单调枯燥。我追鸡，人追我。所有的鸡都是相像的，所有的人也是相像的。我有点厌了。但是，你驯养我，我的生活会充满阳光。我听得出来某个脚步声跟别的脚步声不一样。别的脚步声叫我钻入地下。你的脚步声好比音乐，引我走出洞穴。还有，你看！那边的麦田，你看见了吗？我不吃面包。麦子对我是没用的。麦田引不起我的遐想。这很不幸！但是你有金黄色头发。你驯养我后，事情就妙了！麦子，黄澄澄的，会使我想起你。我会喜欢风吹麦田的声音……"

狐狸没说下去，对小王子瞧了好久，又说：

"请你……驯养我吧！"

"我愿意，"小王子回答，"但是我的时间不多。我要找几个朋友，了解许多东西。"

"人只能了解自己驯养的东西，"狐狸说。"现在那些人再也没有时间去了解什么啦。他们要东西，都往商店去买现成的。可是哪儿也没有供应朋友的商店！人也就得不到朋友。你要朋友，就请驯养我吧！"

"怎样驯养呢？"小王子说。

"这要非常耐心，"狐狸回答，"你先离我远一点，像这样，在草地坐下。我用眼梢瞅你，你一句话也别说。语言是误会的源泉。但是，每天，你可以靠近一些坐……"

第二天，小王子又来了。

"最好在同一时间来，"狐狸说，"比如说，你在下午四点来，一到三点我就开始幸福了。时间愈近，我愈幸福。到了四点钟，我已坐立不安；我发现了幸福的代价，你要是想什么时间来就什么时间来，我就不知道什么时候装扮我这颗心……仪式还是必要的。"

"什么叫'仪式'？"小王子说。

"这件事记得的人也不多了，"狐狸说，"这就是使某一天不同于其他日子，某一钟点不同于其他时间。比如说,猎人也有仪式。他们在星期四跟村里的姑娘跳舞。星期四就成为一个美妙的日子! 我一直走到葡萄园。要是猎人任何时间都可能跳舞,日子天天差不多,我就终年没有闲了。"

就这样小王子驯养了狐狸。离别的时刻又近了:

"啊!……"狐狸说,"我会哭的。"

"这是你的不是了,"小王子说,"我不想要你难受,但是你要我驯养你……"

"不错。"狐狸说。

"可是你又要哭!"小王子说。

"不错。"狐狸说。

"那又何苦来呢!"

"我不苦,"狐狸说,"有了麦子的颜色。"

接着又说:

"回去看玫瑰花。你会明白,你的那朵花是世上唯一的。你回来再跟我道别,我送你一个秘密作为礼物。"

小王子回去看玫瑰花。对她们说:

"你们和我的玫瑰花一点儿不像,你们还是什么都不是,谁都没有驯养过你们,你们也没有驯养过谁。你们跟我的狐狸以前一个样。那时,他不过是同成千上万只狐狸毫无两样的狐狸。但是,我跟他做了朋友,他现在是世上唯一的了。"

玫瑰花听了发怔。

"你们漂亮,但是空的,"他还对她们说,"别人不会为你们去死。当然,我的那朵玫瑰花,一个普通的过路人也会以为她和你们一样。但是,单是她一朵也比你们全体都宝贵,因为我给她浇过水。因为我给她盖过罩子。因为我给她竖过屏风。因为我给她除过毛虫(留下两三条可以羽化成为蝴蝶)。因为我听过她的

079

埋怨、她的吹嘘、有时甚至她的沉默。因为这是我的玫瑰花。"

他又去找狐狸，说：

"分别了……"

"分别了，"狐狸说，"我的秘密是这样。很简单：用心去看才看得清楚。本质的东西眼睛是看不见的。"

"本质的东西眼睛是看不见的。"为了记住，小王子跟着念。

"你为你的玫瑰花花费了时间，才使你的玫瑰花变得那么重要。"

"这条真理已经被人忘了，"狐狸说，"但是你不应该忘。对你驯养的东西你要永远负责。你必须对你的玫瑰花负责……"

"我对我的玫瑰花负责……"为了记住，小王子跟着念。

二十四

我在沙漠中遇到故障，到了第八天。我一边听关于商贩的故事，一边喝下我储存的最后一滴水。

"啊！"我对小王子说，"你的这些回忆很动人，但是我的飞机还没修好，我喝的东西也光了，我太幸福了，要是我能悠然自得地朝一口水井走去！"

"我的狐狸朋友……"他对我说。

"小朋友，别谈你的狐狸啦！"

"为什么？"

"人都快渴死啦……"

他听不懂我讲的道理，回答说：

"人有过一位朋友，即使日子不远了，也值。我就很高兴交上了一位狐狸朋友……"

"他对危险心中无数，"我对自己说，"他一向不饿不渴。有点儿阳光就够了……"

但是他瞅了我一眼，针对我的思想回答：

"我也渴……咱们找井去吧……"

我有气无力地挥挥手，在没有边际的沙漠中漫无目的地找井，岂不是荒谬。不过，我们还是出发了。

我们默默地走了几个小时，天黑了，星星开始发光。我因口渴，有点发烧，窥见这些星星，恍若在梦中。小王子的话在我的记忆中跳舞。

"你也渴，真的吗？"我问他。

但他不回答我的问题。只是说：

"水对心也是有用的……"

我不明白他的回答，但是我没说……我不知道不应该向他提出问题。

他累了。坐下。我在他身边坐下。一阵沉默后，他又说：

"星星美，是因为有了一朵看不见的花……"

我回答"当然"，便不声不响地望着月光下的沙漠。

"沙漠很美。"他又说。

这话不假。我一直爱沙漠。坐在沙丘上。什么也看不见。什么也听不见。可是有东西在一片寂静中发光。

"沙漠所以美，"小王子说，"是因为在某个地方藏了一口水井……"

我惊奇的是我一下子懂得了黄沙中这道神秘的光芒。在我小时候，住在一幢古宅里，传说地下埋着宝藏。当然，没人能够找到，也可能根本没人去过。但是整幢房子有了一种魅力。我的房子在心灵深处藏了一个秘密……

"是的，"我对小王子说，"不论房子、星星或沙漠，使它们美的东西是看不见的！"

"我很高兴，"他说，"你和我的狐狸看法一样。"

小王子睡着了，我把他抱在怀里，又上路了。我很动感情，像抱着一件脆弱的宝物。仿佛地球上再也没别的比他更脆弱了。我借月光望着这个苍白的前额，这双闭合的眼睛，这几绺在风中摇曳的头发。我对自己说："我看到的只是一具外壳。主要的东西是看不见的……"

我微张的嘴唇露出一丝朦胧的微笑，我对自己说："这位睡着的小王子所以那么使我感动，是他对一朵花的忠贞，即使他酣睡的时候，一朵玫瑰花的形象也如一盏灯的火焰，在他心中闪光。"我把他想得更加脆弱了。灯需要周密保护，一阵风就可以把它吹灭……

这样走着，黎明时，我发现了那口井。

【英国】王尔德
巴金 译

快乐王子①

　　"快乐王子"一点也不快乐，他是一座会流泪的雕像，他俯瞰着城市的一切丑恶和贫穷，专注于"再没有比贫穷更不可思议的"之类痛苦的思考。一只饶舌的（他总是喋喋不休）、博学的（他诉说的埃及风光多么迷人）、有点明哲保身（看他对芦苇的恋爱和对小孩的看法）的小燕子帮助快乐王子，把他身上值钱的东西一件件啄下来送给穷人。小燕子没能去到他向往的埃及，失去光彩装饰的快乐王子也被熔化，而他的那颗铅做的心不肯熔化——带着对人间苦难的记忆，把同情留给世界——却被政府官员扔进了垃圾堆。我们知道，人要得到真正的快乐，先要善良、同情和奉献。可为什么，快乐王子铅做的心会破碎呢？他到底快乐还是不快乐？

　　王尔德（1854~1900），英国唯美派作家，作品有戏剧《少奶奶的扇子》、小说《道林·格雷的画像》、童话《快乐王子集》等。

快乐王子的像在一根高圆柱上面，高高地耸立在城市的上空。他满身贴着薄薄的纯金叶子，一对蓝宝石做成他的眼睛，一只大的红宝石嵌在他的剑柄上，灿烂地发着红光。

　　他的确得到一般人的称赞。一个市参议员为了表示自己有艺术的欣赏力，说过："他像风信标②那样漂亮，"不过他又害怕别人会把他看作一个不务实际的人（其实他并不是不务实际的），便加上一句，"只是他不及风信标那样有用。"

　　"为什么你不能像快乐王子那样呢？"一位聪明的母亲对她那个哭着要月亮的孩子说，"快乐王子连做梦也没想到会哭着要东西。"

　　"我真高兴世界上毕竟还有一个人是很快乐的。"一个失意的人望着这座非常出色的像喃喃地说。

　　"他很像一个天使。"孤儿院的孩子们说，他们正从大教堂出来，披着光亮

---

①　选自王尔德《快乐王子集》，巴金译，人民文学出版社，1999年版。

②　风信标：或译定风针。

夺目的猩红色斗篷，束着洁白的遮胸。

"你们怎么知道？"数学先生说，"你们从没有见过一位天使。"

"啊！可是我们在梦里见过的。"孩子们答道。数学先生皱起眉头，板着面孔，因为他不赞成小孩子做梦。

某一个夜晚一只小燕子飞过城市的上空。他的朋友们六个星期以前就到埃及去了，但是他还留在后面，因为他恋着那根最美丽的芦苇。他还是在早春遇见她的，那时他正沿着河顺流飞去，追一只黄色飞蛾，她的细腰很引起他的注意，他便站住同她谈起话来。

"我可以爱你吗？"燕子说，他素来就有马上谈到本题的脾气。芦苇对他深深地弯一下腰，他便在她的身边不停地飞来飞去，用他的翅子点水，做出许多银色的涟漪，这便是他求爱的表示，他就这样地过了一整个夏天。

"这样的恋爱太可笑了，"别的燕子呢喃地说，"她没有钱，而且亲戚太多。"的确河边长满了芦苇，到处都是。后来秋天来了，他们都飞走了。

他们走了以后，他觉得寂寞，讨厌起他的爱人来了。他说："她不讲话，我又害怕她是一个荡妇，因为她老是跟风调情。"这倒是真的，风一吹，芦苇就行着最动人的屈膝礼。他又说："我相信她是惯于家居的，可是我喜欢旅行，那么我的妻子也应该喜欢旅行才成。"

"你愿意跟我走吗？"他最后忍不住了问她道。然而芦苇摇摇头，她非常依恋家。

"原来你从前是跟我寻开心的，"他叫道，"我现在到金字塔那边去了。再会吧！"他飞走了。

他飞了一个整天，晚上他到了这个城市。"我在什么地方过夜呢？"他说，"我希望城里已经给我预备了住处。"

随后他看见了立在高圆柱上面的那座像。他说："我就在这儿过夜吧，这倒是一个空气新鲜的好地点。"他便飞下来，恰好停在快乐王子的两只脚中间。

"我找到一个金的睡房了。"他向四周看了一下，轻轻地对自己说，他打算睡觉了，但是他刚刚把头放到他的翅膀下面，忽然大大的一滴水落到他的身上来。"多么奇怪的事！"他叫起来，"天上没有一片云，星星非常明亮，可是下起雨来了。北欧的天气真可怕。芦苇素来喜欢雨，不过那只是她的自私。"

接着又落下了一滴。

"要是一座像不能够遮雨，那么它又有什么用处？"他说，"我应该找一个好的烟囱去。"他决定飞开了。

但是他还没有张开翅膀，第三滴水又落了下来，他仰起头去看，他看见——啊！他看见了什么呢？

快乐王子的眼里装满了泪水，泪珠沿着他的黄金的脸颊流下来。他的脸在月光里显得这么美，叫小燕子的心里也充满了怜悯。

"你是谁？"他问道。

"我是快乐王子。"

"那么你为什么哭呢？"燕子又问："你看，你把我一身都打湿了。"

"从前我活着，有一颗人心的时候，"王子慢慢地答道，"我并不知道眼泪是什么东西，因为我那个时候住在无愁宫里，悲哀是不能够进去的。白天有人陪我在花园里玩，晚上我又在大厅里领头跳舞。花园的四周围着一道高墙，我就从没有想到去问人墙外是什么样的景象，我眼前的一切都非常美。我的臣子都称我做'快乐王子'，不错，如果欢娱可以算作快乐，我就的确是快乐的了。我这样地活着，我也这样地死去。我死了，他们就把我放在这儿，而且立得这么高，让我看得见我这个城市的一切丑恶和穷苦，我的心虽然是铅做的，我也忍不住哭了。"

"怎么，他并不是纯金的？"燕子轻轻地对自己说；他非常讲究礼貌，不肯高声谈论别人的私事。

"远远的，"王子用一种低微的、音乐似的声音说下去，"远远的，在一条小街上有一所穷人住的房子。一扇窗开着，我看见窗内有一个妇人坐在桌子旁边。她的脸很瘦，又带病容。她的一双手粗糙、发红，指头上满是针眼，因为她是一个裁缝。她正在一件缎子衣服上绣花，绣的是西番莲，预备给皇后的最可爱的宫女在下一次宫中舞会里穿的。在这屋子的角落里，她的小孩躺在床上生病。他发热，嚷着要橙子吃。他母亲没有别的东西给他，只有河水，所以他在哭。燕子，燕子，小燕子，你肯把我剑柄上的红宝石取下来给她送去吗？我的脚钉牢在这个像座上，我动不了。"

"朋友们在埃及等我，"燕子说，"他们正在尼罗河上飞来飞去，同大朵的莲花谈话。他们不久就要到伟大的国王的坟墓里去睡眠了。那个国王自己也就睡在那里——他的彩色的棺材里。他的身子是用黄布紧紧裹着的，而且还用了香料来保存它。一串浅绿色翡翠做成的链子系在他的颈项上，他的一只手就像是干枯的落叶。"

"燕子，燕子，小燕子，"王子要求说，"你难道不肯陪我过一夜，做一回我的信差么？那个孩子渴得太厉害了，他母亲太苦恼了。"

"我并不喜欢小孩，"燕子回答道，"我还记得上一个夏天，我停在河上的时候，有两个粗野的小孩，就是磨坊主人的儿子，他们常常丢石头打我。不消说他们是打不中的；我们燕子飞得极快，不会给他们打中，而且我还是出生于一个以敏捷出名的家庭，更不用害怕。不过这究竟是一种不客气的表示。"

然而快乐王子的面容显得那样的忧愁，叫小燕子的心也软下来了。他便说：

"这儿冷得很，不过我愿意陪你过一夜，我高兴做你的信差。"

"小燕子，谢谢你。"王子说。

燕子便从王子的剑柄上啄下了那块大红宝石，衔着它飞起来，飞过栉比的屋顶，向远处飞去了。

他飞过大教堂的塔顶，看见那里的大理石的天使雕像。也飞过王宫，听见了跳舞的声音。一个美貌的少女同她的情人正走到露台上来。"你看，星星多么好，爱的魔力多么大！"他对她说。"我希望我的衣服早点送来，赶得上大跳舞会。"她接口道，"我叫人在上面绣了西番莲花；可是那些女裁缝太懒了。"

他飞过河面，看见挂在船桅上的无数的灯笼，他又飞过犹太村，看见一些年老的犹太人在那里做生意讲价钱，把钱放在铜天平上面称着。最后他到了那所穷人的屋子，朝里面看去，小孩正发着热在床上翻来覆去，母亲已经睡熟，因为她太疲倦了。他跳进窗户，把红宝石放在桌上，就放在妇人的顶针旁边。过后他又轻轻地绕着床飞了一阵，用翅子扇着小孩的前额。"我觉得多么凉，"孩子说，"我一定好起来了。"他便沉沉地睡去了，他睡得很甜。

燕子回到快乐王子那里，把他做过的事讲给王子听。他又说："这倒是很奇怪的事，虽然天气这么冷，我却觉得很暖和。"

"那是因为你做了一件好事。"王子说。小燕子开始想起来，过后他睡着了。他有这样的一种习惯，只要一用思想，就会打瞌睡的。

天亮以后他飞下河去洗了一个澡。一位禽学教授走过桥上，看见了，便说："真是一件少有的事，冬天里会有燕子！"他便写了一封讲这件事的长信送给本地报纸发表。每个人都引用这封信，尽管信里有那么多他们不能了解的句子。

"今晚上我要到埃及去。"燕子说，他想到前途，心里非常高兴。他把城里所有的公共纪念物都参观过了，并且还在教堂的尖顶上坐了好一阵。不管他到什么地方，麻雀们都吱吱叫着，而且互相说："这是一位多么显贵的生客！"因此他玩得非常高兴。

月亮上升的时候，他飞回到快乐王子那里。他问道："你在埃及有什么事要我办吗？我就要动身了。"

"燕子，燕子，小燕子，"王子说，"你不肯陪我再过一夜么？"

"朋友们在埃及等我，"燕子回答道，"明天他们便要飞往尼罗河上游到第二瀑布去，在那儿河马睡在纸草中间，门浪神①坐在花岗石宝座上面。他整夜守着星星，到晓星发光的时候，他发出一声欢乐的叫喊，然后便沉默了。正午时分，成群的黄狮走下河边来饮水。他们有和绿柱玉一样的眼睛，他们的吼叫比瀑布的吼声还要响亮。"

①　门浪神（Memnon）：古埃及神像，相传日出时能发出竖琴般的声音。

"燕子，燕子，小燕子，"王子说，"远远的，在城的那一边，我看见一个年轻人住在顶楼里面。他埋着头在一张堆满稿纸的书桌上写字，手边一个大玻璃杯里放着一束枯萎的紫罗兰。他的头发是棕色的，乱蓬蓬的，他的嘴唇像石榴一样的红，他还有一对蒙眬的大眼睛。他在写一个戏，预备写成给戏院经理送去，可是他太冷了，不能够再写一个字。炉子里没有火，他又饿得头昏眼花了。"

"我愿意陪你再待一夜，"燕子说，他的确有好心肠，"你要我也给他送一块红宝石去吗？"

"唉！我现在没有红宝石了，"王子说，"我就只剩下一对眼睛。它们是用珍奇的蓝宝石做成的，这对蓝宝石还是一千年前在印度出产的，请你取出一颗来给他送去。他会把它卖给珠宝商，换钱来买食物、买木柴，好写完他的戏。"

"我亲爱的王子，我不能够这样做。"燕子说着哭起来了。

"燕子，燕子，小燕子，"王子说，"你就照我吩咐你的话做吧。"

燕子便取出王子的一只眼睛，往学生的顶楼飞去了。屋顶上有一个洞，要进去是很容易的，他便从洞里飞了进去。那个年轻人两只手托着脸颊，没有听见燕子的扑翅声，等到他抬起头来，却看见那颗美丽的蓝宝石在枯萎的紫罗兰上面了。

"现在开始有人赏识我了，"他叫道，"这是某一个钦佩我的人送来的。我现在可以写完我的戏了。"他露出很快乐的样子。

第二天燕子又飞到港口去。他坐在一只大船的桅杆上，望着水手们用粗绳把大箱子拖出船舱来。每只箱子上来的时候，他们就叫着："杭唷……""我要到埃及去了！"燕子嚷道，可是没有人注意他，等到月亮上升的时候，他又回到快乐王子那里去。

"我是来向你告别的。"他叫道。

"燕子，燕子，小燕子，"王子说，"你不肯陪我再过一夜么？"

"这是冬天了，"燕子答道，"寒冷的雪就快要到这儿来了，这时候在埃及，太阳照在浓绿的棕榈树上，很暖和，鳄鱼躺在泥沼里，懒洋洋地朝四面看。朋友们正在巴伯克①的太阳神庙里筑巢，那些淡红的和雪白的鸽子在旁边望着，一面在讲情话。亲爱的王子，我一定要离开你了，不过我决不会忘记你，来年春天我要给你带回来两粒美丽的宝石，偿还你给了别人的那两颗。我带来的红宝石会比一朵红玫瑰更红，蓝宝石会比大海更蓝。"

"就在这下面的广场上，站着一个卖火柴的小女孩。"王子说，"她把她的火柴都掉在沟里了，它们全完了。要是她不带点钱回家，她的父亲会打她的，她现在正哭着。她没有鞋、没有袜，小小的头上没有一顶帽子。你把我另一只眼睛也取下来，拿去给她，那么她的父亲便不会打她了。"

———————

① 巴伯克（Baalbec）：即Heliopolis，古埃及城市，在尼罗河三角洲上，建有供奉太阳神的庙宇。

"我愿意陪你再过一夜，"燕子说，"我却不能够取下你的眼睛。那个时候你就要变成瞎子了。"

"燕子，燕子，小燕子，"王子说，"你就照我吩咐你的话做吧。"

他便取下王子的另一只眼睛，带着它飞到下面去。他飞到卖火柴小女孩的面前，把宝石轻轻放在她的手掌心里。"这是一块多么可爱的玻璃！"小女孩叫起来；她一面笑着跑回家去。

燕子又回到王子那儿。他说："你现在眼睛瞎了，我要永远跟你在一块儿。"

"不，小燕子，"这个可怜的王子说，"你应该到埃及去。"

"我要永远陪伴你。"燕子说，他就在王子的脚下睡了。

第二天他整天坐在王子的肩上，给王子讲起他在那些奇怪的国土上见到的种种事情。他讲起那些红色的朱鹭，它们排成长行站在尼罗河岸上，用它们的长嘴捕捉金鱼。他讲起司芬克斯①，它活得跟世界一样久，住在沙漠里面，知道一切的事情。他讲起那些商人，他们手里捏着琥珀念珠，慢慢地跟着他们的骆驼走路；他讲起月山的王，他黑得像乌木，崇拜一块大的水晶；他讲起那条大绿蛇，它睡在棕榈树上，有二十个僧侣拿蜜糕喂它；他讲起那些侏儒，他们把扁平的大树叶当作小舟，载他们渡过大湖，又常常同蝴蝶发生战争。

"亲爱的小燕子，"王子说，"你给我讲了种种奇特的事情，可是最奇特的还是那许多男男女女的苦难。再没有比贫穷更不可思议的了。小燕子，你就在我这座城的上空飞一转吧，你告诉我你在这个城里见到些什么事情。"

燕子便在这座大城的上空飞着，他看见有钱人在他们的漂亮的住宅里作乐，乞丐们坐在大门外挨冻。他飞进阴暗的小巷里，看见那些饥饿的小孩伸出苍白的瘦脸没精打采地望着污秽的街道。在一道桥的桥洞下面躺着两个小孩，他们紧紧地搂在一起，想使身体得到一点温暖。"我们真饿啊！"他们说。"你们不要躺在这儿。"看守人吼道，他们只好站起来走进雨中去了。

他回去把看见的景象告诉了王子。

"我满身贴着纯金，"王子说，"你给我把它一片一片地拿掉，拿去送给那些穷人，活着的人总以为金子能够使他们幸福。"

燕子把纯金一片一片地啄了下来，最后快乐王子就变成灰暗难看的了。他又把纯金一片一片地拿去送给那些穷人。小孩们的脸颊上现出了红色，他们在街上玩着，大声笑着。"我们现在有面包了。"他们这样叫道。

随后雪来了，严寒也到了。街道仿佛是用银子筑成的，它们是那么亮，那么光辉，长长的冰柱像水晶的短剑似的悬挂在檐前，每个行人都穿着皮衣，小孩们也戴上红帽子溜冰取乐。

---

① 司芬克斯（Sphinx）：古希腊与埃及神话中狮身人面的怪兽。现在埃及境内有司芬克斯的石像。

可怜的小燕子却一天比一天地更觉得冷了，可是他仍然不肯离开王子，他太爱王子了。他只有趁着面包师不注意的时候，在面包店门口啄一点面包屑吃，而且拍着翅膀来取暖。

但是最后他知道自己快要死了。他就只有一点气力，够他再飞到王子的肩上去一趟。"亲爱的王子，再见吧！"他喃喃地说，"你肯让我亲你的手吗？"

"小燕子，我很高兴你到底要到埃及去了，"王子说，"你在这儿住得太久了；不过你应该亲我的嘴唇，因为我爱你。"

"我现在不是到埃及去，"燕子说，"我是到死之家去的。听说死是睡的兄弟，不是吗？"

他吻了快乐王子的嘴唇，然后跌在王子的脚下，死了。

那个时候在这座像的内部忽然响起了一个奇怪的爆裂声，好像有什么东西破碎了似的。事实是王子的那颗铅心已经裂成两半了。这的确是一个极可怕的严寒天气。

第二天大清早市参议员们陪着市长在下面广场上散步。他们走过圆柱的时候，市长仰起头看快乐王子的像。"啊，快乐王子多么难看！"他说。

"的确很难看！"市参议员们齐声叫起来，他们平日总是附和市长的意见的，这时大家便走上去细看。

"他剑柄上的红宝石掉了，眼睛也没有了，他也不再是黄金的了，"市长说，"讲句老实话，他比一个讨饭的好不了多少！"

"比一个讨饭的好不了多少。"市参议员们说。

"他脚下还有一只死鸟！"市长又说，"我们的确应该发一个布告，禁止鸟死在这个地方。"书记员立刻把这个建议记录下来。

后来他们就把快乐王子的像拆下来了。大学的美术教授说："他既然不再是美丽的，那么不再是有用的了。"

他们把这座像放在炉里熔化，市长便召集一个会来决定金属的用途。"自然，我们应该另外铸一座像，"他说，"那么就铸我的像吧。"

"不，还是铸我的像。"每个市参议员都这样说，他们争吵起来。我后来听见人谈起他们，据说他们还在争吵。

"真是一件古怪的事，"铸造厂的监工说，"这块破裂的铅心在炉里熔化不了。我们一定得把它扔掉。"他们便把它扔在一个垃圾堆上，那只死燕子也躺在那里。

"把这座城里两件最珍贵的东西给我拿来。"上帝对他的一个天使说，天使便把铅心和死鸟带到上帝面前。

　　"你选得不错，"上帝说，"因为我可以让这只小鸟永远在我天堂的园子里歌唱，让快乐王子住在我的金城里赞美我。"

【丹麦】安徒生

叶君健 译

豌豆上的公主①

娇纵的女孩就像这"豌豆上的公主"，娇气的男孩也一样。生活中这样的人可不少，所以，作者郑重其事地说："这是一个真的故事。"一个健康的人，从皮肤到心理，可都不能那么娇嫩。

安徒生（1805~1875），丹麦的一个穷孩子，世界童话大师，他的纯美的文字温暖了世界各国儿童的童年。

从前有一位王子，他想找一位公主结婚；但是她必须是一位真正的公主。所以他就走遍了全世界，要想寻找到这样的一位公主。可是无论他到什么地方，他总是碰到一些障碍。公主倒有的是；不过他没有办法断定她们究竟是不是真正的公主。她们总是有些地方不大对头。结果他只好回家来，心中很不快活，因为他是那么渴望着得到一位真正的公主。

有一天晚上，忽然起了一阵可怕的暴风雨。天空在掣电，在打雷，在下着大雨。这真有点使人害怕！这时有人在敲着城门，老国王就走过去开门。

站在城门外的是一位公主。可是，天哪！经过了风吹雨打以后，她的样子是多么难看啊！水沿着她的头发和衣服向下面流，流进鞋尖，又从脚跟流出来。她说她是一个真正的公主。

"是的，这点我们马上就可以考查出来。"老王后心里想，可是她什么也没有说。她走进卧室，把所有的被褥都搬开，在床榻上放了一粒豌豆。于是她取出20床垫子，把它们压在豌豆上；随后她又在这些垫子上放了20床鸭绒被。

这位公主夜里就睡在这些东西上面。

早晨大家问她昨晚睡得怎样。

"啊，不舒服极了！"公主说。"我差不多整夜没有合上眼！天晓得我床上有件什么东西？有一粒很硬的东西硌着我，弄得我全身发青发紫。这真的怕人！"

现在大家就看出来了，她是一位真正的公主，因为压在这20床垫子和20床鸭

---

① 选自叶君健译《安徒生童话全集》，人民文学出版社，1995年版。

绒被下面的一粒豌豆，她居然还能感觉得出来。除了真正的公主以外，任何人都不会有这么嫩的皮肤的。

因此那位王子就选她为妻子了，因为现在他知道他得到了一位真正的公主。那粒豌豆因此也就送进了博物馆。如果没有人把它拿走的话，人们现在还可以在那儿看到它呢。

请注意，这是一个真的故事。

【德国】格林

冯伯里 译

睡美人①

冷静想想，人的这种社会习俗真奇怪：女孩子纷纷"睡着"（心理冬眠），等着一个男孩（白马王子之类）来唤醒，这才开始幸福的生活。童话中的女孩这样，现实中的女孩难道不这样吗？白马王子不来，女孩的一生就没有幸福？女性难道没有独立的生活价值？不过，光从社会伦理学去解读童话，会把美丽的文字丑化贬低。这篇童话写城堡中所有东西都"睡了"和"醒了"的几个片段，是大家手笔，想象得如梦如幻、奇妙无比。

格林，有两个格林，是兄弟俩。雅各布·格林（1785~1863）和威廉·格林（1786~1859），世称格林兄弟，德国语言学家，致力于收集改写德国民间童话，成为世界童话大师。

很久很久以前，有一对国王夫妇，他们每天都说："唉！要是有个孩子就好了！"但是他们总是没有孩子。一天，王后在洗澡，一只青蛙从水里爬出来了，对她说："你的愿望就要实现了。不到一年，你就会生下一个女儿。"

青蛙的预言成真了，王后果然生下一个漂亮的小女孩。国王大喜，举行了一个盛大的宴会来庆祝。他不仅请了亲戚、朋友、熟人，还请了女巫，因为他希望女巫能对自己的女儿好，不要伤害她。王国里有13个女巫，国王只有12个金盘子给她们吃饭，所以就有一个女巫待在家里，没有来。宴会非常隆重，快结束的时候，女巫纷纷给小公主送来了礼物：一个送她美德，一个送她美貌，第三个送健康，给遍了世上最好的东西。第11个女巫刚说完，那个没有被邀请的女巫就闯了进来。她因为没有收到邀请，就来报复国王。她连招呼也不打，也不看任何人，就大声叫道："当公主15岁时，她会用纺锤把手刺破，倒地而死。"然后她没有再说一个字，转身就走。大家都被惊呆了。第12个女巫还没有许愿，她走上前去许愿。她没有办法解开那个女巫的咒语，只能说："公主没有倒地而死，只是长眠一百年。"

国王为防止心爱的女儿遭受不幸，下令全国，要求把所有的纺锤都砸掉。女

---

① 选自冯伯里译《格林童话》，广西师大出版社，2001年版。

巫对公主的许愿都变成真的了：她又美又善良，脾气温和，聪明过人，谁见了都喜欢。公主15周岁生日那天，国王和王后正巧出门，留下公主一人在家。她走遍了王宫，一间屋子一间屋子看，最后来到一座古塔里面。她沿着弯弯曲曲的楼梯往上爬，来到了一扇小门前。门锁着，钥匙插在锁里，已经生锈了。她用钥匙拧开门，看到小屋里坐着一个老太太，正拿着纺锤纺亚麻。公主说："您好，老太太。您在干吗？"老太太点点头，回答说："我在纺线。"公主问："你手里那个在欢快地旋转的东西是什么？"她说着就接过纺锤，想学着老太太的样子纺线。但刚接过纺锤，那个女巫的话就应验了：她的手指被纺锤刺破了。

女孩觉得自己好像躺在床上，深深地睡了。她的睡眠传染了整个城堡。国王和王后刚进王宫，就在大厅里睡着了。宫廷里所有的人也都睡着了。马在马棚里睡，狗在院子里睡，鸽子在屋顶上睡，苍蝇在墙上睡，连炉子里的火都停止了燃烧，也睡着了。厨师正准备去打一个做错事的小伙计，也停在那儿睡着了。风停了下来，树叶也一动不动。

城堡周围长起了一圈荆棘篱笆。它们每年都在长高，最后把整个城堡围住，厚厚地盖上了。从外面什么都看不到，甚至连屋顶上的旗帜也看不见。关于睡美人的故事，越传越广，很多外国的王子都想穿过篱笆，进城堡向她求婚，但没有成功。荆棘长得太密了，把进去的人缠住，根本挣不脱，最后只能可怜地死去。

多年以后，又有一位王子来到这里。他听一位老人说荆棘盖住了城堡，一个叫作睡美人的漂亮的公主已经睡了100年，国王、王后和王宫里所有的人也都睡了100年。老人还说，他的爷爷告诉他，不少王子想穿过荆棘篱笆，但都被围在里面，悲惨地死去了。王子说："我不怕，我要见见睡美人。"

这时已经过了100年，睡美人该醒了。王子来到荆棘篱笆边，荆棘就开出美丽的花朵，让开一条路，叫王子穿过，然后荆棘又合上了。在王宫的院子里，王子看到马和猎狗正在睡觉，鸽子把头埋在翅膀下静静地睡。他走过王宫，看到苍蝇也叮在墙上睡觉；厨师站在厨房里，还做着伸手要打一个小伙计的动作；女仆坐在桌子前，看动作好像正准备给一只母鸡拔毛。再走进去，他看到厅里睡满了大臣，国王和王后睡在王座旁边的座基上。他继续朝前走，所有的东西都静止不动，他连自己的呼吸声都能清楚地听到。

最后，他来到那座古塔前，打开门，看到睡美人正在睡觉。她那么美，王子情不自禁地注视着她，然后弯下腰来吻她。他的唇刚碰到公主，公主就醒了，甜甜地笑着。他们一起走下楼，这时，国王、王后和宫廷里所有的人都醒过来了，他们互相打量着对方，觉得十分奇怪。马也站了起来，抖了抖身子；猎狗跳了起来，摇着尾巴；鸽子把头从翅膀下抬了起来，向四周望了望，就飞到田野里去了；苍蝇开始爬；火又烧了起来；厨师拧着小伙计的耳朵，疼得小伙计大叫；女仆开始给母鸡拔毛。

王子和睡美人举行了盛大的婚礼，从此过着幸福的生活。

【法国】多米尼克·哈勒维

唐有娟 译

追逐星星的孩子①

被一颗星所吸引，孩子离家出走，从欧洲到非洲，游历大千世界。我们可能不会像小说中的孩子那样，去追逐那颗照亮自己童年的星。但是，总有一颗星，牵引着我们的人生之路。

多米尼克·哈勒维（1929年生），法国当代作家。

出 走

有个小孩，每天晚上盯着天上的一颗亮星消失在西山。

每当夜幕降临，这颗星星总是头一个出现在离山顶不远的天际，放射着宁静的光芒，小孩对它简直着了迷。

在这颗亮星的周围，有成千上万颗星星在夜空里闪烁，但小孩对它们几乎是视而不见的，因为他一直全神贯注地目送着他的亮星坠入大山。星星的行程是那样的短暂，好像刚一出现便开始向西山滑去似的。

"今天晚上别落山吧！请你多待一会儿吧！再稍稍多留一会儿吧！"小孩低声地哀求着。

然而星星从来不听他的。

确实，这颗星星落山的速度实在是太快了，小孩简直看不出它是否在轨道上停留过片刻。眼睁睁地看着它和大山之间的距离在迅速地缩小着，转瞬间和大山挨在一起了，接着就消失了，被大山吞没了。

天天晚上都是如此。

"如果我是一个巨人该多好啊！"小孩心想。

可惜他不是一个巨人。

有天晚上，小孩爬上他家的屋脊，站高来看看。然而无济于事，星星照样钻

① 选自《法国儿童文学选》，江苏人民出版社，1982年版。本文节选自《孩子与星星》的前两章。标题为编者所拟。

入大山里去了,把他一人独自空留在撒满繁星的夜空底下。其他的星星再多,也不能使他得到快慰。

于是他只好从窗户里爬进卧室。

躺在床上,他久久不能入睡,睁大眼睛呆呆地瞧着窗外的蔚蓝的夜空。

第二天,他悄悄地做好了各项准备。天一擦黑,他看着那颗朝西山落去的星星,开心地笑了。这时,满天的星斗照耀着沉睡的大地,周围响起了蝉的歌唱声。

黎明的曙光抹去了天上的最后一颗晨星,当全家还在睡梦中的时候,小孩已早早地醒来了。他爬起来穿上衣服。一切准备就绪,他拿出一片纸写上:"我要追星星去了!"然后将纸条放在桌上,把一只装得鼓鼓囊囊的口袋往肩上一背,蹑手蹑脚地走下了楼梯。

但,再轻的脚步声也瞒不过狗的耳朵。这时只见他家的狗跑来依偎在他脚下,轻轻地哼了一声。

"嘘!"小孩制止它,一边蹲下来亲了亲浑身颤抖的狗。

"别响!别响!我多么想带你出去遛遛。但,我要去追一颗星星,只能一人去,懂吗?你耐心等着我,回来后,我把一切都讲给你听。现在让我走吧!"

那只狗又卧下去了,瞧着小主人远去的身影,似乎很难过。

花园的果树枝上挂满了果子,小孩摘下三个湿漉漉的果子装在身上。这时,草地上已有鸟儿在草丛中觅食了,前方的大山还黑沉沉的。

他出发了。

刚走不远,到了拐弯处,他再一次回过神来瞧瞧自己的家,房子依然矗立在岩石上。

"就这样别动,好让我回来能找你。"小孩喃喃地说。

然后头也不回地走了。

追 踪

阳光照进了山谷,鸟儿开始在天空和枝头唱起歌来。小孩快步如飞地走着,口袋在他背上甩来摆去。很快就开始攀登第一道山坡了,燧石在他脚下飞溅着火花。

他停住脚,透过树叶子的空隙往头顶看看,蓝天像闪烁的星星那样在枝叶间颤动。他走进了丛林,地上铺着一层松叶,十分松软。现在他背后的山谷变成一块凹地。从山道两边的荆棘丛中,可以听见动物的声音。这时小孩想找根棍子拿在手上,于是便在一棵小树上折下一段结实点的树枝,用刀子精心削制了一番,还特意把树皮的花纹保留下来。

"这下好了！"小孩自言自语道。

他又迈开大步赶路了。他想看看灌木丛中的那些动物，然而只看到了三只松鼠在树上跳来跳去。

中午时候，他肚子饿了，便停下脚找了一块平滑的岩石坐了下来，阳光和树影在岩石上嬉戏，宛如欢快的水波。他从口袋里掏出干粮和一个苹果，刚吃了几口，一只蜥蜴从岩石的一边探出头来。小孩马上把嘴里的东西咽下去，轻轻地朝着蜥蜴吹口哨。这是他专门为蜥蜴临时编的一段曲子，而且一直吹个不停。蜥蜴似乎很爱听这样的曲调。它慢慢从铺满阳光的石板上爬了过来。这时小孩就能在近处观察它了：蜥蜴的喉咙底下忽闪忽闪个不停。可想而知，小生物对他高度警惕着。小孩仍在不断地吹着口哨，另有两只蜥蜴也探出鼻子，接着探出脑袋，然后探出四肢爬出来了，倾听小孩为它们吹的曲调。

吹了一阵之后，小孩轻轻说了一句："这群小鳄鱼！"

当他停下口哨又开始吃起干粮时，蜥蜴就待在他的附近，他多么想喂它们吃点东西，但因时间紧迫，便站起身来，说了声：

"小鳄鱼们，再见吧！"

他觉得身上又有劲了，于是想在天黑之前赶到星星降落的地方。

当小孩花了九牛二虎之力爬上山顶时，天色已经很晚了。他睁大眼睛想从重叠的山峦中找出他熟悉的山峰。但往往在山的鼻子下认出山的模样是不容易的。不过他早就把山上一棵孤零零的大树作为标记了，因为星星在下山前总要掠过那棵大树。这时他便到处用眼寻找这棵树。

当他找到这棵大树时，黑夜已经笼罩着大山，那棵大树屹立在一块草地中间，在晚霞的映衬下十分瑰丽。小孩以为霞辉便是埋在地下的星星所放出的光辉。但慢慢地，余晖眼看着熄灭了，黑夜把一切的一切，连草地一起吞噬了。这时小孩才明白，他的星星也并不在那里埋着。

周围一片黑咕隆咚，处处是阴影和从来未听到过的声音。小孩突然觉得孤独不堪。他走了几步，躲开头顶的树叶，看见了那颗亮星就在他的正前方。看着看着，那颗亮星朝山背后的黑洞里掉去，其他的星星夹道欢送它。

"你在这儿哪！"孩子惊喜地说道。

他再也不害怕什么了，但感到很疲惫。于是他在草地上打开铺盖卷钻进被子里熟睡了。

半夜里，野兽的一声长啸把他惊醒了。一睁眼，只见前后左右布满了星斗，而他的那颗亮星早已深深地掉进黑洞了。黎明时一看，才知道那个黑洞正是一片大海——很像绿、蓝、紫三色绘成的一片平原！

他站在山顶回头望去，那是他跨越过的山谷。往前望望大海，浩瀚的海面上空气纯净而富于色彩。没有任何一点迹象说明星星被淹没在什么地方。

这时他听到脚下有流水声。顺着声音找去，发现一汪山泉冒出地面，流成一条小溪，勇敢地向山谷冲去。他趴下去喝了几口清凉的泉水，然后脱光了衣服，在朝阳的沐浴下洗了冷水澡。

一股鲜美的气味从不太远的地方飘来，他顺着气味寻去，发现在一片砍伐过的树林里长满了野生的覆盆子果，真是美妙至极！然而，他没有停下，却沿着小溪往前走去，小溪哗哗地直奔大海。他渴望听到大海的吼鸣，于是他赶忙回到原地穿上衣服，抄起棍子和口袋向前走。

整整一天，他顺着山坡的背面往山下走。那条快活的小溪时而来到他的脚下，时而又扭身离开他。小孩每次重新看到它，它总比原先宽了些。从它身上跳过去一次比一次更难了，最后完全不能了！他穿越树林，跨过沟壑，抄着近路往山下走，不时地看到一片片开着淡紫色花的草地，招引着群群蜂蝶。那条小溪，每次与他重逢时，水流越来越急了。

下午的路上，他遇到一条蛇在暖洋洋的地上拦住他的去路。蛇身抖着，像是怒不可遏。小孩马上往后退，想另找一条路。可是那条蛇钻进草丛、树叶里去，不一会儿又出现在小孩面前，摆出一副狂怒和威胁的架势。于是小孩只好给了它一棍：他不能因为一条蛇而放弃他的星星啊。接着朝着扁平的三角形蛇脑袋又是一棍，他不愿意把蛇只打个半死就走。

又到了傍晚，他把剩下的干粮吃光，又摘了几个野栗子充饥。他已经很累了，但又乐滋滋的。因为他把大山扔到了背后，就好像并拢双脚一跳而过一样。于是，尽管很累，他并起双脚跳起来一边高叫："我是一个巨人！"

这时他开心极了，因为他已能听见大海的浪涛声了。他翻过最后一座沙丘。大海突然出现了：它辽阔而呈昏暗色，波涛在他脚下发出拍打声。抬头看看，只见他的亮星用看不见的脚步，大步地走着。恰在这时，天空中一颗"陨石"划破夜空，擦着亮星身旁飞驶而过，在掉进大海的一刹那出现一团火光。在大海响起的鼓声中，小孩似乎还听到一声窒息的惨叫。

这是这一天里他最后的几桩见闻。当他刚刚打开铺卷，便在沙丘凹处熟睡了。

【法国】亨利·博斯科

郁馥 译

大河的魅力①

儿童的权利，就是探索、发现和成长的权利。天上有星星的诱惑，大地上有河流、森林和道路的诱惑，在某一个日子，我们就悄悄踏上了这发现和成长之旅。充满神秘的世界，是可爱的世界；永存好奇的童心，是可爱的赤子之心。让世界永远保留一点神秘，让心灵永远保留一点好奇，不要轻易就把世界"看透了"。

亨利·博斯科（1888~1975），法国教师、作家。

我很小的时候，住在乡间。我们的房屋是田野里孤零零的一座小农舍。在那里我们过着宁静的生活。

在我们四周，只能见到一片田野，一排排柏树，矮小的农作物，以及两三座孤零零的田间农舍。

这单调的景色使我郁郁不乐。

但是远处有一条河流。

晚上聊天时，大家常常谈起这条河，尤其是在冬天的夜晚。可我从来不曾见过它。这条河给我们的庄稼带来了好处，也造成了灾难，紧密联系着农家的命运。它时而哺育土地，时而毁坏庄稼。因此似乎这是一条又大又有威力的河。秋天，雨季来临，河水上涨。人们听到它在远处咆哮，有时河水浸过了堤坝，淹没了我们的良田，不久河水退去，留下了一片淤泥。

春天，当阿尔卑斯山脉积雪融化时，又出现了另一些小河。在它们的冲击下，堤坝裂开，于是一望无际的草原变成了一个大湖。到了夏天，酷热的天气使河水蒸发。这时，由鹅卵石和沙子覆盖的一个个小岛切断了水流，在太阳下冒着热气。

这些情况我只是听说的。

我父亲常常警告我说："你玩吧，要到哪里去就到哪儿去好了，地方有的是。

---

① 选自《法国儿童文学选》，江苏人民出版社，1982年版。本文节选自小说《大河的魅力》的开头。

但我不准你到河边去。"

我妈妈补充说:"孩子啊,河边有好多窟窿,掉进去要淹死的,芦苇丛中有许多蛇,两岸还有波希米亚人①。"

这些就足以使我日夜向往着这条河了。每当我一想起它,就吓得背脊发凉,可又有一种想亲眼见见它的强烈愿望。

那是四月的一个晴朗的早晨,就在那棵树下,一种诱惑力忽然吸引了我,打动了我的心。这是春天的诱惑。那碧净的天空、娇嫩的树叶、盛开的花朵对敏感的人,这是一种最迷人的诱惑。

于是,我顺从了它。

我穿过田野,啊!心在剧烈跳动!春天正展示出它全部明媚的景色。当我推开朝向草原的大门时,各种花草树木的芬芳,扑鼻而来。我头也不回地一直奔向一个小树林。那里,一群群蜜蜂在飞舞,飘散着花粉的空气也随着蜜蜂的翅膀轻轻地颤动。远处一座杏树园开满了花,像是一片白雪。来自南方的斑尾林鸽在咕咕地歌唱。我被这美丽的景色陶醉了。

一条条小路不怀好意地引诱着我,"来吧!再多走几步有什么关系呢?不远就是第一个转弯处,到山楂树前面你就停下来好啦。"这样的召唤使我昏头昏脑。林间小道蜿蜒曲折,两旁的一排排树上结着青果,栖息着小鸟。一旦走上这种羊肠小道,我能停得下来吗?

我愈往前走,愈是被这路的魔力吸引住了。我走着走着,路渐渐变得越来越荒凉起来。

农作物不见了,泥地更粘了,这儿那儿长着一些高高的灰草、小小的柳树,空气中散发出一阵阵河泥的气味。

忽然,在我前面出现一道堤。这是一道高高的土堤,顶上种着杨树。我爬上去,发现了那条大河。

河面宽阔,向西流去。积雪融化,河水暴涨,奔腾的水流夹带着一些树木向下游呼啸而去。河水混浊,灰色,不时无端地卷起巨大的漩涡,把从上游冲下来的漂流物吞没。当汹涌的漩涡遇到一个障碍物时,就怒吼起来。五百米宽的河面上,巨大的水流一股劲冲向岸边。河中央,一股更为凶猛的水流在滚动,黑黑的浪尖劈开了混浊的河水。我觉得太可怕了,吓得直打战。

下游耸立着一个岛屿,河水由这儿分流。覆盖着浓密的柳树林的河坡很陡,

---

① 波希米亚人,法语音译词,按英语音译为吉卜赛人,俄语音译为茨冈人,都是指同一个以过游动生活著称的民族。最先住在印度西北部,10世纪前后开始外移,到处流浪,现几乎遍布世界各地。主要靠小手工业为生,妇女擅长歌舞。

使人难以上岛。这是一个长着茂密的桦树和杨树的宽阔的岛屿。被河水卷倒的树干冲到这儿便搁在岬头上。

当我的目光转向河岸时，发觉在我站立的堤下面，正巧是一个小河湾，河湾边是个细沙湾。那儿，河水渐趋平稳。这是个死角，我走了下去。女贞树、高大的柳树、青翠的桤树合抱成为这个隐蔽所的拱顶。

千百只昆虫在阴暗处发出嗡嗡的叫声。

我在沙滩上看到一些光脚走过的足迹，是从水里往堤上走去的。脚印阔而有劲，像是动物的足迹。我不禁害怕起来。这地方荒无人烟。河水咆哮着。是谁经常到这个隐蔽的小河湾、神秘的小沙滩上来的呢？

对面岛上始终是静悄悄的，可是我觉得它的样子吓人。我感到自己孤单、软弱，处于危险的境地。但我不愿走开。一种神秘的力量把我留在这种孤独之中。我寻找可以藏身的灌木丛。也许有人在窥探我呢。我轻轻溜到一个带刺的矮树丛中隐蔽起来，脚下松软的泥土上盖着一层有弹性的、柔软的青苔。在那儿，别人看不见我，我却能看见外面。我一面监视着岛上的动静，一面等待着。

起初我什么也看不见。树叶的阴影长长地盖在我身上，昆虫一直在飞舞，时而飞过一只鸟儿；水在流动，河滩弯弯曲曲使水流变得缓慢。时间在一点点过去，显得单调。空气变得暖烘烘的。我昏昏沉沉地打起瞌睡来了。

我大概睡了很久。是怎样醒来的，不知道。当我睁开眼，发觉自己是待在灌木树丛下时，不由得感到惊讶。夕阳西下，已经接近黄昏了。周围好像没有一点变化。可是我仍躲在那儿一动不动，等待着什么事情发生。

突然，在岛中央的树丛中，升起一股白烟。岛上有人住。我的心猛烈跳动起来。我注意观察对岸，什么人也没有出现。过了一会儿，烟慢慢消失，仿佛一点点退回树丛中，被看不见的地面吸收了，什么也不存在了。

黄昏来临了。我从隐蔽处出来，走到河滩上。我发现在原来见到的一溜脚印旁边，又出现了一些新的脚印，这使我十分恐惧。那就是说在我睡着的时候，曾经有人走过我隐蔽的地方，他是否看到了我呢？

现在，夜幕降临到芦苇丛后面了。从灯芯草丛中突然飞起一只鸟，发出一声尖叫，接着从岛上发出一声呻吟般的回响。

我逃跑了。天黑时，我才到家。

【苏联】比雅杜里亚
罗洛 译

世界的边沿在哪儿？ ①

　　世界的边沿在哪儿？大约每个人在童年的时候都问过这个问题吧？世界的无限丰富浩瀚总是让人迷惑和惊讶。等我们上学了，听说宇宙是无边无际的，无边无际是什么样子？谁见过没有边的东西？那是连想象力也达不到的地方。人的认知局限和宇宙的奥妙相碰撞，不断刺激人们求索的愿望。

　　比雅杜里亚（1886～1941），苏联白俄罗斯作家。

　　太阳在透明的遥远的天边薄薄地镀上了一层黄金。有些地方，天空被参差不齐的松树林子支撑着，有些地方它又被土岗支撑着。远处的某些地带，好像是在太阳底下铺开来的一条一条漂白的麻布，联结着大地和天空。

　　松树林子黑幽幽的，那些地带逐渐呈现出灰色而轻柔的、隐约可见的薄雾，和浅蓝色的天空融合在一起。

　　七岁的小男孩杨卡，在牧场的小河旁边放鹅，他那一双浅蓝色的眼睛，惊奇地环顾着四周。

　　每走一步，杨卡都看见非常、非常奇妙的事物。

　　"嗞嗞，嗞嗞！看吧，杨卡，世界是多么辽阔，它是无边无际的。"坐在三叶草的花朵上的金色蜜蜂对他说，"而在这儿，好吃的、甜蜜的花朵又是这么多！世界真大啊……"

　　"……嘶——嘶——嘶！周围有多少麦穗啊。"一株黑麦穗嘟哝着对杨卡说，"它们是我的亲兄弟，数也数不清……"

　　"……告诉你，告诉你，杨卡！"百灵鸟在牧童的头上唱着歌，"我们头上的天空是多么高啊，要是你知道的话……"

　　杨卡看见、听到并知道许多东西。同龄的孩子们嘲笑他——他总是孤独而又畏怯，好像狼崽子一样。他不跟谁在一起骑马玩耍，躲避开一切人。这是不好的。

---

　　① 选自罗洛编《当代世界名家散文》，上海教育出版社，1991年版。

他的眼睛有时带着忧郁的神情，特别是在人们从宽阔的大路上经过的时候。他们在天边出现，像黑色的小看家狗一般，然后变大起来，一直变到像杨卡的父亲那么高大。小牧人听见了鞭子的响声，看见了流着汗的马儿。

过路的人们去得远了，远了。杨卡好奇地望着他们。他们的谈话、衣着、马匹、车辆，都使他感到兴趣。

小杨卡感到诧异，惊奇不已……

过路的人们飞驰到遥远的地方去了。车轮轰隆轰隆地响着，然后就静下来了。人们变得越来越小，他们和他们的马匹重又变得像黑色的小看家狗，像刚开始出现的那个模样。他们在大地的尽头，在那小土岗的后面隐藏不见了。他们没有了，消逝得无影无踪了……

道路重又变得空旷、静默。路上的尘土像金黄色的斑点，也平息下来了。

夏天是如此静寂，仿佛整个世界都睡着了。

一切都使杨卡惊奇。他的好奇心是没有止境的：这些出现在天边的过路人从哪里来？他们在道路的另一端消失不见，到哪里去了？

杨卡聚精会神地望着那一条条带子般的、沉默不语的道路——怎么都弄不懂。金黄色的沙子像柔软的地毯，在延伸开去的道路上随处可见，又仿佛是祖母脸上的皱纹一般。

"我们的大地已经很老很老了，"杨卡想道，"而它还活着。"而且，它还用多么年轻的声音逗弄着他杨卡啊。

他记得，有一次他跟妈妈一道去采蘑菇。他在路边一个蚂蚁窝跟前玩耍，把妈妈给丢了。他害怕了，在整个林子里喊着：

"妈妈，你在哪儿？"

"妈妈，你在哪儿？"——大地从四面八方戏弄着他：从桦树林里，从松树林里，从空旷的地方。

他笑——大地也笑；他哭——大地也哭。

但是，道路比一切都更使杨卡感兴趣，因为人们是出现在道路上的，他们从不可知的地方来，又消失到不可知的地方去。

有时候，出现了一个拿竖琴的瞎子，一个小男孩牵着他行走。有时候，出现了许多去赶集的人。

杨卡瞧见了并听到了生活在永不停息地运动。

鹅群钻进了黑麦地里。而杨卡，张着嘴，望着没有尽头的、完全不可理解的、使他激动而又惊奇的道路。

父亲不止一次因为鹅群糟蹋了庄稼而鞭打杨卡。

"世界的边沿在哪儿？"杨卡整天想着，但总是弄不懂。

祖母阿芙多蒂亚也弄不懂，而阿尔吉姆舅舅对他的疑问仅仅是加以嘲笑。父亲也许知道，但是他不敢去问他：恐怕他要发脾气。父亲总是忙着，没有空闲时间。

"我自己会搞清楚的！靠自己的本事来搞清楚它！"

杨卡爱听祖父讲古老的童话。最使他害怕的是那些讲到食人者和强盗们的故事，当牧人们在夜间唱起哀歌来的时候，眼泪从他的双眼里流了出来，幼小的心快要跳出了胸膛。不过，当故事讲到所有的食人者和强盗们都被消灭掉的时候，杨卡就有了勇气。

"世界的边沿在哪儿，也许太阳知道。"杨卡这样想。而太阳是他最好的朋友。

杨卡爱着太阳，不管春夏秋冬，都是一样，从日出看到日落。

他眯着眼睛向太阳望，心里就感到快乐。

太阳是杨卡所熟悉的辽阔大地的忠实、优秀的守望者。

夏天，太阳很早就从山的那一边升起来了，给生长在河边低处的赤杨树梢镀上一层黄金。它很晚才从山的另一边沉落下去，重又把树梢镀成金色。

太阳在杨卡所熟悉的辽阔大地的上空几乎绕了整整的一圈。

秋天，太阳从桦树丛里升了起来，沉没在黑黝黝的松树林里，它在空中只绕了半个圈子。

冬天，太阳起来得很晚，在道路的上空露了露脸，很早就跌落到谷地里去了。它在天空里绕的圈子很小。

"太阳在冬天大概怕冷。"杨卡想。

而在春天快要到来的时候，变得暖和的太阳在空中散步的时间就越来越长了。有时它把云彩渲染得如此美丽，杨卡再看也看不够。那时的天空使人眼花缭乱——又是白玫瑰色的大理石城堡，又是一群一群的奇珍异兽，又是巨大的篝火，又是红色的小河……

"太阳知道世界的边沿在哪儿。"有一天，快到傍晚的时候，杨卡终于这样肯定了。

要是把鹅群抛下不管，妈妈将会严厉地处罚他，但是要知道，他这一辈子总得到世界的边沿那儿去一次啊。必须到那儿去，太阳在那儿过夜，行路的人在那儿隐藏不见……

孩子望了望在牧场干枯的沟里嘎嘎叫着的鹅群，又朝树林那边望了望——有没有人打那儿出来到街上去。四处空旷无人，在太阳落山以前，寂静笼罩着一切。

而太阳伴着红色的晚霞，站在山顶上，呼唤小杨卡到它那儿去。

孩子跑了起来。

可爱的人儿跑着，跑着。跑到桦树林跟前了，快要落山的太阳就在树林后面。但是，瞧，它又跑远了，到灰色的沙坡后面去了。它斜靠在绿色的橡树上，越来越往下沉。

孩子考虑了一下，又全力向前跑去。他很想瞧瞧太阳落在哪儿，而它越跑越远。

杨卡累了，满身是汗，但仍然尽力向前跑着，向太阳、向被太阳烧红了的天空跑着。

在杨卡的眼前出现了新的远景，谷地、土岗、树木，出现了新的大路和小径，它们有的笔直，有的弯曲，通向四面八方……

"站住！"他对太阳叫着，心里已经着急了。他想起回到家里就要受罚——鹅群大概跑进黑麦地里去了。

"站住！"大地从树林里、从群山中、从四面八方逗弄着孩子。

"站住！……"

杨卡使劲地向前跑着。眼睛在发亮。他想要知道，世界的边沿在哪儿。

太阳落下去了。山谷里越来越暗。河面上升起了灰色的雾。天空里出现了星星，地面上闪烁着灯火。

"世界的边沿究竟在哪儿？在书本上一定写着。"杨卡想道，"到了秋天我要到学校里去，我要学习，并且要知道一切的一切。"

【中国】萧红

呼兰河传①

　　童年的世界是充满灵性的，看后花园里的生物，花开鸟飞，一切都是自由的，连瓜果都有自由意志，"倭瓜"自己决定爬多高，"黄瓜"自愿选择开不开花，本来嘛，世上万物就是这样自由自在，它们可不在乎人的想法。童年的快乐是童叟不分的，"我"给祖父戴花帽，那笑声中的日子多甜美。中国孩子的童年是洋溢着诗意的——感谢祖先，发明了这样方便地传递美感的精美的文学形式，简短的诗句，无尽的诗意，让中国的孩子从小在诗情画意中得到熏陶，虽然背诵诗句不免错乱，但从小建立对事物之美和文字之美的敏感，将受用一生。

　　萧红（1911~1942），中国现代作家。有小说《呼兰河传》《生死场》等。

一

　　呼兰河这小城里边住着我的祖父。

　　我生的时候，祖父已经六十多岁了，我长到四五岁，祖父就快七十了。

　　我家有一个大花园，这花园里蜂子、蝴蝶、蜻蜓、蚂蚱，样样都有。蝴蝶有白蝴蝶、黄蝴蝶。这种蝴蝶极小，不太好看。好看的是大红蝴蝶，满身带着金粉。

　　蜻蜓是金的，蚂蚱是绿的，蜂子则嗡嗡地飞着，满身绒毛，落到一朵花上，胖圆圆的就和一个小毛球似的不动了。

　　花园里边明晃晃的，红的红，绿的绿，新鲜漂亮。

　　太阳在园子里是特大的，天空是特别高的，太阳的光芒四射，亮得使人睁不开眼睛，亮得蚯蚓不敢钻出地面来，蝙蝠不敢从什么黑暗的地方飞出来。是凡在太阳下的，都是健康的、漂亮的，拍一拍连大树都会发响的，叫一叫就是站在对面的土墙都会回答似的。

　　花开了，就像花睡醒了似的。鸟飞了，就像鸟上天了似的。虫子叫了，就像虫子

---

　　① 选自萧红《生死场·呼兰河传》，哈尔滨出版社，1993年版。

在说话似的。一切都活了。都有无限的本领，要做什么，就做什么。要怎么样，就怎么样。都是自由的。倭瓜愿意爬上架就爬上架，愿意爬上房就爬上房。黄瓜愿意开一个谎花，就开一个谎花，愿意结一个黄瓜，就结一个黄瓜。若都不愿意，就是一个黄瓜也不结，一朵花也不开，也没有人问它。玉米愿意长多高就长多高，它若愿意长上天去，也没有人管。蝴蝶随意地飞，一会儿从墙头上飞来一对黄蝴蝶，一会儿又从墙头上飞走了一个白蝴蝶。它们是从谁家来的，又飞到谁家去？太阳也不知道这个。

只是天空蓝悠悠的，又高又远。

可是白云一来了的时候，那大团的白云，好像撒了花的白银似的，从祖父的头上经过，好像要压到了祖父的草帽那么低。

我玩累了，就在房子底下找个阴凉的地方睡着了。不用枕头，不用席子，就把草帽遮在脸上就睡了。

二

祖父的眼睛是笑盈盈的，祖父的笑，常常笑得和孩子似的。

祖父是个长得很高的人，身体很健康，手里喜欢拿着个手杖。嘴上则不住地抽着旱烟管，遇到了小孩子，每每喜欢开个玩笑，说：

"你看天空飞个家雀。"

趁那孩子往天空一看，就伸出手去把那孩子的帽给取下来了，有的时候放在长衫的下边，有的时候放在袖口里头。他说：

"家雀叼走了你的帽啦。"

孩子们都知道了祖父的这一手了，并不以为奇，就抱住他的大腿，向他要帽子。摸着他的袖管，扯着他的衣襟，一直到找出帽子来为止。

祖父常常这样做，也总是把帽放在同一的地方，总是放在袖口和衣襟下。那些搜索他的孩子没有一次不是在他衣襟下把帽子拿出来的，好像他和孩子们约定了似的："我就放在这块儿，你来找吧！"

这样的不知做过了多少次，就像老太太永久讲着"上山打老虎"这一个故事给孩子们听似的，哪怕是已经听过了五百遍，也还是在那里回回拍手，回回叫好。

每当祖父这样做一次的时候，祖父和孩子们都一齐地笑得不得了。好像这戏还像第一次演似的。

别人看了祖父这样做，也有笑的，可不是笑祖父的手法好，而是笑他天天使用一种方法抓掉了孩子的帽子，这未免可笑。

后园中有一棵玫瑰。一到五月就开花的。一直开到六月。花朵和酱油碟那么大。开得很茂盛,满树都是,因为花香,招来了很多的蜂子,嗡嗡地在玫瑰树那儿闹着。

别的一切都玩厌了的时候,我就想起来去摘玫瑰花,摘了一大堆把草帽脱下来用帽兜子盛着。在摘那花的时候,有两种恐惧,一种是怕蜂子的钩刺人,另一种是怕玫瑰的刺刺手。好不容易摘了一大堆,摘完了可又不知道做什么了。忽然异想天开,这花若给祖父戴起来该多好看。

祖父蹲在地上拔草,我就给他戴花。祖父只知道我是在捉弄他的帽子,而不知道我到底是在干什么。我在他的草帽上插了一圈的花,红彤彤的二三十朵。我一边插着一边笑,当我听到祖父说:

"今年春天雨水大,咱们这棵玫瑰开得这么香。二里路也怕闻得到的。"

就把我笑得哆嗦起来。我几乎没有支持的能力再插上去。等我插完了,祖父还是安然的不晓得。他还照样地拔着垄上的草。我跑得很远地站着,我不敢往祖父那边看,一看就想笑。所以我借机进屋去找一点吃的来,还没有等我回到园中,祖父也进屋来了。

那满头红彤彤的花朵,一进来祖母就看见了。她看见什么也没说,就大笑了起来。父亲母亲也笑了起来,而以我笑得最厉害,我在炕上打着滚笑。

祖父把帽子摘下来一看,原来那玫瑰的香并不是因为今年春天雨水大的缘故,而是那花就顶在他的头上。

他把帽子放下,笑了十多分钟还停不住,过一会一想起来,又笑了。

祖父刚有点忘记了,我就在旁边提着说:

"爷爷……今年春天雨水大呀……"

一提起,祖父的笑就来了。于是我也在炕上打起滚来。

就这样一天一天的,祖父,后园,我,这三样是一样也不可缺少的了。

三

祖母死了,我就跟祖父学诗。因为祖父的屋子空着,我就闹着一定要睡在祖父那屋。

早晨念诗,晚上念诗,半夜醒了也是念诗。念了一阵,念困了再睡去。

祖父教我的有《千家诗》,并没有课本,全凭口头传诵,祖父念一句,我就念一句。

祖父说:

"少小离家老大回……"

我也说:

"少小离家老大回……"

都是些什么字，什么意思，我不知道，只觉得念起来那声音很好听。所以很高兴地跟着喊。我喊的声音，比祖父的声音更大。

我一念起诗来，我家的五间房都可以听见，祖父怕我喊坏了喉咙，常常警告着我说：

"房盖被你抬走了。"

听了这笑话，我略微小了一会工夫，过不了多久，就又喊起来了。

夜里也是照样地喊，母亲吓唬我，说再喊她要打我。

祖父也说：

"没有你这样念诗的，你这不叫念诗，你这叫乱叫。"

但我觉得这乱叫的习惯不能改，若不让我叫，我念它干什么。每当祖父教我一个新诗，一开头我若听了不好听，我就说：

"不学这个。"

祖父于是就换一个，换一个不好，我还是不要。

"春眠不觉晓，处处闻啼鸟。

夜来风雨声，花落知多少。"

这一首诗，我很喜欢，我一念到第二句，"处处闻啼鸟"那处处两字，我就高兴起来了。觉得这首诗，实在是好，真好听！"处处"该多好听。

还有一首我更喜欢的：

"重重叠叠上楼台，几度呼童扫不开。

刚被太阳收拾去，又为明月送将来。"

就这"几度呼童扫不开"，我根本不知道什么意思，就念成"西沥忽通扫不开"。

越念越觉得好听，越念越有趣味。

每当客人来了，祖父总是呼我念诗的，我就总喜念这一首。

那客人不知听懂了与否，只是点头说好。

四

就这样瞎念，到底不是久计。念了几十首之后，祖父开讲了。

"少小离家老大回，乡音未改鬓毛衰。"

祖父说：

"这是说小的时候离开了家到外边去，老了回来了。乡音未改鬓毛衰，这是说家乡的口音还没有改变，胡子可白了。"

我问祖父：

"为什么小的时候离家？离家到哪里去？"

祖父说：

"好比爷像你那么大离家，现在老了回来了，谁还认识呢？儿童相见不相识，笑问客从何处来。小孩子见了就招呼着说：你这个白胡老头，是从哪里来的？"

我一听觉得不大好，赶快就问祖父：

"我也要离家的吗？等我胡子白了回来，爷爷你也不认识我了吗？"

心里很恐惧。

祖父一听就笑了：

"等你老了还有爷爷吗？"

祖父说完了，看我还是不很高兴，他又赶快说：

"你不离家的，你哪里能够离家……快再念一首诗吧！念春眠不觉晓……"

我一念起春眠不觉晓来，又是满口的大叫，得意极了。完全高兴，什么都忘了。

但从此再读新诗，一定要先讲的，没有讲过的也要重讲。似乎那大喊大叫的习惯稍稍好了一点。

"两个黄鹂鸣翠柳，一行白鹭上青天。"

这首诗本来我也很喜欢的，黄梨是很好吃的。经祖父这一讲，说是两个鸟。于是不喜欢了。

"去年今日此门中，人面桃花相映红。

人面不知何处去，桃花依旧笑春风。"

这首诗祖父讲了我也不明白，但是我喜欢这首。因为其中有桃花。桃树一开了花不就结桃吗？桃子不是好吃吗？

所以每念完这首诗，我就接着问祖父：

"今年咱们的樱桃树开不开花？"

【中国】王鼎钧

昨天的云①（4则）

　　祖父辈也曾经年少啊，每一代人都有自己的童年，如果我们理解那些不一样的童年，就会更珍惜自己的童年。当代台湾作家王鼎钧的自传《昨天的云》，从个人经历中反射出时代和民俗，文字沉着、优雅，信息含量丰富，很有看头。王鼎钧的童年正逢抗战乱世。这里节选的四节，前三节铭记两位特别的教师对自己文学修养的高层次的培育，对今天的学子仍有借鉴作用；最后一节写抗战时期独自辞家"流学"，小心记录了父母的千叮万嘱，那是完全中国式的父母的临别赠言和处世哲学，值得游子牢记一生。

　　王鼎钧（1925年生），当代作家，山东临沂人，居于美国。著有散文集《情人眼》《昨天的云》等。

上医，医治文艺流行病

　　回想起来，我并非大老师的好学生。那时，人人称赞我的作文好，大老师却说不然。

　　那时我们爱写抒情的散文，所抒之情，为一种没有来由的愁苦怅惘，不免时时坠入伤春悲秋的滥调。那是当时的文艺流行病，我们都受到感染，而我的"病情"最严重。

　　那时，我已经觉察国家危难，家境衰落，青年没有出路，时时"悲从中来"，所以不能免疫。

　　"愁苦之词易工"，我那时偶有佳作，受人称道，只有大老师告诉我们，这样写永远写不出好文章。

　　他老人家说，文章不是坐在屋子里挖空心思产生的，要走出去看，走出去听，从天地间找文章。

　　天下这么多人你不看，这么多声音你不听，一个人穷思冥索，想来想去，都是

① 选自王鼎钧《昨天的云》，中国工人出版社，2000年版。

别人的文章，只能拼凑别人的文句成为自己的文章，这是下乘。

他老人家最反对当时流行的"新文艺腔调"，例如写月夜："一轮皎洁的明月，挂在蔚蓝色的天空，照着我孤独的影子。"例如写春天："光阴似流水般的逝去，一转眼间，桃花开了，桃花又谢了，世事无常，人生如梦。"当时，这种腔调充斥在模范作文或作文描写辞典之类的书里。他不准我们看这些书。

他老人家说，说书人有一种反复使用的"套子"，死学活用。说书说到官宦之家，大门什么样子，二门什么样子，客厅里挂着什么字画，摆着什么家具，有一套现成的说法，这一套可以用在张员外家，也可以用在李员外家；可以用在这部书里，也可以用在另一部书里。作文一定要抛弃你已有的"套子"。

依他老人家的看法，学文言文和学白话文，方法大有分别。学文言是学另一套语言，那套语言只存在于书本里，在别人的文章里。你必须熟读那些文章，背诵那些文章，才可以掌握那一套语言。你写文言文的时候，先要想一想你能够背诵的那些句子，把它从别人的文章里搬过来使用。你写的文言文是用古人的句子编联而成，颇似旧诗的集句。

那时去古未远，大家对学习文言的过程记忆犹新，自然拿来用它学习白话文学。可是大老师认为这是歧途，白话文学的根源不在书本里，在生活里，在你每天说的话里，不仅如此，在大众的生活里，在大众每天说的话里。

回想起来，大老师这番教导出于正统的写实主义，是堂堂正正的作家之路，对我们期望殷切，溢于言表。可是，那时候，我并没有完全了解他的意思，我相信，别的同学也没有听懂。

回想起来，这段话，也许是说给我一个人听的吧？遍数当年全班同学，再没有像我这样醉心作文的。

可是，那时，我完全没有照他的话去做。

文学小草的成长

他说，文笔一定要简洁。

国文课本里有这么一个故事：敌人占据了我们的城池，我军准备反攻，派一个爱国的少年侦察敌情。这少年在午夜时分爬上城头，"看见月色非常皎洁"。

看见月色非常皎洁！全课课文只有这一句写景，大老师称赞这一句写得恰到好处。为什么到了城头才发现月色皎洁？因为这时他需要月色照明，好看清楚城里敌人的动静。他说，倘若由俗手来写，恐怕又是"一轮皎洁的明月挂在蔚蓝色的天空"，一大串拖泥带水的文字。

受降城上月如霜！月如霜三个字干净利落，用不着多说。

他老人家的这番训诲，我倒觉得不难。我把这种写法首先用在日记上。我记下，参加一个亲人的葬礼，"四周都是哭红了的眼睛"，大老师给我密圈。我记下，有一天因事早起，"星尚明，月未落，寒露满地，鸦雀无声"，大老师又给我密圈。

通常，学生的作文都很短，老师总是鼓励大家写得长些。有一次，大老师出题目要我们比赛谁写得又好又短。题目是"我家的猫"。我写的是——

我家的猫是一只灰色的狸猫，是三岁的母猫，是会捉自己的尾巴不会捉老鼠的猫，是你在家里的时候它在你脚前打滚儿、你不在家的时候它在厨房里偷嘴的猫，是一只每天挺胸昂首出去、垂头丧气地回来的猫。你说，这到底是一只什么猫？

据说，大老师看到我的作文时微微一笑："这孩子的文章有救了。"作文簿在老师们手上传来传去，有人认为"的猫"两个字太多了，删掉比较好；也有人主张"的猫"很有趣，而且扣题，题目就是"我家的猫"嘛！

在那一段日子里，我对作文又爱又怕，怕我那些"妙手偶得"的佳句不能通过大老师的检验。有一次，我在作文簿上写道：

时间的列车，载着离愁别绪，越过惊蛰，越过春分，来到叫作清明的一站。

大老师对这段文字未加改动，也未加圈点，他在发还作文簿的时候淡淡地对我说："这是花腔，不如老老实实地说清明到了。"

又有一次，我写的是：

金风玉露的中秋已过，天高气爽的重阳未至。

他老人家毫不留情地画上了红杠子，在旁边改成"今年八月"。

回想起来，大老师提倡质朴，反对矫饰，重视内容。他朝我这棵文学小草不断地浇冷水，小草受了冷水的滋润，不断地生长。这一番教导对我的影响太大、太大了。

疯爷说诗

学书，黄山谷不能学，苏东坡不能学；学诗，袁子才不能学，吴梅村也不能学。那时我迷上吴梅村、王渔洋、黄仲则、苏曼殊，从外面带些"杂书"回来偷看，有一天给疯爷逮住了。他拉长了脸说："这个不行的，大大的不行的。"这句话是日式华语，当时占领华北的日本军人挂在嘴边，中国人学来当笑话。他老人家这么说，可能是为了冲淡语气中的严厉。

疯爷所立的原则高峻之至，可是另一方面他又相当马虎。读诗，有些句子不懂怎么办? 他说看小注, 看了小注仍然不懂呢? 那就由他去! 又一次, 我不懂 "座无尼父为师少, 家有元方作弟难", 请他解释, 他说: "这还用解释吗, 尼父显然是个了不起的老师, 元方显然是个了不起的哥哥!" 后来他虽然补充了几句, 告诉我尼父是孔子, 元方是陈元方, 但他认为这些并不重要。

说他不求甚解吧, 他又把一句诗分析得十分精微。我背诵杜甫咏昭君的一首七律, 恰巧被他听见。我说: "千山万壑赴荆门。" 他说: "不对, 你会把杜甫气死。" 我急忙打开书本查看, 书上印的是 "群山万壑"。你想想吧, 所谓群山, 不过十座山八座山, 十座山而有万壑, 平均一山千壑, 可见山是大山、高山、深山, 很有气势。倘若是千山万壑, 一山只有十壑, 山就小了, 零碎了, 气势就不同了。

他老人家解诗, 总是把深奥的诗句弄得很简明, 又把浅显的句子弄得很复杂。"行去已无沽酒店, 宿处多傍钓鱼船", 这两句诗并不难懂, 已无沽酒店, 表示没有商店市集, 多傍钓鱼船, 表示没有房屋人家, 一番荒凉景象。可是他老人家说, "行去已无沽酒店" 是无计忘忧, "宿处多傍钓鱼船" 是到处有费尽心机争功攘利的人。那么诗人旅途上的实际景况如何? 到底有没有沽酒店、钓鱼船? 他说, 这两句诗好就好在写的是实景, 不是勉强编造出来。他说杜甫回到残破的家乡, 见 "老妻画纸为棋局, 稚子敲针作钓钩", 也是实景, 也写出另外的东西, 画棋局, 表示老一辈将世事看淡看破, 作钓钩, 表示年轻人的心态正好相反。

还有一次, 我念 "花近高楼伤客心", 他走过来听见了, 问: "花近高楼为什么伤客心?" 我瞪目不知所对。他教我念下一句, 下一句是 "万方多难此登临", 他忽然兴奋, 连说: "这就对了! 这就对了!" 他说, 若按常理陈述, 乃是 "万方多难伤客心, 花近高楼此登临", 老杜调动了一下。

为什么要调动? 是不是为了平仄? "平仄算什么!" 抽完一锅烟, 经过一番沉吟, 他指出, "花近高楼此登临" 全句是实, 为小境界, "万方多难伤客心" 全句是虚, 为大境界, 一句太重, 一句太轻。调动之后, 每一句都半实半虚, 两句诗彼此互相呼应, 这就有了起伏也有了气势, 这才是诗。

疯爷常指名批评同时代的诗人, 说某人只能算个 "韵人", 韵人是押韵的人, 那种人做出来的诗只能称之为 "韵语"。等而下之, 某人做出来的东西只是 "谶语", 那种人也自称诗人, 其实是庙里管抽签的道士。当然, 被他批评的人会说: "他又发酒疯了!"

疯爷事先说过, 他不照课程表授课, 他只即兴指点, 而他来去飘忽, 每每留下奇想妙语。例如, 我念 "僧言佛壁古画好, 以火来照所见稀", 他正好走过来, 插入一句: "他是近视眼!" 我念 "欲回天地入扁舟", 只听得笑声中一句: "他晕船!" 我念 "海日生残夜, 江春入旧年", 他说, 这两句诗极好, 可惜用了个 "残"字, 很刺眼, 受了这个字的连累, 不如 "云霞出海曙, 梅柳渡江春" 风行。

辞家——出路在千里外

我是1942年暑假期间到后方去"流学"的，花了两个月的工夫准备。

所谓准备，在我不过是和早已在后方的二姐通信，在母亲则是给我缝几件衣服，一床棉被。身在沦陷区，做这等事未免心惊胆战，表面上竭力掩饰，不敢真正准备什么。

可是，外人恐怕已经看出我们神色有异，也许发现我们的生活秩序大乱，因而有了揣测，而那揣测又接近事实。我家的房子大部分租给一个本家开点心铺了，连客厅也和他共用，如果他坐在客厅里，看见父亲和母亲一同进来，必定连忙起身躲避，意思是不妨害你们的机密。

亲友的反应使人不安。我们尽其在我，一直紧紧地瞒着，尤其是妹妹和弟弟，始终没得到半句消息，他们年纪太小，可能成为某种"导体"。我连啃教科书都怕人看见，有疑难也闷在肚子里，幸而入学并不举行甄试，否则一定名落孙山。

父亲设计了离家的方式：黎明，城门刚刚打开，趁着行人稀少。空着手上路，不惹人注意，行李另外补送。第一站峄县南关教会，由杨成新牧师安排，找同路做伴的人。

半夜，弟弟妹妹熟睡了，父母把我叫进客厅，"你再想一想，后方的生活很苦，也许还有危险，你怕不怕？"

"不怕！"我很坚决。

父亲转向母亲："你想一想，他这一走，不知何年何月再见，抗战胜利遥遥无期，就算胜利了，他也未必能马上回家。这些话，我早先都对你说过。"

母亲点头。

"我再说一遍：他走了，将来如果你生了病，想他念他，见不着他，那时候，你可不要怨我哟！"

这时母亲泪流满面，但是说出来的话清楚明白："我不想他。"

父亲像完成了重要的程序，长吁一口气，放松了表情。他抽了一支烟，捻熄烟蒂，对我做了如下叮嘱：

这些年，青年没有出路，人都快憋死了。你是长子，家有长子，国有大臣，你有出路，才可以把担子挑起来。咱们这个家是不行了，你别再依赖这个家，你的妹妹弟弟还小，他们以后有些日子还得靠你。你出去奋斗，咱们不求富贵，单求你有一技之长，能拉他们一把。要是你有文凭，他们白丁，你也亏心。他们不如你，你要多为他们想，前头的要给后头的修桥补路。仗总有打完的一天，以后年头儿不知变成什么样子，人心人情万古千秋不变。皇天不负苦心人，好心自有好报。

然后，父亲要母亲交代我几句话。母亲这才擦干眼泪，教我在外面勤读《新约》。她老人家还重复了平时的一些教训，《新约》里未必会有：

行万里路，读万遍经。笨鸟早飞，笨牛勤耕。让小的敬老的，拿次的留好的。宁欺官不欺贤，宁欺贤不欺天。人多的地方不去，没人的地方不留。赞美成功的人，安慰失败的人。犯病的东西不吃，犯法的事情不做。不要穿金戴银，只要好好做人。墙倒众人推我不推，枪打出头鸟我不打。种瓜得瓜瓜儿大，种豆得豆豆儿多。

千叮万嘱，看着我喝了稀饭，逼着我吃了包子，母亲为我做了祷告。

父亲说："你走吧，不要回头看。"

我一口气奔了五里路才回头，已经看不见兰陵。

回想起来，离家这一幕还是草率了。这等事，该有仪式，例如手持放大镜，匍匐在地，一寸一寸看。

【中国】张洁

捡麦穗①

小女孩捡麦穗——备嫁妆——对象是卖灶糖的老汉。小孩儿多荒唐啊，老头儿又多么慈爱—— 一种毫无所求的朴素的疼爱。朴素的爱，基于心灵的纯真，散发出人性的光芒。

张洁（1937年生），当代作家。作品有《世界上最疼我的人去了》《无字》等。

在农村长大的姑娘谁还不知道捡麦穗这回事。

我要说的，却是几十年前的那段往事。

或许可以这样说，捡麦穗的时节，也是最能引动姑娘们遐想的时节。

在那月残星稀的清晨，挎着一个空篮子，顺着田埂上的小路走去捡麦穗的时候，她想的是什么？

等到田野上腾起一层薄雾，月亮，像是偷偷地睡过一觉重又悄悄地回到天边，她方才挎着装满麦穗的篮子，走回自家那孔破窑的时候，她又想的是什么？

唉，她还能想什么！

假如你没有在那种日子里生活过，你永远也无法想象，从这一颗颗丢在地里的麦穗上，会生出什么样的痴想。

她拼命地捡哪、捡哪，在这个捡麦穗的时节或许能捡上一斗？她把这麦子卖了，再把这钱攒起来，等到赶集的时候，扯上花布、买上花线，然后，她剪呀、缝呀、绣呀……也不见她穿、也不见她戴，谁也没和谁合计过，谁也没和谁商量过，可是等到出嫁的那一天，她们会把这些东西，装进她们新嫁娘的包裹里去。

不过，当她们把捡麦穗时伴着的痴想，一同包进包裹里的时候，她们会突然发现那些痴想全都变了味儿。觉得多少年来，她们捡呀、缝呀、绣呀的是多么傻啊。她们要嫁的那个男人和她们在捡麦穗、扯花布、绣花鞋的时候所想象的那个男人，又有多么的不同。

---

① 本文由作者提供原稿。

但是她们还是依依顺顺地嫁了出去。只不过在穿戴那些衣物的时候，再也找不到做它、缝它时的情怀了。

这又算得了什么？谁也不会为她们叹上一口气，谁也不会关心她们曾经有过的那份痴想，甚至连她们自己也不会感到过分的悲伤，顶多不过像是丢失了一个美丽的梦。有谁见过哪个人会死乞白赖地寻找一个丢失的梦呢？

当我刚刚能够歪歪趔趔地提着一个篮子跑路的时候，就跟在大姐姐们的身后捡麦穗了。

对我来说，那篮子未免太大，总是磕碰着我的腿和地面，时不时让我跌上一跤，我也少有捡满一篮子的时候。我看不见地里的麦穗，却总是看见蚂蚱和蝴蝶。而当我追赶它们的时候，好不容易捡到的麦穗，还会从篮子里跳出来，重新掉回地上。

有一天，二姨看着我那稀稀拉拉盛着几个麦穗的篮子说："看看，我家大雁也会捡麦穗了。"然后又戏谑地问我，"大雁，告诉二姨，你捡麦穗做啥？"

我大言不惭地说："我要备嫁妆哩。"

二姨贼眉贼眼地笑了，还向围在我们周围的姑娘、婆姨眨了眨她那双不大的眼睛："你要嫁谁呀？"

是呀，我要嫁谁呢？我忽然想起那个卖灶糖的老汉，我说："我要嫁给那个卖灶糖的老汉。"

她们全都放声大笑，像一群鸭子一样嘎嘎地叫着。笑啥嘛！我生气了。难道做我的男人，他有什么不体面的吗？

卖灶糖的老汉有多大年纪了？我不知道。他脸上的皱纹一道挨着一道，顺着眉毛弯向两个太阳穴，又顺着腮帮弯向嘴角。那些皱纹，为他的脸增添了许多慈祥的笑意。当他挑着担子赶路的时候，他那剃得如半个葫芦的脑袋后面，残留着的、尽显旧代遗风的齐颈白发，便随着颤悠悠的扁担一同忽闪着。

我的话，很快就传进了他的耳朵。

那天，他挑着担子来到我们村，见到我就乐了。说："娃呀，你要给我做媳妇吗？"

"对呀！"

他张着大嘴笑了，露出了一嘴的黄牙。他那残留在半个葫芦后头的白发，也随着笑声一齐抖动着。

"你为啥要给我做媳妇？"

"我要天天吃灶糖呢。"

他把旱烟锅子朝鞋底上磕了磕，说："娃呀，你太小哩。"

我说："你等我长大嘛。"

他摸着我的头顶说："不等你长大，我可该进土啦。"

听了他的话，我着急了。他要是死了，那可咋办呢？我那淡淡的眉毛，在满是金黄色的茸毛的脑门上拧成了疙瘩，我的脸也皱巴得像个核桃。

他赶紧拿块灶糖塞进我的手里。看着那块灶糖，我又咧着嘴笑了："你莫死啊，等着我长大。"

他笑眯眯地答应着我："我等你长大。"

"你家住在呵哒？"

"这担子就是我的家，走到呵哒，就歇在呵哒。"

我犯愁了："等我长大去呵哒寻你呀？"

"你莫愁，等你长大我来接你。"

这以后，每逢经过我们这个村，他总是带些小礼物给我。或一块灶糖，或一个甜瓜，或一把红枣……还乐呵呵地对我说："看看我的小媳妇来呀。"

我呢，也学着大姑娘的样子，让我娘找块碎布给我剪了个烟荷包，还让我娘在布上描了花。我缝呀、绣呀……烟荷包绣好了，我娘笑得个前仰后合，说那不是烟荷包，皱皱巴巴的倒像个猪肚子。我让我娘给我收了起来，我说了，等我出嫁的时候，我要送给我男人。

我渐渐地长大了，到了知道认真地捡麦穗的年龄了。懂得了我说过的那些个话，都是让人害臊的话。卖灶糖的老汉也不再开那玩笑，叫我是他的小媳妇了。不过他还是常常带些小礼物给我。我知道，他真的疼我呢。

我不明白为什么，我倒真是越来越依恋他。每逢他经过我们村子，我都会送他好远。我站在土坎坎上，看着他的背影，渐渐地消失在山坳坳里。

年复一年，我看得出来，他的背更弯了，步履也更加蹒跚了。这时我真的担心了，担心他早晚有一天会死去。

有一年，过腊八节的前一天，约摸着卖灶糖的老汉那一天该会经过我们村。我站在村口一棵已经落尽叶子的柿子树下，朝沟底下的那条大路上望着，等着。

那棵树的顶梢梢上，还挂着一个小火柿子。小火柿子让冬日的太阳一照，更是红得透亮。那个柿子多半是因为长在太高的枝子上，才没让人摘下来。真怪，可它也没让风刮下来，让雨打下来，让雪压下来。

路上来了一个挑担子的人。走近一看，担子上挑的也是灶糖，人可不是那个卖灶糖的老汉。我向他打听卖灶糖的老汉，他告诉我，卖灶糖的老汉老去了。

我仍旧站在那棵柿子树下，望着树梢上那个孤零零的小火柿子。它那红得透亮的色泽，依然给人一种喜盈盈的感觉。可是我却哭了。哭那陌生的、但却疼爱我的卖灶糖的老汉。

后来我常想，他为什么疼爱我呢？无非我是一个贪吃的、因为丑陋而又没人疼爱的孩子吧。

等我长大以后，我总感到除了母亲，再没有谁能够像他那样朴素地疼爱过我——没有任何希求，也没有任何企望的。

我常常想念他，也常常想要找到我那个像猪肚子一样的烟荷包。可是，它早已不知被我丢到哪里去了。

曾
经
年
少

120

【中国】李乙隆

姐，回家吧①

　　一篇举重若轻、文字简约，含量却丰富得如同小说的文章。当代作者李乙隆很好地控制住了抒情的欲望，用精致的叙述达到更深厚的表情效果。重要的事件全都提炼为含金量很高的细节，硬币、辫子、苹果、结尾的幻觉……这一个个细节像电影的特写镜头，把"姐"的善良、美丽和不幸的一生推到读者面前，有震撼人心的效果——这不只是"我"的童年，也是生活在底层的孩子贫穷的童年，今天依旧存在的辛酸的童年。

　　我正在攒钱购买一本字典的宏伟计划被姐知道了，她每隔三五天便从衣袋里摸出一个一两分钱的硬币，郑重其事地放在我的手掌上。

　　那时候一本字典是七角多钱吧。如果平均每天都能攒上一分钱，半学期就攒够了钱。但我每天要到哪儿去挣这一分钱呢？

　　离我村几里远的公路上有一道很陡的坡，有人用单车载柴草去卖给山外人家做燃料，翻过这道坡时，需要雇人在后面帮着推，大人推一趟一般可得五分钱，小孩要两三人合伙推，每人只得一两分钱。我只推过一趟，便被姐知道了。她说我年纪小，身体也不好，不能干这活，拉着我回家。

　　那时候姐整天都在生产队里劳动，生产队是不发工资的，真想不出姐那些一分两分的钱是从哪儿变出来的。

　　每隔一段时间，姐便问我，有多少钱了，还差多少？

　　这天我坐在门槛上做作业，姐又问，我说只差五分钱。姐到屋子里去了。不一会儿，姐从屋子里出来，我愣了神，总觉得姐不像姐了，她那两条叫人看着十分舒服的辫子被剪了下来。

　　她把辫子放到我的手上说，你把这两条辫子拿去卖给福元伯，就可以买字典了。

　　剪掉了辫子的姐没有原来那么美了，但我却更爱她了。我对自己说，将来我长

---

　　① 选自朱威廉主编《另一个界面的生存》，文汇出版社，2000年版。

大了，一定买许多姐喜爱的东西送给她。

姐上过夜校。夜校的语文老师也是我的班主任林老师，年纪与姐差不多，常到我家来家访，有时说是来辅导我功课，眼睛却总瞪着姐看。他一来，姐的表情便怪怪的。

林老师调走后，仍到我家来过两次。有一次他带来了四个苹果。那是我第一次看到苹果，看着便叫人流口水，凑上去便能闻到那份诱人的芬芳。

姐疼我，给我一个，把两个切成一片一片，分给邻居的小孩。姐自己留着一个，不吃，只留着。

我把我这一生的第一个苹果吃完之后，回味了几天，便惦记起姐留着的那个苹果来。

我常常看见姐捧着那个苹果坐着出神，那时候我不懂姐的心事，只是想念苹果的滋味。

这一天我发高烧，吃不下饭，姐把手放在我的额头上，我说，姐，苹果……

姐望了我一会儿，便去拿来那个苹果给我。那个苹果已经有点腐烂了，但我仍然吃得神清气爽。

吃完那个苹果，我很快就后悔了。我看见姐背着我抹眼泪。

姐喜爱苹果，我长大了，一定买许许多多的苹果送给姐。我想。

那一年姐病倒了，殷红的血，一口一口往外直吐。

从大人的表情中，我仿佛预感到什么，我忽然害怕起来，我感到姐正在一天一天地离我而去，我不知道用什么办法可以把姐留住。我只是哭。

哭着哭着，我忽然想到了苹果，姐喜爱苹果，可她从来没吃过苹果呀。

我拿起一件我最新的衣服，赶到镇上，找不到苹果，有人告诉我，县城也许有吧。我赶到县城时已近黄昏。我终于找到了苹果。我怯生生地把那件衣服递给卖苹果的阿姨，说，换几个苹果。阿姨拿起衣服看了看，说，你是从哪儿偷来的吧。我说，这是我最新的衣服，我姐病了，什么也吃不下，她喜爱苹果。话未说完，我已泪流满面。

阿姨拿两个苹果给我，我要走，阿姨叫住我，把衣服塞还我。

从县城到我家，有一段阴森森的山路，还有一个乱坟岗。我直往家里赶，不知道累，也不知道怕。

当我赶到村里时，夜已深了。一轮欲圆未圆的月亮，如打缺了一角的玉盘，惨惨地白在中天。我忽然看见姐，在清冷的月光下，凄然地站着。她是在等我。

我忙走上前。

姐看见我，仿佛舒了一口气。她一定等得急了。

我说，姐，回家吧。

姐站着不动。我伸出手想拉一拉姐，姐不见了。

哭声，从我家传来。

那年姐二十三岁。

姐永远二十三岁。

歌谣般亲切的姐

山泉般纯洁的姐

庄稼般质朴的姐

山花般美丽的姐

【中国】牛汉

早熟的枣子①

　　智力的早熟是早慧，心理的早熟则是提前跨出纯真之门，心态变得苍老。诗人说："童年时，我家的枣树上，总有几颗枣子红得特别早，祖母说'那是虫子咬了心的'。果然，它们很快就枯凋。"作者以"早熟的枣子"自比，因为时代的苦难、命运的重创、天降的不幸，"一夜之间由青变红"，成为大树身上"一滴受伤的血"，它"羡慕绿色青青"，羡慕那汁液饱满的没有受伤的青春。

　　人们
　　老远老远
　　一眼就望见了我

　　满树的枣子
　　一色青青
　　只有我一颗通红
　　红得刺眼
　　红得伤心

　　一条小虫
　　钻进我的胸腔
　　一口一口
　　噬咬着我的心灵
　　我很快就要死去
　　在枯凋之前
　　一夜之间由青变红

---

　　① 选自王燕生、谢建平主编《一首诗的诞生》，北方文艺出版社，2000年版。

仓促地完成了我的一生

不要赞美我……

我憎恨这悲哀的早熟
我是大树母亲绿色的胸前
凝结的一滴
受伤的血

我是一颗早熟的枣子
很红很红
但我多么羡慕绿色青青

【中国】张海迪

少女与遗书①

生活在和平年代的花样年华的少女，居然玩起了写遗书的游戏，模仿战争小说和影视中的女英雄，想象自己成了"革命烈士"，然后给假设的"未婚夫"写遗书。这样虚幻的理想，这样貌似崇高实则轻率的对待生命的态度，这样用伪装的方式堂皇地表达初萌的春情爱意，是二十世纪五六十年代中国青少年对父辈生活的模仿而流行的精神游戏。这种假想的英雄情节因为没有明确的指向（敌人并不存在），不断积淀累加，在"文革"大动乱中决堤宣泄，横扫了自己的亲友和人民。文末一个名叫"和平"的少女说"我不想死"，把整个游戏一举推翻。这一群少女中最弱小的一个，怯生生地说出了对生命的敬意，从而使这篇文章具有为历史存证的价值。每个时代的人都具有一些集体特征，这些特征中有一种叫作"时髦病"。你们的时髦病是什么？

张海迪（1955年生），当代作家。高位截瘫，自强不屈，人称"中国的保尔"。

我在少女时代就写过遗书了，那一次不光我写了遗书，我们楼上的好几个女孩子也写了——我们每个人都写了一封。其实我们那时每天很快乐，没有谁说过想去死。我们只有十三四岁。偶尔有谁说到死，都觉得死很可怕。我曾想过死是什么。小时候我在病房里看过死去的孩子，他的父母哭得那么哀痛，他的妈妈哭喊着孩子孩子你回来吧……那时在我看来死就是一个人走了，去了一个很远的地方，很远的地方在哪里呢？很远的地方是什么样？去那里的人可能再也回不来了，再也见不到自己的亲人了，不然人们怎么会那么悲痛欲绝地和死去的人告别呢？死，真的很可怕！后来过了好多年我常常想到死，我甚至想出了怎样让自己死去的方法。不过这不是我在这里想回忆的事，我还是说遗书的事。那一次我和燕宁、维娜、谭静、许和平都写了遗书——我们集体写了遗书。我们并不是主动写遗书的，

---

① 选自王剑冰主编《2000中国年度最佳散文》，漓江出版社，2001年版。

出主意要大家写遗书的是燕宁。燕宁在学校是班干部，少先队的大队长。有一天燕宁对维娜、谭静她们说，方丹要是没有病，她一定是我们的同学，也一定能戴上红领巾。（"我"在这里不叫海迪，叫方丹。）燕宁是个责任心很强的班干部，她为了让我思想进步，成为一名光荣的少先队员，就和维娜、谭静她们成立了一个专门帮助我的红领巾小队。有一天燕宁带领女孩子们在她家里为我举行了一个庄严的入队仪式，燕宁在我的胸前系上了红领巾，还送给我一本《革命烈士书信集》。仪式结束后燕宁对我们大家说，过几天她要组织第一次小队活动，活动的内容是，每人先读一遍《革命烈士书信集》，然后开一个朗诵会。

翻开那本《革命烈士书信集》，我又见到了那些在枪声中消失了的人，书里是他们临刑时写给自己亲人的信，或是他们还活着的时候在铁窗里偷偷写下的几句话，我读着，仿佛就为那些人的慷慨赴死流下热泪……后来燕宁问我读了《革命烈士书信集》有什么感想时，我说，比较书里的牺牲者，我觉得自己的病痛算不了什么。燕宁说她也被这本书感动得热泪滚滚，只想早日成为一名共青团员。一连几个晚上女孩子们都在我的床边讨论这本书信集。维娜说，那天晚上她读完烈士书信集，第二天早晨去上学眼睛还是红肿的。（在这里我要告诉你，维娜是我们中间最多愁善感的。）谭静说她读了一半就读不下去了，她为那些烈士的壮志豪情感染着，只想弹钢琴，谱一首激越的琴曲。（也许你还不知道，谭静的钢琴弹得多么好！）和平说，读了这本书，她觉得所有的一切都那么好。（和平之所以这么说或许和她的家庭的不幸有关，和平家的事很难用一句话说清楚，如果你有耐心，也许读到最后就知道了。）燕宁说，大家都被感动了，就说明这本书多么有意义。她说，我认为，（"我认为"是燕宁的口头语，一直到现在她还爱这么说。）我们应该把这本书作为朗诵会的内容。她问大家，假如我们在白色恐怖时期，我们会怎么样？

维娜说，和敌人做斗争，像那些烈士一样。

谭静说，我们也印传单贴标语，也上街去大声演讲，手里挥着小三角旗，大声喊同胞们……说着谭静做了一个撒传单的动作，很激昂的样子。燕宁打断了她的话，我不是那个意思，我是说，假如我们被敌人逮捕了，关在铁牢里，明天就要赴刑场了，我们会做什么呢？谭静甩着脑后那根长长的马尾辫很快乐地笑了，说，赴刑场？我们为什么要赴刑场啊？我们早就胜利了。燕宁扶扶白色的眼镜框说，谭静，你严肃点儿，我是说假如我们赴刑场……谭静又嚷嚷着，这不可能，我们不是好好的吗？

维娜赶忙劝阻谭静，她说，谭静你别吵，我明白燕宁的意思，燕宁是说……

看着燕宁和谭静认真的样子，我忍不住笑了，也说，真的呢，假如我们被关在铁牢里，我们会做些什么呢？

和平说,那我们就在牢里绣红旗。

我说,我们还要唱线儿长,针儿密……

燕宁的眼睛亮了,她说,对,我说的就是这个意思。

谭静不服气地扭过头去。

燕宁又说,我这样想,比方说,明天我们就要英勇就义了,我们要留下什么呢?

我说,我们……我们像烈士一样写遗书。

燕宁说,对,我想我会写遗书的。

维娜问,我也是,哎,可是我们写给谁呢?

谭静说,当然给自己的同志了,比如一个地下组织的人。我说,还给父母写,等到胜利了,让那些地下组织的人转交……

和平说,我想我会给妈妈写……啊,不……和平忽然打住不说了,话音有点发颤。

这时,燕宁一下站起来,表情激动地说,我想,我们每个人都写一封特别的遗书,嗯……不是给父母的,也不是给同志的,我们……我们……燕宁看看大家,她的脸红了,我还没见过燕宁脸红。燕宁为什么脸红啊?谭静问,给谁写啊,燕宁?维娜也追问着,燕宁,你干吗不说话了?

燕宁说,我……我想……我们都给自己的未婚夫写一封遗书,怎么样?

什么,未……未婚夫?

我们一起叫起来,我们的脸红了。我觉得这个词是让人脸红的,可我说不清它为什么让人觉得脸红,人做了错事才脸红,我们做了错事吗?

什么是未……未婚夫啊?谭静问,一副大惊小怪的样子。

维娜说,未婚夫……未婚夫就是正在谈恋爱还没有结婚的人……

我们的脸更红了。谭静急火火地嚷嚷起来,什么未婚夫啊,我可没有未婚夫,我可没有……和平也羞涩地低下头说,我……我也没有……

我没说什么,还在想未婚夫这个词,这个词很让人激动,听起来身体里好像有什么很热的东西在涌动。

燕宁见大家乱哄哄的,别吵,你们都别吵,我只是这样比方。这样比方也不行,和平,我们还小,我们离结婚还有好多年呢……谭静说,我们怎么知道谁是我们的未婚夫啊?

我看着屋里每一个人,维娜的脸最红,可她没有像谭静那样大声叫嚷,只是小声嘟哝着说,这……这怎么写啊。和平又说,我们这样做就像演戏一样,多不好意思啊。

燕宁的脸色已经恢复了正常,她说,那……那我们就算演戏吧,要知道我们扮演的是革命者，就像电影里的革命者，那都是演员扮演的，可我们不是被感动了吗？

我们不再争辩，一种庄严的情感从我的心底升起，维娜她们的脸色也都严肃起来。

燕宁要求大家，每个人都给自己的"未婚夫"写一封遗书，她说烈士书信集里给自己爱人写遗书的最多，也许告别自己的爱人是最悲壮的。燕宁说，这是一次特别的小队活动，同意这个活动决定的请举手。

我们都举起手。

那天晚上，我趴在桌子上写遗书，可我开了好几个头也写不出来。给自己的"未婚夫"写遗书？他是什么样子呢？我绞尽脑汁想象着自己的未婚夫，他高大，一脸络腮胡子，穿着白衬衣，衬衣上浸染着一道道血迹。他戴着手铐脚镣向我走来，我甚至听见了镣铐的沉重的拖拽声。可我怎么也看不清他的脸。我给他写什么呢？我翻开小说《红岩》，我想比着刘思扬写，可他有未婚妻，他的未婚妻叫孙明霞，不行。我又想象他是成岗、龙光华，可他们都不像我想象的人。我又翻开《青春之歌》想象着卢嘉川，我想给他写，我被书中的情节吸引着打动着，看到他牺牲时，我流下了眼泪，他牺牲了，我还给他写什么遗书？我趴在桌子上，还是写不出来，我觉得，写遗书比写信难多了。可是红领巾小队的任务，我必须写出来……

又一个晚上。

燕宁宣布，朗诵会现在开始。

我们热烈鼓掌。燕宁的神情兴奋起来，语气也有些激动，她说，那么下面我们就轮流朗读吧。她指指谭静说，谭静先开始吧。谭静却说，燕宁，这是你出的主意，你应该第一个读。对，我们同声说，燕宁先开始！燕宁没有推辞，她掏出一封信展开，扶了扶眼镜，此刻屋里没有一点声响，我从没有那么安静。燕宁开始朗读：

我亲爱的战友：

当你收到这封信时，我已经和你永别了，希望你不要为我而难过，不要为我的离去而悲伤，我的死是光荣的，我为伟大的事业而献身，还有什么能比这更崇高的呢？我曾和你一起并肩战斗，也曾和你分享胜利的快乐。我记得那时我们一起读书，你给我讲马克思列宁主义，你说我们总有一天会胜利。你还说如果革命需要，我们就应该献出我们的一切，甚至生命。由于叛徒的出卖，我不幸被捕，可是我以生命保守了党的机密，敌人从我这里什么也没得到。虽然我就要死了，但是我是这样的无所畏惧，因为我已经看见胜利的旗帜在高高地飘扬了。我也听见了隆隆的炮声，我们的祖国就要解放了,我将迎着黎明的曙光奔赴刑场……

燕宁的声音从低沉到高昂,最后一句真的就像演员的朗诵,让人感到很壮烈。我忍不住流下眼泪,我想起卢嘉川,我已经为他的牺牲流了好多眼泪。我旁边的维娜眼圈也红了。她说,燕宁真了不起,她写得多好啊!(在这里顺便说一句,谭静一听维娜恭维燕宁就冲她翻白眼,她总是说,维娜和燕宁好,是巴结燕宁,不就是想早点入团吗?)

燕宁沉默了一会儿,看看大家,显然对这种效果很满意。她说,谭静这次该你了吧?

谭静露出一副骄傲的样子,从身后拿出一个本子,低头翻了几页,看看大家,就抑扬顿挫地读起来:

我亲爱的同志:

…………

我不知道这封信是不是能到你的手里,你收到的也许是一封被鲜血染红的遗书。自从被捕后,敌人对我进行了严刑拷打,可我什么也没说,在敌人面前,我只是放声高唱《国际歌》,敌人在我的歌声中颤抖着,向后退去。我相信我们一定会胜利的。你在信里说,你和同志们正在制订劫狱计划,明天清晨,我就要奔赴刑场了,不知道你们今夜的劫狱计划是不是能成功,我希望活着……最后注意,如果来营救时,请给我一个暗号,一声猫叫,或者一声狗叫,要不就……

谭静还没朗诵完,我们就笑起来,屋里的气氛轻松了许多。维娜说,谭静你干吗又是猫叫又是狗叫啊,这么热闹早被敌人发现了。和平说,谭静,真没想到,你还能找人救你呢。我说,书里很多人都是在牺牲前被救出来的,有时候敌人正要举枪,营救的人就赶到了。维娜说,对,一些电影里就是这样,每次看见枪口对准我们的人,我就紧张得喘不过气来,其实,大部分结果都没事。

燕宁坐在那里始终没有笑,她的眼睛在镜片后有点蔑视地盯着谭静,我认为,谭静这样写是一种胆怯的表现,真正的革命者……没等燕宁说完,谭静就一梗脖子说,可我觉得,只要有可能,我们就要保存自己的力量,这样才能保证革命的成功。

燕宁说,可是你要知道,叛徒都是因为贪生怕死才叛变的!

燕宁的话让谭静像个点着的炮仗似的跳起来,她对燕宁一连串地说,你才想当叛徒,你才想当叛徒呢!

屋里又乱起来,和平说,谭静你不会好好说吗?你这样吵,朗诵会还能继续开吗?

曾经年少

　　燕宁说，谭静，我认为你应该克服爱跟别人吵架的缺点。

　　谭静嘟囔着，谁叫你说我是叛徒啊？可是她的声音低下来了，屋里又重新安静下来。

　　这时维娜说，我们继续吧，方丹，该你了。

　　我拿出自己的遗书，觉得心跳得很快，哦，这是给未婚夫的信啊！他到底是什么模样？假如我真有未婚夫，他收到这封遗书会怎样……我又想起卢嘉川，恍惚中看见他在读我的信，卢嘉川，卢嘉川……

　　方丹，你怎么了？快点啊！燕宁说。

　　我吓了一跳，赶快开始读我的遗书：

亲爱的朋友：

　　……………

　　我是借着透进窗口的月光给你写最后一封信的，从此以后你再也收不到我的信了，我也再不能给你写信了，其实我多想给你写信啊，写很多，让它们像一只只洁白的鸽子飞向你的身边。如果我写一百封信，就像一百只鸽子向你飞去，一百只鸽子该是多大一群啊！可这是我给你最后一只鸽子了，我就要死了，就在明天早晨，现在我在想，我为什么要死呢？人死了怎么样？我知道，死了就什么也没有了，没有一切了，假如我没有了一切，别人还有，我愿用我的死为人们换来幸福……

　　屋里一片沉默。

　　和平说，方丹，你写得多美啊。

　　谭静说，嘿，方丹，你再朗诵的时候，我要用钢琴给你伴奏，那一定更动人。

　　燕宁说，不过我觉得方丹写得有点儿轻飘飘的，不像真正的革命者。

　　我说，可这我还写了好几遍呢……

　　燕宁回头看看维娜，维娜没等燕宁说话，就拿出一个红色的硬皮本，翻开一页，轻轻地读起来：亲爱的未婚夫……维娜刚读出信的开头，屋里就爆出一阵大笑。谭静仰着脸哈哈大笑，和平一只手捂着嘴，把头扭到一边笑开了。我想大笑，可看见维娜的脸忽地涨红了，我把笑声咽回，可谭静却还在大笑，一边笑着跺脚，一边说，未……未婚夫……哈哈哈……维娜满脸通红，她说，你们笑什么？我们每个人不都是写给未婚夫的信吗？这是燕宁说的。谭静不管不顾地大笑，她笑着跪在地上，趴在我们床边，我也笑得不行，和平开始捂着嘴笑，后来就直擦眼睛，她笑出的眼泪就像哭出的眼泪一样多。燕宁本来或许不想笑，可最后也忍不住了，她笑着说，罗维娜啊，罗维娜，谁叫你这样开头啦？

　　维娜拧着眉毛生气了，她说，你们都笑吧，笑吧，我不念了还不行吗？

　　我们赶忙使劲儿止住笑。

燕宁说,就是,这么严肃的事,你们却哈哈大笑,我认为这没有什么好笑的。好了,维娜你继续吧。

维娜轻轻地朗读起来,那声音很迷人,就像一丝微微的凉风从我的心间掠过,可我觉得维娜遗书里的一些句子听起来好像很熟悉。她写道:

我是含着眼泪给你写这封信的,因为明天太阳还没有升起来的时候我就要和你永别了。今晚我心里有说不出的难过,我多么留恋和你在一起的时光啊!你说过冬天到了,春天还会远吗?你还说过,生命诚可贵,爱情价更高,若为自由故,两者皆可抛。现在我无限留恋的一切就要远去了。亲爱的,永别了……

嘿,真浪漫!谭静赞叹道。

燕宁说,不行,不行,维娜,你看你写的,像一个革命者的遗书吗?拖泥带水的。

谭静说,那就再加上一句,亲爱的未婚夫,让我们高唱《国际歌》向刑场走去吧。

这时,燕宁像个指挥官似的把头转向和平,说,该你了,和平。

我……

大家都读了,该你了。燕宁又说。

谭静很感兴趣地看着和平。和平站起来,两手放在身后,背靠在墙上,头低着,一缕长长的柔软的额发垂下来,遮住了她的一只眼睛。

和平,快点儿啊。维娜也催促说。

可是和平只是低着头,她小声嘟哝着,说,你……我不行,我写不出来……

那不行,燕宁又说:大家都行,为什么你不行?

和平说,我就是不行,我就是想不出来,我实在想不出来,我为什么要去死呢?

燕宁说,许和平,你怎么跟谭静犯一个毛病啊?我们只是假设,就好比学代数总要有假设吧。

和平说,可这不是代数,你说的是死。

燕宁说,我说假如去死。

和平说,我不想假如去死。

维娜说:好了好了,别吵了,许和平,你念念不就完了吗?

谭静偷偷地笑了,她说,和平,让我们也认识认识你的未婚夫吧。

和平慢慢地从口袋里掏出一张折好的信纸,过来递给燕宁,燕宁把信纸展开,顿时气得脸色发白,她说,许和平,你……她把那张信纸在空中一扬,屋里一双双眼睛都瞪圆了：那是一张白纸，和平一个字也没写！大家把目光一齐盯在和平身上，和平这会儿很平静的样子，她依然背靠墙站着，她低垂着长长的睫毛，像一幅油画中的少女。和平多美啊！我的心里忽然发出感叹。可我听见燕宁严厉地说，许和平，你为什么这样，你还有纪律吗，你为什么不写啊？

我看着和平，她只是轻轻地，一字一顿地说了一句话：我——不——想——死。

燕宁愤愤地说，许和平，就你事儿多，你以为烈士都愿意牺牲呀？都要像你这样……

维娜也说，和平，你真是的，这又不是真让你去死。

和平轻轻抽泣开了，谭静连忙说，和平，算了，算了，你哭什么，不写就算了。说着，过去搂住和平的肩头，和平却哭出声来，很伤心的样子。她抽抽搭搭地说，我……我不能死，我已经没了爸爸，我要死了，我妈妈怎么办啊？说着哭得更伤心了。谭静先跟着哭了。我和维娜的眼泪也流下来了。燕宁的眼圈儿也红了，她站在那里再也没说一句话……

好了，这就是我们写遗书的事，也许你还想知道后来的事，想知道马燕宁、罗维娜、谭静、许和平后来的事，可后来的事有点复杂，我就写进了长篇小说。在此我只想告诉你，我们中间最漂亮的女孩儿许和平已经死去很多年了。

【美国】埃利·威塞尔

陈东飚 译

集中营、孩子和诗①

　　有过这样一种童年：活着，却没有明天。明天就是死亡，他们没有希望、没有未来，只有今天。只因为他们属于一个要被灭绝的种族，他们就没有权利长大，没有权利生存，他们面临的是惨绝人寰的黑暗而荒谬的命运，这就是法西斯屠刀下的犹太孩子。就是这些孩子，他们在集中营里写诗，在死去之前的一刻还在歌唱生活——"我一定要节省我的神经和我的思想和我的心灵和我的精神之火。我一定要节省流下的泪水。"因为，"从明天开始，我将悲伤，不是今天"。只要活着一天，就不被苦难的命运击倒，"今天我将快乐！"人的生命是值得这样珍惜的。

　　埃利·威塞尔（1928~2016），美国犹太裔作家，1986年诺贝尔和平奖获得者。

让我们来讲故事。那是我们的首要责任。

如此聪明又如此苍老的孩子们的故事。

黑夜吞噬生命、希望和永恒的故事。

让我们讲故事来记忆人类是多么脆弱，在面对凶猛的邪恶之时。

大战之后，死者向每个幸存者提出了同一个问题：你是否将能讲述我们的故事？

　　最好的描述是由普通人或儿童提供的。他们找到了正确的词语，正确的语调，坦白、质朴，这些是真理以及艺术的印记。他们面临的不是艺术技巧的问题。他们的目的只有一个，只有一个是他们执著的顽念：担负见证，传达一星火焰，一段故事的残片，他们的真相的一个反映。

　　最纯粹的写作是那些献给了我们子孙的苦难、苦恼与死亡的写作——以及由那些孩子自己写下的作品。他们的词句比其他人的更能使我们接近那些经历——他们的词句就成了经历。

---

　　① 选自埃利·威塞尔著、陈东飚译《一个犹太人在今天》，作家出版社，1998年版。节选自《大屠杀之后的艺术与文化》一文，标题为编者所拟。

134

伊茨哈克·卡曾尼尔森，在他的《我惨遭杀戮的族人之歌》里，给了我们如下的描述：

不要哭……在这个车站我看见另一个大约五岁的小姑娘，她在给她的弟弟喂食，而他哭了。他哭了，那个小东西；他在生病。往些许冲淡了的果酱里，她撒进了面包的碎屑，熟练地把它们塞进他的嘴里。这一切我的眼睛有福看见，看见这母亲，一个五岁的母亲，在哺育她的孩子，听见她慰抚的词语。我自己的母亲，全世界最好的一个，也不曾发明这样的计策。但这一个却带着微笑擦擦他的嘴，把欢乐注入他的心里，这个以色列的小姑娘。舒莱姆·阿莱赫姆①也不能比她做得更好。他们，以色列的孩子们，要最先接受末日与灾祸，其中大多数都没有父母。他们被霜冻、饥饿、蛆虫所吞噬。神圣的弥赛亚②们，在痛苦中达到了圣洁。说吧，那么，这些羔羊犯了什么罪？为什么在劫数到来的日子里是他们最先成为残忍的牺牲品，邪恶陷阱的第一个猎物，最先被留给了死亡，最先被抛入屠宰的货车？他们被扔进了货车，庞大的货车，就像一堆堆弃物，像大地上的尘土。而他们运输他们，杀死他们，灭绝他们，不留一点残余或记忆。我的孩子们中最好的都已被消灭，让苦难降临我吧，还有灾祸与荒芜。

每当我读到对孩子的杀戮，我知道我将需要用我的一切力量来摆脱——而非绝望。这变得更为真切是在我读到这些孩子们在他们进入火焰前所写下的作品之时。

一个叫作玛莎的小孩在死前不久这样写道：

这些天里我一定要节省。
我没有钱可节省；
我一定要节省健康和力量，
足够支持我很长时间。
我一定要节省我的神经和我的思想和我的心灵和我的精神的火。
我一定要节省流下的泪水。
我需要它们很长、很长的时间。
我一定要节省忍耐，在这些风暴肆虐的日子。
在我的生命里我有那么多的需要：
情感的温暖和一颗善良的心。
这些东西我都缺少。
这些我一定要节省。
这一切，上帝的礼物，我希望保存。

---

① 舒莱姆·阿莱赫姆（1819~1890）：俄国犹太人，用犹太意第绪语进行创作的作家。

② 弥赛亚：语出《圣经》，意为"救世主"。

我将多么悲伤，倘若我很快就失去了它们。

一个叫莫泰尔的小男孩写下了一首极短的诗：

一个小花园，
有一个小男孩走在它旁边。
当花朵开放，
小男孩将再也不在。

另一个小女孩阿莱娜写道：

我想独自离开
到有别的，更好的人的地方
进入遥远未知的某处，
那里，没有人杀害别人的地方。
也许我们更多人，一千个强者
会到达这目的地
在不久以后。

巴维尔·弗雷德曼写下了"蝴蝶"：

最后的，最最后的，黄得如此斑斓，明亮，耀眼。
也许如果太阳的眼泪会对着白石头唱歌
这样一种黄色就会被轻轻带起
远走高飞。
我肯定它走了
因为它希望向世界吻别。
七个星期我一直住在这里
关在这贱民区里。
但我在这里找到了我的族人，
而蝴蝶召唤着我。
而白色的栗子在庭院里点亮。
只是我再没看见一只蝴蝶。
那只蝴蝶是最后一只。
蝴蝶不住在这儿。
在贱民区里。

最后一首，是由一个叫作莫泰利的小男孩写下的。我不知道他是谁，也不知道他多大：

从明天开始，我将悲伤。

从明天开始。

今天我将快乐。

悲伤有什么用？

告诉我吧。

就因为开始吹起了这些邪恶的风？

我为什么要为明天悲痛，在今天？

明天也许还这么好，

这么阳光明媚。

明天太阳也许会再一次为我们照耀。

我们再也不用悲伤。

从明天开始我将悲伤。

从明天开始。不是今天。不是。

今天我将愉快。

而每一天，

无论它多么痛苦，

我都会说：从明天开始，

我将悲伤，

不是今天。

是的，让我们来讲故事，诗篇中的故事和文件中的故事。别的一切都可以等，必须等。别的一切都不存在。

让我们来讲故事：恐惧的故事和黑夜的故事，发疯的老人的故事，他们在天堂时与他们的儿孙共舞。

让我们讲述发了疯的时代的故事，人类最深的苦难的故事。我说的是在奥斯维辛被杀害的犹太人。但在奥斯维辛死去的是人性。当人性杀害犹太人，人性就杀害了自己。

让我们来讲故事：孩子们的故事，他们在死去之前的一刻还在歌唱着生活。让我们讲述睿智的老人的故事，他们爱孩子并继续爱着他们直到死去。

让我们来讲故事：因为孩子们爱听故事。但有一个故事决不会被讲述，很快我们甚至也不会知道它的名字——还有它的秘密。

成长的岁月

成长的故事

YEARS OF GROWING UP

下编

一个孩子最大的权利，
就是成长的权利。
一生中最初的奇迹，
就是在成长的岁月中
建立自我。

【中国】罗大佑

童 年①

　　懵懵懂懂、稀里糊涂、迷迷糊糊、混沌未开的童年,等待下课、等待游戏、孤单地幻想、无边的好奇、盼望着长大的童年,这是我们每个人的童年。罗大佑的这首校园歌曲唱遍了台湾和大陆,真真切切地模拟了童年的一般心态,情调飞扬,引人遐思。

　　池塘边的榕树上知了在声声地叫着夏天,操场边的秋千上只有蝴蝶儿停在上面,黑板上老师的粉笔还在拼命叽叽喳喳写个不停,等待着下课等待着放学,等待游戏的童年。

　　总是要等到睡觉前才知道功课只做了一点点,总是要等到考试以后才知道该念的书都还没念,一寸光阴一寸金老师说过寸金难买寸光阴,一天又一天一年又一年,迷迷糊糊的童年。

　　没有人知道为什么太阳总下到山的那一边,没有人能够告诉我山里面有没有住着神仙,多少的日子里总是一个人面对着天空发呆,就这么好奇就这么幻想,这么孤单的童年。

　　阳光下蜻蜓飞过来一片片绿油油的稻田,水彩蜡笔和万花筒画不出天边那一道彩虹,什么时候才能像高年级的同学有张成熟与长大的脸,盼望着假期盼望着明天,盼望长大的童年,哦,一天又一天一年又一年,盼望长大的童年。

---

①　选自秦川编《百唱不厌难忘的歌》,蓝天出版社,1999年版。有删节。

【德国】电影《英俊少年》插曲

肖章 译

小小少年①

　　每天都是阳光灿烂的日子多好，可是小小少年总要长高，烦恼忧愁就尾随而来了。烦恼随时间而来，智慧也随时间而来，这是一个人成长的"成本"。

　　小小少年，很少烦恼，眼望四周阳光照。
　　小小少年，很少烦恼，但愿永远这样好！
　　一年一年时间飞跑，小小少年在长高，
　　随着年龄由小变大，他的烦恼增加了。

　　小小少年，很少烦恼，无忧无虑乐陶陶。
　　但有一天，风波突起，忧虑烦恼都来了。
　　一年一年时间飞跑，小小少年在长高，
　　随着年龄由小变大，他的烦恼增加了。

---

　　① 选自张泽伦、吴山音主编《20世纪外国著名歌曲1000首》，海燕出版社，1999年版。

【中国】张晓风

我交给你们一个孩子①

台湾女作家张晓风，可能是个心细如发的母亲。当孩子第一次独自上学，她大声呼告："世界啊，今天早晨，我，一个母亲，向你交出她可爱的小男孩，而你们将还我一个怎样的呢！"学校和社会，将怎样影响孩子的一生，往远处想想，有点不寒而栗，似乎恐惧包裹着希望。孩子喜欢小动物，她想到为小男孩发一个"征求生物老师"的广告，"启示他生命的奇奥和繁富"。从小多识草木之名，体会生命的奇迹，这样的孩子长大了，一定会爱惜而不是破坏这个世界。儿子上了中学，以前那个小男孩哪里去了？她突发奇想，写一首"寻人启事"的诗，感怀孩子的成长。这样的感叹让人心疼："容我好好爱宠我的孩子……今天，仍是他们今后一生一世里最最幼小的一天啊！"小时候，在我故乡的街头，墙上和电线杆上，常看见巴掌大一张的红纸招贴，上书："天煌煌，地惶惶，我家有个夜哭郎，过路君子念一念，一觉睡到大天光。"为孩子驱邪祈福，是一样的父母心肠。

张晓风（1941年生），台湾散文名家。著有散文、小说及戏剧数十种。余光中称其文字"柔婉中带刚劲"，温婉与秀豪并存。

我交给你们一个孩子

小男孩走出大门，返身向四楼阳台上的我招手，说：

"再见！"

那是好多年前的事了，那个早晨是他开始上小学的第二天。

我其实仍然可以像昨天一样，再陪他一次，但我却狠下心来，看他自己单独去了。他有属于他的一生，是我不能相陪的，母子一场，只能看作一把借来的琴弦，能弹多久，便弹多久，但借来的岁月毕竟是有其归还期限的。

他欣然地走出长巷，很听话地既不跑也不跳， 一副循规蹈矩的模样。我一个

---

① 选自《张晓风散文系列·丽人行》，湖南文艺出版社，1996年版。

人怔怔地望着油加利①下细细的朝阳而落泪。

想大声地告诉全城市，今天早晨，我交给你们一个小男孩，他还不知恐惧为何物，我却是知道的，我开始恐惧自己有没有交错？

我把他交给马路，我要他遵守规矩沿着人行道而行，但是，匆匆的路人啊，你们能够小心一点吗？不要撞倒我的孩子，我把我的至爱交给了纵横的道路，容许我看见他平平安安地回来。

我不曾搬迁户口，我们不要越区就读，我们让孩子读本区内的公立小学而不是某些私立明星小学，我努力去信任教育当局，而且，是以自己的儿女为赌注来信任的——但是，学校啊，当我把我的孩子交给你，你保证给他怎样的教育？今天清晨，我交给你一个欢欣诚实又颖悟的小男孩，多年以后，你将还我一个怎样的青年？

他开始识字，开始读书，当然，他也要读报纸、听音乐或看电视、电影，古往今来的撰述者啊！各种方式的知识传递者啊！我的孩子会因你们得到什么呢？你们将饮之以琼浆，灌之以醍醐，还是哺之以糟粕？他会因而变得正直忠信，还是学会奸猾诡诈？当我把我的孩子交出来，当他向这世界求知若渴，世界啊，你给他的会是什么呢？

世界啊，今天早晨，我，一个母亲，向你交出她可爱的小男孩，而你们将还我一个怎样的呢！

小蜥蜴如何藏身在草丛里的奇观

我给小男孩请了一位家庭教师，在他七岁那年。

听到的人不免吓了一跳：

"什么？那么小就开始补习了？"

不是的，我为他请一位老师是因为小男孩被蝴蝶的三部曲弄得神魂颠倒，又一心想知道蚂蚁怎么回家；看到世上有那么多种蛇，也使他欢喜得着了慌，我自己对自然的万物只有感性的欢欣赞叹，没有条析缕陈的解释能力，所以，我为他请了老师。

有一张征求老师的文字是我想用而不曾用过的，多年来，它像一坛忘了喝的酒，一直堆栈在某个不显眼的角落。春天里，偶然男孩又不自觉地转头去听鸟声的时候，我就会想起自己心底的那篇文字：

我们要为我们的小男孩寻找一位生物老师。

他七岁，对万物的神奇兴奋到发昏的程度，他一直想知道，这一切"为什么是这样

---

① 油加利：一种树。

的"。

　　我们想为他找的不单是一位授课的老师，也是一位启示他生命的奇奥和繁富的人。

　　他不是天才，他只是一个好奇而且喜欢早点知道答案的孩子。我们尊重他的好奇，珍惜他兴奋易感的心，我们不是富有的家庭，但我们愿意好好为他请一位老师，告诉他花如何开？果如何结？蜜蜂如何住在六角形的屋子里？蚯蚓如何在泥土中走路吃饭……他只有一度童年，我们急于让他早点享受到"知道"的权利。

　　有的时候，也请带他到山上到树下去上课，他喜欢知道蕨类怎样生长，杜鹃怎样红遍山头，以及小蜥蜴如何藏身在草丛里的奇观……

　　有谁愿意做我们小男孩的生物老师？

　　小男孩后来读了两年生物，获益无穷，而这篇在心底重复无数遍的"征求老师"的腹稿却只供我自己回忆。

寻人启事

　　我坐在餐桌上修改自己的一篇儿童诗稿，夜渐渐深了。

　　男孩房里的灯仍亮着，他在准备那些考不完的试。

　　我说：

　　"喂，你来，我有一篇诗要给你看！"

　　他走过来，把诗拿起来，慢慢看完，那首诗是这样写的：

寻人启事

妈妈在客厅贴起一张大红纸
上面写着黑黑的几行字：
兹有小男孩一名不知何时走失
谁把他拾去了啊，仁人君子
他身穿小小的蓝色水手服
他睡觉以前一定要念故事
他重得像铅球又快活得像天使
满街去指认金龟车是他的专职
当电扇修理匠是他的大志
他把刚出生的妹妹看了又看露出诡笑：
"妈妈呀，如果你要亲她就只准亲她的牙齿。"
那个小男孩到哪里去了，谁肯给我明示？

听说有位名叫时间的老人把他带了去

却换给我一个中学的少年比妈妈还高

正坐在那里愁眉苦脸地背历史

那昔日的小男孩啊不知何时走失

谁把他带还给我啊，仁人君子。

看完了，他放下，一言不发地回房去了。第二天，我问他：

"你读那首诗怎么不发表一点高见？"

"我读了很难过，所以不想说话……"

我茫然走出他的房间，心中怅怅，小男孩已成大男孩，他必须有所忍受，有所承载，我所熟知的一度握在我手里的那一双小手有如飞鸟，在翻飞中消失了。

仅仅只在不久以前，他不是还牵着妹妹的手，两人诡秘地站在我的书房门口吗？他们同声用排练好的做作的广告腔说：

好立克大王

张晓风女士

请你出来

为你的儿子女儿冲一杯好立克

这样的把戏玩了又玩，一杯杯香浓的饮料喝了又喝，童年，繁华喧天的岁月，就如此跫音渐远。

有一次，在朋友的墙上看到一幅英文格言：

"今天，是你生命余年中的第一日。"

我看了，立即不服气。

"不是的，"我说，"对我来讲，今天，是我有生之年的最后一天。"

最后一天，来不及的爱，来不及地的飞扬，来不及的期许，来不及的珍惜和低回。

容我好好爱宠我的孩子，在今天，毕竟，在永世永劫的无穷岁月里，今天，仍是他们今后一生一世里最最幼小的一天啊！

【美国】拉索尔·贝克

张洁 译

成 长①

一个小报童如何变成一名作家的？作者说，因为"作家不必去按别人的门铃"。文章用了许多大字眼（如"新闻界""征服商界""新闻自由的卫士"等等）来述说童年卖报纸这样一件小事，有温和的幽默感。母亲、我、妹妹以及出版社管理人员的个性形象，无不在笑语声中跃然纸上。

拉索尔·贝克（1925年生），美国记者、幽默作家。本文节选自他的回忆录《成长》。

我8岁时便进入了新闻界，那是我母亲的意思。她希望我自个儿"有所建树"，于是在对我的能力做了冷静地估量后，便认为我若想在竞争中不给拉下的话，还是早点起步为好。

母亲早就看出我性格中的不足之处是缺乏"闯劲"。在我看来，一个最惬意的下午应是躺在收音机前，重读我所喜爱的了不起的小书系列②《迪克·特雷茜遇见史杜基·维拉》。母亲对无所事事深恶痛绝。看到我一副优哉游哉自得其乐的样子，她难以掩饰她的厌恶。"你一点进取心也没有，像个木头人，"她说道，"到厨房帮多丽丝洗碗碟去。"

我妹妹多丽丝虽比我小两岁，她那充沛无比的精力足能抵上一打人。她十分热衷于洗碗、铺床和清理房间。才7岁，她就能拿着缺了秤的奶酪赶回小杂货店，威胁老板说要告他，然后兴高采烈地带回补足分量的四分之一磅奶酪，老板为求宽恕还另加几盎司。要不是个女孩，多丽丝一定会有出息。就因为这一缺憾，她能指望的最好出路无非是当个护士或教师。在那个时代，一般认为有能力的女性也只能从事那些工作。

这肯定让我的母亲感到沮丧，命运就这样阴差阳错地赋予她女儿进取心，而留给她一个只满足于读读《迪克·特雷茜遇见史杜基·维拉》的儿子。尽管失望，

---

① 选自李荫华、张介眉主编《当代世界名家随笔》，上海教育出版社，1996年版。

② 了不起的小书系列：美国少儿系列读物。

然而她却毫不自怨自艾。不管我愿不愿意，她决心要使我有所出息。"自助者天助"，她是这么说的，也正是这样想的。

对于困难她很现实。估量了这块上帝交给她并让她去塑造的"料子"后，对其能否成才她不抱奢望，她从未强求我长大后当美国总统。

50年前，做父母的依然会问儿子长大后想不想当总统。他们决不是开玩笑，而是相当一本正经。不少出身贫寒的父母依旧相信他们的儿子能做总统。亚伯拉罕·林肯就当上了。我们距林肯只有65年。我们中间有许多祖父辈的人依然记着林肯时代。也就是这辈人最爱问你长大后要不要当总统。做肯定回答的小男孩出乎意料的多，而且他们还当真这么想。

我就被人问过好多次。我总是回答说，不，我长大了不想当总统。有一次，别人这么问我时母亲也在场。一个上了年纪的伯伯提出了这个老话题，当了解到我对总统宝座毫无兴趣后，他问道："那么你长大后想干什么？"

我爱到垃圾堆中翻捡贴着漂亮标签的罐头和空瓶，还喜欢翻阅人家丢弃的杂志。当时，这个世界上最可向往的工作马上跳进了我的脑中，"我要当个垃圾工。"我说道。老伯伯笑了，而母亲则第一次痛苦地注意到我越来越不成器了。"你给我有长进点，拉索尔。"她说。叫我"拉索尔"是她不愉快的一个信号。当她赞成我的想法的时候，总叫我"老弟"。

到我8岁的时候，母亲认准了让我起步走向成才之道已迫在眉睫。"老弟"，有一天她说，"我要你今天一放学就回家。有客人要来，我想让你见见他。"

那天下午当我冲进屋里的时候，她正在客厅与柯蒂斯①出版公司的一位管理人员交谈。她介绍了我。他弯下身子与我握了手。母亲说我渴望得到征服商界的机遇。他问道，这是真的吗？

母亲回答说我生来就具有一种想出人头地的可贵的信念。

"是的。"我小声答道。

"可你有没有生意场上获取成功所必需的那种勇气、个性和绝不退缩的意志？"

母亲说我当然有。

"是的。"我说道。

他默默地注视着我良久，像是在掂量我是否可以被委以重任，然后就坦率地说开了。在迈出关键性的一步之前，他说，他要提醒我，为柯蒂斯出版公司工作对年轻人来说是份很重的担子。这是美国大公司之一，甚至可能是世界上最了不起的出版社。不用问，我肯定听说过《星期六晚邮报》吧？

岂止是听说？母亲说家里的每一个成员都知道《星期六晚邮报》，而我呢，

---

① 柯蒂斯（1850~1933）：美国新闻出版商，曾在费城创办《乡村绅士》及《妇女家庭杂志》，并开办柯蒂斯出版公司（1890），后又创办《星期六晚邮报》《大众纪事报》等。

事实上是带着宗教般的虔诚来阅读它的。

那么毫无疑问,他说,我们一定也熟悉刊物天地中的两大支柱——《妇女家庭杂志》和《乡村绅士》杂志吧。

我们确实知道,母亲说。

能成为《星期六晚邮报》的一名代理在商界堪称最大荣耀,他说道。他本人便深为自己系这家大公司的一分子而无比自豪。

母亲说他这样想是理所当然的。

他又端详起我来,简直就像是在盘算我是否可以被授勋封爵似的。末了,问道:"你靠得住吗?"

母亲说我诚实到极顶。

"是的。"我说。

来访者第一次露出了微笑。他告诉我说,我是一个幸运儿。他欣赏我的胆量。大多数年轻人视生活作儿戏。这些人在一生中不会有太多的发展。只有勤于工作,肯节俭,且能保持脸面整洁、头发光亮的年轻人,方能指望在如今的世道出人头地。他还问我,是不是真心实意地认为自己就是这样的一个年轻人。

"他当然是这样认为的。"母亲说道。

"是的。"我说道。

他说他对我留下了深刻印象,打算栽培我做柯蒂斯出版公司的一名代理。他说下周二会有30份新印出的《星期六晚邮报》送到我家门口。我得把这些油墨尚未干透的杂志装进一个漂亮的帆布包里,再将包挎到肩上,随后穿街走巷,将这些集新闻、小说以及漫画的精华于一处的最高典范带给美国大众。

那个帆布包他正带在身上,他对其毕恭毕敬。宛如对待神父穿的十字褡一样,他向我示范如何把背带绕过胸前挂到左肩上,右手便能轻而易举地伸进包内,将这些新闻、小说和漫画的最佳之作迅速取出并销售给大众。人们的快乐和保障就靠我们这些新闻自由的卫士了。

到了下周二,我从学校跑回家,背上帆布包,把杂志全部装进去,并将身子向左倾斜着以平衡右边臀部上的杂志的重量,就这样我踏上了新闻事业的大道。

我们住在新泽西州的贝利维尔,那是一个位于纽瓦克①北部边缘的市郊小镇。时值1932年,正是大萧条最甚之际。我父亲两年前去世,遗留给我们除了几件西尔斯·罗伯克②家具外,别无他物。母亲便带着我和多丽丝投奔她的一个弟弟,也就是我的艾伦舅舅。到1932年时,艾伦舅舅在事业上已经有所成就。他在纽瓦

---

① 纽瓦克:美国新泽西州东北部港口城市。

② 西尔斯·罗伯克:美国邮购业的倡导公司,成立于1886年。经营各种商品,亦从事零售业务,1942年起向海外发展。文中家具即指邮购来的家具。

克给一个饮料商做推销，每周挣30美金，穿珠灰色鞋罩，戴活动衣领，有三套西装；他婚姻美满，肯收留一文不名的亲戚。

满载杂志的我向贝利维尔街走去。那儿人多，在与联合街交叉的路口有两个加油站、一个小杂货店，还有水果摊、面包房、理发店、苏卡瑞里药房以及一个火车餐车式的小饭馆。好几个小时下来我设法让自己引人注目，不断地更换位置，从一个角落移至另一个角落，从这个橱窗移到那个橱窗，以做到人人都能看清我那帆布包上"星期六晚邮报"这几个既粗又黑的字样。一缕斜阳表明晚饭时刻已到，我便走回家去。

"卖了多少份？老弟？"母亲问道。

"一份也没卖掉。"

"你去了哪儿？"

"贝利维尔街和联合街的十字路口。"

"你都干了些什么？"

"站在拐角处等着人来买《星期六晚邮报》。"

"你就只是站在那儿？"

"一份也没卖掉。"

"天哪，拉索尔！"

艾伦舅舅来干预了。"这事儿我想好久了，"他说，"我正打算定期买《星期六晚邮报》呢。把我算作一个主顾吧。"我递给他一本杂志，他付了我一个子儿。这是我挣的第一个镍币。

然后母亲就向我传授推销员的技巧。我该去按门铃，与大人们说话既要带着几分自信又要让人爱听，若遭拒绝就要用推销员惯用的口吻告诉对方，不管多穷，家中没有《星期六晚邮报》活得准会不开心。

我告诉母亲说，我已改变了靠做刊物生意发财致富的主意。

"如果你以为我会养个光吃饭不干活的家伙的话，"她答道，"你可就大错特错了。"她叫我第二天一放学就背着帆布包上街去挨家挨户按门铃。当我抗议说我觉得自己没有推销员的天赋时，她问我是不是想把我的皮带借给她，用它在我身上抽几下好让我清醒清醒。我屈服于长辈的意志，心情沉重地踏入新闻界。

母亲和我的这场战斗几乎自我能记事起就开始了。甚至还在此之前，当我还是北弗吉尼亚的一个乡下孩子时，母亲因不满父亲清贫的工匠生涯，便已决意不让我长成像他和他的伙伴们那样的人：手上满是老茧，背上套着工装裤，脑子里只有小学四年级的学问。她对未来可能出现的生活有着种种丰富的设想。她之所以把我介绍给《星期六晚邮报》，就是想让我尽早摆脱父亲的那种生活。过着那种生活的人总是带着饭盒日出而作，靠着双手干活直到每一个毛孔都沾满污垢，死后留下的就是那么几件早年邮购来的可怜巴巴的家具。母亲想象中更好的生活该是有办公桌和白衣领，熨烫笔挺的西装，晚上则该读书以及轻松地谈天，要是可能——假如一个人特别、特别运气，真个发迹了——年薪应高达5000美金，可以拥有一栋大宅第，一辆带折叠座的毕克汽车，还可以去大西洋城①度假。

就这样我背着一袋子杂志又出发了。我怕那些在可能的买主家门后龇牙吠叫的狗。按陌生人家的门铃令我胆战心惊，没人应门我便松一口气，有人来了我就惊慌失措。虽说经过母亲指教，我仍学不会推销员的伶牙俐齿。人家门一开我就只会问："想买《星期六晚邮报》吗？"在贝利维尔是很少会有人要的。这是个有3万人口的小镇，好几个星期我按遍了镇上大多数的门铃，可还是卖不完我那30份杂志。有几个星期，我连续6天在镇上到处兜揽生意，但到了周一晚上仍然有四五本没卖掉。我于是最担心周二早晨的到来，那时门口又会有30本崭新的《星期六晚邮报》。

"最好今晚出去把剩下的杂志卖了。"母亲往往说道。

于是我通常就站在一个繁忙的路口，那儿的交通灯控制着来自纽瓦克的人流。红灯亮时，我就站在路边对驾车的人高声叫卖：

"要买《星期六晚邮报》吗？"

有一个雨夜，车窗都紧闭着，我浑身湿透地回到家，毫无出售记录可以汇报。我母亲向多丽丝示意道："同老弟再去那儿，让他瞧瞧怎样卖掉这些杂志。"

多丽丝那时才7岁，她兴致勃勃地与我回到了那个街角。她从袋子里拿出本杂志，红灯一亮就跑到最近的一辆车的车旁，用小拳头敲着紧闭的车窗。开车人或许还以为有个侏儒要袭击他的车子，吃惊地摇低了车窗探视，多丽丝就塞给他一份《星期六晚邮报》。

"你会需要这份杂志的，"她尖着嗓子说道，"只花你5分钱。"

她的推销令人无法回拒。灯光换了不到五六次，她已把杂志都卖完了。我并不觉得丢脸，相反的我高兴极了，打算请她一次客。把她带到贝利维尔街的蔬菜店后，我花5分钱买了3个苹果，给了她一个。

"你不该乱花钱。"她说。

"吃你的苹果吧。"我自己咬了一口说道。

"你不该饭前吃东西，"她说，"你吃饭会没胃口的。"

那晚回家后，她负责地汇报了我浪费5分钱的事。我不但没受到斥责，还让母亲在背上拍了一下以示嘉奖，因为我还算聪明，买了水果而不是糖果。母亲又从她取之不尽的格言库里取出一条教导多丽丝："每天一个苹果，便与大夫无缘。"

到我10岁时我已记住了母亲所有的座右铭。要是过了上床时间我还不愿睡

---

① 大西洋城：美国新泽西州东南部著名的旅游城。

觉，我知道母亲就会说："睡得早，起得早，富裕，聪明，身体好。"要是我抱怨早晨起得早的话，我保证她准会说："早起的鸟儿觅得到食。"

我最讨厌的一条是"一次不行试两次，两次不行试三次"。每当我呜咽地说我已按过镇上的每一个门铃，肯定那星期贝利维尔不可能再有一个买主了，她便重新发出号令，让我回到毫无指望的挣扎中去。听完我的解释后，她会递给我那个帆布包，说："一次不行试两次……"

自干上那份活的第一天起，若不是她坚持的话，我早就想撒手不干了。三年下来母亲终于下断语说，要我在生意场上有出息是没指望的了，因此就开始为我留意竞争激烈程度略低的行当来。

在我11岁那年的一个晚上，我带回家一篇小作文，写的是我的暑假生活，老师给批了个A。母亲以她教师的眼光读了这篇作文，赞同说这是篇七年级高材生才写得出的散文，并夸奖了我。当时对这事没再多说，然而一个新的念头却在母亲心里萌生了。晚饭吃到一半时，她突然打断了话题。

"老弟，"她说，"大概你可以当个作家。"

这个想法正中我的下怀。我从没遇见过作家，以前不曾有过写作的念头，对于怎样能当上作家也一无所知。但我爱读故事，而且觉得编故事一定和读故事一样的有趣。但最要紧的，也就是真正让我心花怒放的，却是作家生涯的轻松自在。作家不用步履艰难地背着包沿街叫卖，既要防御恶狗，又要遭到粗鲁的陌生人的拒绝。作家不必去按人家的门铃。凭我的理解，作家所干的甚至算不上是工作。

我陶醉了。作家根本不需要什么进取心。这事我对谁都没敢说，怕在学校里叫人笑话，但我已暗自决心长大后当一名作家。

【奥地利】米林格尔

绿原 译

当我还是个孩子①

是有个什么"人生的学校",那就是成人社会,种种清规戒律、关卡哨所,虎视眈眈地规范着你的人生之路。涉世未深的孩子,幻想在世界上自由自在地漫游、嬉戏,他要躲避"他们"的"所谓的人生的学校"。他躲得掉吗?

当我还是个孩子
学着走路
走着
走到学校去
走着
走到人生的学校去
如他们所说
从不准到公园
或别的地方去玩——
一天黄昏
月亮是圆的
我爬上窗台,溜进了城
月光照着我
我走着
到处走
到处走,躲避着
他们所谓的
人生的学校

---

① 选自罗洛编《当代世界名诗》,上海教育出版社,1988年版。

【日本】大冈信

孙钿 译

像是一支歌①

　　十六岁，踏上"春天的道路"，多彩的心愿纷纷展翅欲飞，生命美丽、自由，面对这个世界的繁富景象，我嘴上拒绝——为了显得成熟，却满身心地投入——谁能拒绝生活的诱惑？十六岁的矛盾，正是青春的特权。可以犹豫、可以选择、可以羞羞答答或坦坦荡荡。

　　在我十六岁的梦中，
　　我感到我面前延伸着一条春天的道路。
　　空中，
　　充满了无数望不见的振翅飞翔的声音，
　　道路，
　　一直延伸到水连天的海上
　　可爱的人们坐在路旁的树荫下，
　　编结着白色的帽子。
　　风吹飘了柳絮。

　　在我十六岁的梦中，
　　我完全在自由之中溶化了。
　　正午的天空下，
　　我是多么鲜丽的水中花。
　　年长的姑娘，
　　霎着雌马般温顺的眼珠到南方去了。
　　他的信来了，
　　带来了水莲香味和海洋气息。
　　那些麦子色的动物，

---

　　① 选自孙钿译《日本当代诗选》，湖南人民出版社，1987年版。

在我的牧场里不断练习飞越彩虹。
我对一切都说"不"，
而我的身体总要跳起来说"是"。

【南斯拉夫】普·沃兰茨

粟周熊 译

铃兰花①

> 男孩的成长，第一步就是战胜形形色色的恐惧，变得勇敢坚强。家附近有一片荒草蔓生、灌木狰狞的洼地，沟谷深处是黑暗恐怖的密林，人称洼地是"地狱"。六岁的我第一次被派到"地狱"去放牧，吓得逃了回来。第二次，却自愿去"地狱"为母亲采了一束铃兰花。这中间发生了什么？我为什么"突然"勇敢起来？我凭什么战胜了恐惧？

紧挨着我们家的地头有一块怕人的、黑魆魆的洼地，大家都管它叫"地狱"。它三面由陡坡环绕，活像一口深锅，只有一个隐没在晦暗、神秘的密林里的出口。山坡上长满了杂乱的灌木、黄檗、千金榆幼树、乌荆子、野樱桃树和一些乱七八糟的玩意儿。林丛间荒草蔓生，它们只宜于做羊饲料。在这里你可以找到扫石南、蕨草、木贼、藜芦和其他一些无用的野草。"地狱"里人迹罕至，阴阴森森，人们来到这里，心都会不由自主地紧缩起来，那里唯一有生命的东西是一眼泉水，它从洼地底层布满青苔的山岩下涌出来，经过一段不长的曲折流程，流到外边的广阔天地里，然后在那里消失。泉水的潺潺声响彻整个洼地。这种水流的喧闹声被三面陡坡折回来，在森林中回荡，变得更响了。溪流日夜不息的声响给这个阴森可怖的地方蒙上了更神秘的色彩。

乍一看，你会觉得从这样的地方不会有任何收益，父亲白白地租了这块地。说真的，"地狱"确实没有什么大用，不过偶尔从那里能割来一两车垫牲畜栏的干草。父亲急需连枷杆和耙子把时，也到"地狱"去找。用"地狱"的千金榆做连枷杆，或用黄檗做耙齿，比其他地方的更结实耐用。

不过，那地方还是用来放牧最理想。"地狱"里的草虽然长得不高，但多汁，牲口很乐意吃。

我打从记事的时候开始就害怕这个地方。这首先应该归咎于它的名称。当父母对我进行基督教的启蒙教育时，我便从他们那里听说过地狱；当我扯着母亲的

---

① 选自乔继堂主编《外国散文全库·阅世卷》，中国广播电视出版社，1993年版。

长裙上教堂的时候，教堂里也谈到过地狱。在我幼小的心灵中，我们当地的"地狱"简直和真正的地狱一模一样，只不过在它的深处少一堆不熄灭的大火罢了。我总觉得我们的这块洼地有点像真正地狱的入口，有一扇暗门直通到里面，这扇门不是隐藏在洼地的底部，便是在出口处林木丛生的沟谷里。我每次总是恐惧万端地走近这个地方，然后又尽快跑开。

有这么一次，那时候我还不到六岁，父亲要我到那里去放牧。这对我真是一个非常可怕的考验，因为在这之前我还从未独自一人去过那里。当时我真想大哭一场。父亲看出了这一点，他笑了笑，给我打气说：

"这个'地狱'里没有鬼。快去吧！"

母亲心疼我，赶紧来安慰我。

"你没看见吗，他怕'地狱'呀！"她对父亲说。

然而，我并没有因此而得到怜悯。我只好赶着牲口，尽量放慢脚步，一点点走近这个可怕的地方。我本来打算把牲口停留在山坡上，这不过是枉费心机。一瞬间牲口群便隐没在洼地里了。我无可奈何，只好跟着下去，生怕那几头母牛会从沟谷走进树林里去。

我就这样战战兢兢地在"地狱"的底部坐下来，也不敢回头好好地看看四周。响彻着整个洼地的淙淙声使我觉得好像有人在耍妖术。这里没有任何东西能使我高兴，纵然我喜欢家乡的涓涓溪流，常常在上面修筑水坝和磨房，然而这小溪也不能给我带来欢乐。我越来越害怕，都被吓呆了，终于控制不住，大声哭叫着从这里跑开了。跑到上面我还收不住脚步，一直顺着田野，泪流满面地朝父母正在耕种的地头跑去。

"出什么事了？"父亲大吃一惊。

"牲口不见了，所有的牲口……"

父亲的脸色陡然变得铁青，接着温和地挥了挥手说：

"没什么大不了的事。我们一起去看看。"

我怀着沉重而内疚的心情跟在父亲背后，慢吞吞地向"地狱"走去。来到可以看到整个洼地的坡坎上，父亲一眼就看到这个小小的畜群还在低处。他十分惊讶地收住脚步，开始点数：

"一、二、三……九……"九头牲口都在下面老老实实地吃青草。

"你这是怎么搞的，做梦了吧，小伙子？"父亲觉得很奇怪。但刹那间他像是悟出了我撒谎的缘由，怒气冲冲地一把揪住我的头发，顺势往坡下一推，我便朝下滚去。

"你撒谎，就叫你入地狱！"

我好不容易才听出父亲说了些什么，因为恐惧又攫住了我的心。我号啕大哭，把眼泪都哭干了，但是浑身仍哆嗦了好一阵，一直也平静不下来。我睁着一双哭肿了的眼睛，看见牲口也都抬起头，在莫名其妙地看我。被父亲戳穿的谎言使我不能平静。我又可怜，又感到绝望，只好揪着心等待回家时刻的到来。离天黑还有很长时间，我把畜群从低处赶到坡上，在那里一直等到夜幕降临"地狱"的阴森森的底层。

回到家的时候，我哭成了个泪人儿，狼狈得很。父亲笑了，母亲却说：

"以后你不要再叫他去'地狱'了，他年纪还小呢，要是吓出毛病来，一辈子可就成了傻瓜。"

打这以后，他果真不再叫我到"地狱"去放牧了。不过我对这个地方依旧像当初那样惧怕。

有一次，正好是星期六黄昏，父母坐在我们家的门槛上，若有所思地翘首望着春天晴朗的天空，母亲深深地叹了口气说：

"哎呀，我真想明天带一束铃兰上教堂，可惜哪里也找不着。"

"是呀，眼下找铃兰是晚了一些。要有也就是在'地狱'里了。"

一听到"地狱"这两个字，我全身不禁打了个寒战。我好容易等到父母起身闩门，然后上床睡觉。夜里我久久不能入眠，这个可怕的地方老在我眼前浮现。在我内心深处却回响着母亲的叹息声。铃兰花和"地狱"，这是多么不相容的两件事物啊！我特别喜欢铃兰，寻遍了我家前后的所有坡地和沟谷。可我却不知道它们也长在"地狱"里。

早上我起得格外早。准是我在梦里出过大汗，所以身子还是湿淋淋的。我通常都是一早就去放牧。天天早上都要别人把我叫醒，然后把我从被窝里拽出来。今天我可是自己起的床。踮着脚就出了家门。父亲和母亲还在酣睡，因为今天是星期日。

我来到院子里站下，仿佛还处在半睡不醒的状态之中，充满了一种惬意而奇妙的责任感，尽管这对我还是下意识的感觉。春日的早晨已经到来。真正的夏天也不远了。远方的波霍尔耶山背后，火红的朝霞烧红了半爿天，朝阳眼瞅着就要探出它圆圆的脸蛋了。阳光照到佩查山顶，给它抹上了一层绛紫色。青草、树木和灌木林上都披覆着露水，它们现在还只是忽闪忽闪地微微发亮，等到旭日东升，它们在阳光下黄澄澄的像金粒和珍珠那样闪光时，又会有另外一番景象。远方的晨雾缓缓移动，仿佛大自然背负着沉沉的重担。

蓦地，恰似有一股神奇的力量使我又重新迈开步子，穿过地头，径直向"地狱"走去。我从坡坎上恐惧地往昏暗的洼地瞥了一眼，为了不看它，就紧闭着双眼往下走，心里盘算着在底部的山岩旁一定会找到铃兰花。一直走到了底部，我才睁开眼睛。

　　我看见了许多芬芳馥郁的铃兰花，于是动手大把大把地采起来。就是在这种情况下，也没有向四周张望的勇气。我怀着一种兴奋而难过的心情，谛听着潺潺的流水，和它那叫人不寒而栗的回声，这声音在清晨的宁静里听起来比平日更响。我捧了一大把铃兰花，赶紧走出了"地狱"。我一口气往家里跑去，等跑到家，刚赶上母亲正要出门。

　　这时，天边的红日已经把它的第一束光辉投进我们家的院子，把院子装扮得绚丽多彩。母亲伫立在霞光里，周身通红，漂亮极了，犹如下凡的天仙。我捧着铃兰向她跑去，一边还得意地大喊着：

　　"妈妈，妈妈……铃兰……"

　　我沉浸在幸福和无限喜悦之中，更显得容光焕发。

　　母亲的脸上也漾起了欣喜的微笑，她满心高兴地伸手接过花束，捧到脸边。但在吸进那浓郁而清新的花香之前，她先看了看我：

　　"你为什么哭，我的孩子？……"

　　我刚才因为害怕而涌出的大颗泪珠还噙在眼里，但陶醉在胜利之中竟把它忘得一干二净了。母亲猜到了我的壮举，她慈祥而温和地摸了摸我的头。

男孩的故事

157

【美国】赛珍珠

魏然 译

圣诞节的早晨①

学会表达爱意，也是男孩的一项功课。儿子正在长身体，父亲不忍心每天4点钟就把儿子叫醒。儿子明白：父亲爱他。于是，他在圣诞前夜的半夜两点起来，把牲口棚的事全部料理完毕，作为送给父亲的圣诞礼物。儿子用自己灵机一动的行为，回报父爱。这一天，正是耶稣诞生，把爱带给人间的日子。

赛珍珠（1892~1973），美国作家，从小随传教士父母来中国生活，成年后在中国的大学教书，前后共在中国度过了40年的时光。她曾说过："我一生到老，从童稚到少女到成年，都属于中国。"她1938年获诺贝尔文学奖的作品《大地》就是反映中国人的生活。

一

清晨4点，他忽然醒来，就再也无睡意了。过去，他父亲总是在这时唤醒他去帮着挤奶，他自己对迄今还保持着这个早醒的习惯也觉得有点奇怪。父亲已经去世30年了，可他现在仍然一到4点钟就醒。今天早晨——因为是圣诞节，他不想再接着睡了。

可今天的圣诞节对他又有什么魔力呢？他的孩提时代和青春的时光早已逝去，就连他的孩子们也已长大成人各奔东西了。

昨天，妻子对他说："没必要去修剪圣诞树了，噢，也许用不着再花那份工夫了。"

"不，艾莉丝，"他带着肯定的语气说，"虽然只有咱们两个人，但是还要好好过个圣诞节。"

她有点勉强地说："那咱们明天再修剪吧，我实在有点累了。"

他同意了，现在那棵树仍在后门外放着。

---

① 选自任溶溶等译《一块烫石头——外国儿童小说精粹》，人民文学出版社，1994年版。

他静静地躺在自己的房间里，妻子睡在隔壁的屋子。两屋之间的门关着，因为她常彻夜失眠，即使有时睡着了，也极易被极小的声响弄醒。因此，他俩几年前就决定分开睡了，可再也没有从前睡得那么香。毕竟，天长日久在一起的生活，使他们再也无法分开了。

他今晚为何毫无睡意？寂静的夜晚，繁星闪烁，满天星斗构成了另一个奇妙的世界。每当他在这时想起那件往事，特别是在圣诞节黎明之前想起它，星星就好像显得特别大，特别亮。

二

这些年来，他经常不由自主地回忆起过去的时光。那时他十几岁，住在父亲的农场里。他很爱他的父亲，可他父亲从没意识到这种爱。直到有一天他无意中听到他的父亲对母亲说的话。

"玛丽，我讨厌老是那么早就叫醒鲍勃，他身体长得那么快，需要睡眠。我真想把挤奶的事全包了。"

"可这不行啊，亚当，"他听到母亲的声音传来，"他已经不是孩子了，该学着干点事了。"

"这我知道，可我实在不忍心叫醒他。"

当他听到这些，从心底里明白了：父亲爱他。他过去从来没有想到过这些，因为以前他认为血缘关系大概就是这样，很自然。现在他明白了，于是早晨他再也不想钻在被窝里磨时间，还要让父亲来叫。想到这儿，他揉着睡眼，磕磕碰碰地起了床，穿上衣服。

一晃几天过去了，圣诞节的前夜，他躺在床上翻来覆去，想着第二天要干的事。他家里不富裕，过圣诞节最使他们高兴的，就是吃火鸡和妈妈做的馅饼。他姐姐每每都要缝制一些圣诞礼物，而父母总给他买些他需要的东西，有时可能不光是一件温暖的夹克，还有另外的东西，比如说一本书什么的。而他呢，也总是把零用钱攒起来，给他们每个人都买份礼物。

他想，这个圣诞节他就15岁了，该送给爸爸一份更好的礼物，而不像过去那样，老是到商店里给他买条普通的领带。他侧身躺在阁楼的床上，眼睛望着窗外，心里琢磨着这份礼物。

当他还很小的时候，有一次问父亲："爸爸，马厩是什么？"

"就是牲口棚，"父亲回答说，"就像咱们家那个牲口棚一样。"

接着，父亲告诉他，耶稣就是在牲口棚里诞生的。还说牧师和圣人来到牲口棚，给人们带来了圣诞礼物。

他忽然闪过一个念头：对呵，我为什么不能在牲口棚里送给爸爸一件特殊的礼物呢？我可以早早起床，悄悄去奶牛棚里，一个人给牛添草加料，把奶挤了，并将牛棚打扫干净……这样，在爸爸进去挤奶的时候，就会发现所有的事都干完了。

他凝望着满天的星斗，静静地想着，不觉得意地笑了。他想，要干这事，就不能睡得太死。

这一夜，他醒了好多次，每次都要擦根火柴，借着火光看他那只旧表，生怕误了时间。

半夜两点半他就起了床，悄悄下楼，轻轻拉开房门，以免发出声响，然后蹑手蹑脚地走了出去。屋外，一颗泛着微红的星星很大、很低，就像挂在屋顶上。牛棚里，一头头奶牛睡眼惺忪地望着他，显出惊奇的样子，好像在说："你好早啊！"

这群牛对他还挺顺从。他给奶牛添了些干草，然后摆好奶桶和大奶罐。

过去，他从没有独自一个人挤过奶，可现在觉得似乎在做一件不简单的事。他不慌不忙地干着，桶里散发出醉人的奶香，使他开心地笑了。奶牛也配合得很好，似乎他们也知道今天是圣诞节。

挤完奶时，两只奶罐全已盛满，他盖上了盖子，接着打扫牛棚……诸事完毕后，便小心翼翼地关上了门。

当他回到房间里时，离4点只差5分钟了。他赶紧脱衣上床，钻进被窝，因为他已听到父亲起床的声音。他用被子捂住头，生怕自己激动的喘息声被父亲听见。这时，房门开了。

"鲍勃，"父亲的声音，"虽然是圣诞节，我们也得起来干活呵，孩子。"

"好——吧——"他故意装作还没睡醒的样子。

"那我先去了，我得把事先干起来。"

门关上了。他仍躺在床上，忍不住笑出了声。想到等一会儿父亲就会明白一切时，他的心跳得都快蹦出来了。

这段时间过得好像特别长，也不知道过了多久，他终于听到了父亲的脚步声，接着，门开了。

"鲍勃！"

"嗯，爸爸——"

"你这鬼，"父亲激动得话也被哽住了，"你这家伙骗了我，是不是？"

"这是给您的圣诞礼物，爸爸！"

这时，他发现父亲已经紧紧地搂住了他，双臂在他的后背上下抚摸着，炽热的泪水滴到了他的面颊上。天很黑，他们谁也看不清谁的脸，却都能感到彼此的心在跳动。

"孩子,我真谢谢你。再没人比这干得更棒了!"

"噢,爸爸,我想要你知道——我真想成为好样的!"这是从他心底里冒出的话。他不知再说什么好,而心里却充满了爱。

过了一会儿,父亲说:"好了,我想我该去睡觉了。噢,不!听,小家伙们都醒了。想想,孩子,我从没有在你们第一眼看到圣诞树的时候见到你们,那时我总是在牛棚里干活。来吧!"

他重新穿上衣服,跟着父亲走到圣诞树旁。不久,星星消失了,太阳爬上了天穹。噢,这圣诞节多美好呵,特别是在他听到父亲告诉母亲的话,说他——鲍勃已经如何能自己起床的时候,他感到有点羞愧,但更多的是感到自豪。

"我从没有得到过这么好的礼物,我会记住它的,孩子!"父亲说,"只要我活着,每年圣诞节的早晨,我都会想起它!"

三

那时,他们俩都记着这份礼物。而现在父亲早已不在了,只有他独自默默地记着:在那个美妙的圣诞节的早晨,他独自在奶牛棚里制作了一份挚爱的礼物。窗外,星辰渐渐淡去。他穿好睡衣下了床,穿上鞋,把那棵树搬进屋里,开始仔仔细细地修剪起来。很快,一棵圣诞树就修剪好了。然后,他走进书屋取出了一个小盒子,里面装着送给妻子的礼物——一枚不大却很精致的钻石胸针。可他还不满意,他想要告诉她,他是多么地爱她!

他能够爱,这是多么幸运、多么美好啊!能够爱,这是生活真正的乐趣!他相信有一些人不会去爱别人,但爱却存在于他的心间,直到现在依然如故。

他猛然想到,这爱之所以留存在心中,是因为当他明白父亲爱他的时候,挚爱从他的心底醒来——只有用爱才能唤醒爱。

而这天早晨,这美好的圣诞节的早晨,他要把这爱献给他亲爱的妻子。他可以把这些写在信里给她看,并让她永远保存着。他走到桌前,提起笔写道:"我最亲爱的爱人……"写完以后,他把信封了,系在圣诞树上。然后关上灯,踮着脚轻轻地回到了自己的房间。

天空中的星星已经消失,绚丽的早霞将东方的天际装点得分外好看。多么幸福啊,幸福的圣诞节!

【意大利】亚米契斯

夏丏尊 译

爸爸的看护者①

爱自己的亲人是应该的，也是容易的，但如果一个人只懂得爱自己的家人，除了家人之外的人一概不爱，那他就是一个可悲的人，他并不真正明白爱，他将没有朋友，没有爱情，没有作为一个人的善良和同情。平时，我们做不到像爱自己的亲人一样爱别人，尤其是一个陌生人，但在某些时候，我们或许可以做到。碰到这种特殊的时候，我们可以试着超越自己。本文选自深受青少年喜爱的校园小说《爱的教育》。

正当三月中旬，春雨绵绵的一个早晨，有一个乡下少年满身沾透了泥水，一手抱着替换用的衣包，到了那不勒斯市某著名的病院门口，把一封信递给管门的，说要会见他新近入院的父亲。少年生着圆脸孔，面色青黑，眼中好像在沉思着什么，厚厚的两唇间露出雪白的牙齿。他父亲去年离了本国到法兰西去做工，前日回到意大利，在那不勒斯市登陆后，忽然患病，遂进了这病院，一面写信给他妻子，告诉她自己已经回国，及因病入院的事。妻得信后虽很担心，但因为有一个儿子也正在病着，还有正在哺乳的小儿，不能分身，不得已叫顶大的儿子到那不勒斯来探望父亲——家里都称为爸爸。少年是天明动身，步行了30英里才到这里的。

管门的把信大略瞥了一眼，就叫了一个看护妇来，托她领少年进去。

"你父亲叫什么名字？"看护妇问。

少年怕病人已有变故，一面暗地焦急狐疑，一面战栗着说出他父亲的姓名来。

看护妇一时记不起他所说的姓名，再问：

"是从外国回来的老年职工吗？"

"是的，职工呢原是职工，老是还不十分老的，新近才从外国回来。"少年说时越加担心。

"几时入院的？"

---

① 选自亚米契斯《爱的教育》，夏丏尊译，华东师范大学出版社，1995年版。

男孩的故事

"五天以前。"少年看了信上的日期说。

看护妇暂时回忆了一会,突然好像记起来了的样子,说:"是了,是了,在第四号病室中那面一排的床位里。"

"病得很厉害吗?怎样?"少年焦急地问。

看护妇注视着少年,不回答他,但说:"跟我来!"

少年跟着看护妇上了楼梯,到了长廊尽处一间很大的病室里,病床分左右两列排着。"请进来。"看护妇说。少年鼓着勇气进去,但见左右的病人都脸色发青,骨瘦如柴地卧着。有的闭着眼,有的向上凝视,又有小孩似的在那里哭泣。薄暗的室中,充满了药气味,两个看护妇拿了药瓶匆忙地东西来回走着。

到了室的一隅,看护妇立住在病床的前面,扯开了床幕,说:"就是这里。"

少年哭了起来,急把衣包放下,将脸靠近病人的肩头,一手去握那露出在被外的手。病人只是不动。

少年起立了看着病人的状态又哭了起来。这时,病人忽然把眼张开,注视着少年,似乎有些知觉了,可是仍不开口。病人很瘦,看去几乎已认不出是他的父亲还是不是,头发也白了,胡须也长了,脸孔肿胀而青黑,好像皮肤要破裂似的。眼睛缩小了,嘴唇也加厚了,差不多全不像父亲平日的样子,只有面孔的轮廓和眉间,还似乎有些像父亲,呼吸已只有微微的一点。少年叫着:

"爸爸!爸爸!是我呢,不知道吗?是西西洛呢!母亲自己不能来,叫我来迎接你的。请你向我看。你不知道吗?说句话给我听听啊!"

病人对少年看了一会儿,又把眼闭拢了。

163

"爸爸!爸爸!你怎么了?我就是你儿子西西洛啊!"

病人仍旧不动,只是痛苦地呼吸着。少年哭泣着把椅子拉拢去坐着等待。眼睛牢牢地注视他父亲。他想:"医生想必快来了,那时就可知道详情吧。"一面又独自悲哀地沉思,想起父亲的种种事情来:去年送他下船,在船上分别的光景,他说赚了钱回来,全家一向很欢乐地等待着的情形,接到生病的信后母亲的悲愁,以及父亲死去的状态等,都一一想起。连父亲死后,母亲穿了丧服和一家哭泣的样子,也在心中浮出了。正沉思间,觉得有人用手轻轻地拍他的肩膀,惊着去看时,原来是看护妇。

"我父亲怎么了?"他很急地问。

"这是你的父亲吗?"看护妇亲切地反问。

"是的,我来服侍他的,我父亲患的什么病?"

"不要担心,医生就要来了。"她说着走了,别的也不说什么。

过了半个钟,铃声一响,医生和助手从室的那面来了,后面跟着两个看护妇。医生按病床的顺序一一诊察,费去了不少的工夫。医生愈近拢来,西西洛觉得忧虑也愈重，终于诊察到了接邻的病床了。医生是个身长而背微佝的诚实的老人。西西洛不待医生过来，就立起了身。及医生走到他身旁，他就哭了起来。医生向他注视。

"他就是这位病人的儿子，今天早晨从乡下来的。"看护妇说。

医生把一只手搭在少年肩上，向病人俯伏了检查脉搏，手摸头额，又向看护妇问了经过状况。

"也没有什么特别变化，仍照前调理就是了。"医生对看护妇说。

"我父亲怎样？"少年鼓了勇气，含着泪问。

医生又将手放在少年肩上：

"不要担心！脸上发了丹毒了。虽是很厉害，但还有希望。请你当心服侍他！有你在旁边，真是再好没有了。"

"但是，我和他说话，他一点也不明白呢。"少年呼吸急迫地说。

"就会明白吧，如果到了明天。总之，病是应该有救的，请不要伤心！"医生安慰他说。

西西洛还有话想问，只是说不出来，医生就走了。

从此，西西洛就一心服侍他爸爸的病了。别的原不会做，或是替病人整理枕被，或是时常用手去摸病体，或是赶去苍蝇，或是呻吟的时候，去看病人的脸上，看护妇送汤药来时就取了调匙代为灌喂。病人时时张眼看西西洛，可是好像仍不明白，不过每次注视他的时间渐渐地长了些。西西洛用手帕遮住了眼睛，哭泣的时候，病人总是凝视着他的。

这样过去了一天，到了晚上，西西洛拿两只椅子在病室的一角拼着当床睡了。天亮，就起来看护。这天病人的眼色，好像已有些省人事了，西西洛说种种安慰的话给病人听，病人在眼中似乎露出感谢的神情来。有一次，竟把嘴唇微动，好像要说什么话，暂时昏睡了去，忽又张开眼睛来找寻看护他的人。医生来看过两次，说觉得好了些了。傍晚，西西洛把茶杯拿近病人嘴边去的时候，那唇间已露出微微的笑影。于是西西洛自己也高兴了些，和病人说种种的话。把母亲的事情，姊妹们的事情，以及平日盼望爸爸回国的情形等都说给他听，又用了深情的言语，劝慰病人。病人懂吗？不懂吗？这样自己疑怪的时候也有，但总继续和他说。病人虽不懂西西洛所说的话，似乎因喜听西西洛的带着深情含着眼泪的声音，所以总是侧耳听着。

第二日，第三日，第四日，都这样过去了，病人的病势才觉得好了一些，忽而又变坏起来，反复不定。西西洛尽了心力服侍，看护妇虽每日两次送面包或干酪来，他只略微吃些就算，除了病人以外，什么都如不见不闻。像病人之中突然有危笃的人了，看护妇深夜跑来，访病的亲友聚在一处痛哭等一切病院中惨痛的情景，在他也竟不留意。每日每时，他只一心对着爸爸的病，无论是轻微的呻吟，或是病人的眼色略有变化，他都会心悸起来。有时觉得略有希望，可以安心，有时又觉得难免失望，如冷水浇心，左右使他陷入烦闷。

到了第五日，病情忽然沉重起来，去问医生，医生也摇着头，表示难望有救，西西洛倒在椅上啜泣。可以使人宽心的是病人病虽转重，似乎神志已清了许多。他热心地看着西西洛，且露出欢悦的脸色来，不论药物饮食，别人喂他都不肯吃，除了西西洛。有时口唇也会动，似乎想说什么。西西洛当病人如此时，就去扳住他的手，很快活地这样说：

"爸爸！好好地，就快痊愈了！就要回到母亲那里去了！快了！好好的！"

这日下午4点钟光景，西西洛依旧在那里独自流泪，忽然听见室外有脚步声。"阿姐！再会！"同时又听见这样的说话声。这话声使西西洛惊跳了起来，暂时勉强地把已在喉头的叫声抑住。

这时，一个手里缠着绷带的人走进室中来，后面有一个看护妇跟着送他。西西洛立在那里，发出尖锐的叫声，那人回头一看见西西洛，也叫了起来：

"西西洛！"一面箭也似的飞近拢去。

西西洛倒伏在他父亲的腕上，情不自禁地啜泣。

看护妇都围集拢来，大家惊怪。西西洛还是泣着。父亲吻了儿子几次，又注视了那病人。

"呀！西西洛！这是哪里说起！你错到了别人那里了！母亲来信说已差西西洛到病院来了，等了你好久不来，我不知怎样地担忧啊！啊！西西洛！你几时来的？为什么会有这样的错误？我已经痊愈了，母亲好吗？孔赛德拉呢？小宝宝呢？大家怎样？我现在正要出院哩！大家回去吧！啊！天啊！谁知道竟有这样的事！"

西西洛想说家里的情形，可是竟说不出话。

"啊！快活！快活！我曾病得很危险呢！"父亲不断地吻着儿子，可是儿子只是站着不动。

"去吧！到夜还可以赶到家里呢。"说着，要想拉了儿子走，西西洛回视那病人。

"怎么？你不回去吗？"父亲奇怪地催促着。

西西洛又回顾病人。病人也张大了眼注视着西西洛。这时，西西洛不觉从心坎里流出这样的话来：

"不是，爸爸！请等我一等！我不能回去！那个爸爸啊！我在这里住了五天了！将他当作爸爸了。我可怜他，你看他在那样地看着我啊！什么都是我喂他吃的。他没有我，是不成的。他病得很危险，请等我一会儿，我无论如何，今天是不能回去的，明天回去吧，等我一等。我不能弃了他走，你看，他在那样地看我呢！他不知是什么地方人，我走了，他就要独自一个人死在这里了！爸爸！暂时请让我再留在这里吧！"

"好个勇敢的孩子！"周围的人都齐声说。

父亲一时决定不下，看看儿子，又看看那病人。问周围的人："这人是谁？"

"也是个同你一样的乡间人，新从外国回来，恰和你同日进院的。送到病院来的时候，已什么都不知道，话也不会说了。家里的人大概都在远处，他将你的儿子当作自己的儿子呢。"

病人仍是看着西西洛。

"那么，你留在这里吧。"父亲向他儿子说。

"也不必留长久了呢。"看护妇低声说。

"留着吧！你真亲切！我先回去，好叫母亲放心。这两块钱给你做零用。那么，再会！"说毕，吻了儿子的额，就出去了。

西西洛回到病床旁边，病人似乎就安心了。西西洛仍旧从事看护，哭是已经不哭了，热心与忍耐仍不减于从前。递药呀，整理枕被呀，把手去抚摸呀，用言语安慰他呀，从日到夜，一直陪侍在旁。到了次日，病人渐渐危笃，呻吟苦闷，热度骤然增加。傍晚医生来诊，说今夜恐怕难过。西西洛越加注意，眼不离病人；病人也只管看着西西洛，时时动着嘴唇，像要说什么话。眼色有时也很和善，只是眼瞳渐渐缩小而且昏暗起来了。西西洛那夜彻夜服侍他，天将明的时候，看护妇来，一见病人的光景，急忙跑去。过了一会儿，助手就带了看护妇来。

"已在断气了。"助手说。

西西洛去握病人的手，病人张开眼向西西洛看了一看，就把眼闭了。

这时，西西洛觉得病人在紧握他的手，喊叫着说："他紧握着我的手呢！"

助手俯身下去观察病人，不久即又仰起。

看护妇从壁上把耶稣的十字架像取来。

"死了！"西西洛叫着说。

"回去吧，你的事完了。你这样的人是有神保护的，将来应得幸福，快回去吧！"助手说。

看护妇把窗上养着的堇花取下交给西西洛：

"没有可以送你的东西，请拿了这花去当作病院的纪念吧！"

"谢谢！"西西洛一手接了花，一手拭眼，"但是，我要走远路呢，花要枯掉的。"说着将花分开了散在病床四周：

"把这留下当作纪念吧！谢谢，阿姐！谢谢，先生！"又向着死者：

"再会！……"正出口时，忽然想到如何称呼他，西西洛踌躇了一会儿，想起五日来叫惯了的称呼，不觉就脱口而出：

"再会！爸爸！"说着取了衣包，忍住了疲劳，慢慢地出去。天已亮了。

男孩的故事

【美国】克莱奥尔

温冰 译

幼 犊①

　　据说，在儿子眼中，父亲的形象是这样变化的——七岁：爸爸真了不起，什么都懂！十四岁：好像有时候也说得不对……二十岁：爸爸有点落伍了，他的理论和时代格格不入。二十五岁："老头子"一无所知，陈腐不堪。三十五岁：如果爸爸当年像我这样老练，他今天肯定是个百万富翁了。四十五岁：我不知道是否该和"老头"商量商量，也许他能帮我出出主意。五十五岁：真可惜，爸爸去世了。说实在话，他的看法相当高明！六十岁：可怜的爸爸，您简直是位无所不知的学者！遗憾的是我了解您太晚了！

　　从小，被父亲举向空中；上街，骑在爸爸的肩头。然后，是和父亲玩耍，滚成一团。然后，与父亲摔跤，一次次认输投降。最后，这一天来临，儿子把父亲摔倒，让父亲"投降"。儿子赢了，儿子哭了，儿子长大了。

　　他记得很小的时候，爸爸常常俯下高大的身子，把他拎起来，举向空中。他挥着两只小手乱抓，快活得咯咯直笑，妈妈瞧着父子俩，也乐得合不拢嘴。他在爸爸的头顶上，可以低头看妈妈扬起来的脸，还有爸爸的白牙齿和蓬乱、厚密的棕色头发。接着，他就会高兴地尖叫，要爸爸把他放下来。其实，在爸爸强壮有力的手臂里，他感到安全极了。这个世界上，最棒、最了不起的人就是爸爸。

　　有一次，妈妈嫌钢琴放得不是地方，指挥爸爸把它抬到房间另一头。他们的手挨在一起，扶住乌亮的琴架。他看到妈妈的手雪白、纤细、小巧，爸爸的手宽大、厚实、有力。多么大的区别呀！

　　他长大了，会"抓狗熊"了。每到晚饭时分，他就埋伏在厨房门后，一听到爸爸关车库门的声音，便屏住呼吸，紧紧地贴在门背后。于是，爸爸来了，站在门口，两条长腿一碰，笑哈哈地问："小家伙呢？"

　　这时，他就会瞥一眼正做怪相的妈妈，从后门弹出来，抱住爸爸的双膝。爸

---

① 选自李晓琪编《恩泽》，海南出版社，2001年版。

爸赶紧弯下腰来看，一边大叫："嘿，这是什么——一只小狗熊？一只小老虎！"

后来他上学了。他在操场上学会了忍住眼泪，还学会了摔倒抢他足球的同学。回到家里，他就在爸爸身上演习白天所学的摔跤功夫。可是，任凭他喘着粗气，使劲拖拉，爸爸坐在安乐椅里看报，纹丝不动，只是偶尔瞟他几眼，故作吃惊地柔声问："孩子，干啥呀？"

他又长了——长高了，瘦瘦的身材倒十分结实。他像头刚刚长出角的小公牛，跃跃欲试，想与同伴们争斗，试试自己的锋芒。他鼓起手臂上的二头肌，用妈妈的软尺量一量臂围，得意地伸到爸爸面前："摸摸看，结实不？"爸爸用大拇指按按他隆起的肌肉，稍一使力，他就抽回手臂，大叫："哎哟！"

有时，他和爸爸在地板上摔跤。妈妈一边把椅子往后拖，一边叮嘱："查尔斯，当心呀。不要把他弄伤了！"

一会儿工夫，爸爸就会把他摔倒，自己坐在椅子里，朝他伸出长长的两条腿。他爬到爸爸身上，拼命擂着两只小拳头，怪爸爸太拿他不当一回事了。

"哼，爸爸，总有一天……"他这样说。

进了中学，踢球、跑步，他样样都练。他的变化之快，连他自己也感到吃惊。他现在可以俯视妈妈了。

他还是经常和爸爸摔跤。但每次都使妈妈担惊受怕，她围着父子俩团团转，干着急，不明白这样争斗有什么必要。不过回回摔跤都是他输——四脚朝天躺在地板上，直喘粗气。爸爸低头瞧着他，咧嘴直笑。"投降吗？""投降！"他点点头，爬起来。

"我真希望你们不要再斗了，"妈妈不安地说，"何必呢？会把自己弄伤的。"

此后，他有一年多没和爸爸摔跤。一天晚上，他突然想起这事，便仔细地瞧了瞧爸爸。真奇怪，爸爸竟不像以前那样高大，那样双肩宽阔。他现在甚至可以平视爸爸的眼睛了。

"爸，你体重多少？"

爸爸慈爱地看着他，说："跟以前一样，一百九十来磅吧。孩子，你问这干吗？"

他咧咧嘴，说："随便问问。"

过了一会儿，他又走到爸爸跟前。爸爸正在看报，他一把夺过报纸。爸爸诧异地抬起头，不解地看着他。碰到儿子挑战的目光，爸爸眯缝起眼睛，柔声问："想试试吗？""是的，爸爸，来吧。"

爸爸脱下外套，解着衬衫扣子，说："是你自找的啊。"

妈妈从厨房里出来，惊叫着："天哪！查尔斯，比尔，别——会弄伤自己的！"

但父子俩全不理会。他们光着膀子,摆好架势,眼睛牢牢盯着对方,伺机动手。他们转了几个圈,同时抓住对方的膀子。然后,用力推拉着,扭着,转着,默默地寻找对方的破绽,以便摔倒对方。室内只有他们的脚在地毯上的摩擦声和他们的喘息声。比尔不时咧开嘴,显出一副痛苦的样子。妈妈站在一边,双手捂着脸颊,哆嗦着嘴唇,一声也不敢出。

比尔终于把爸爸压在身下。"投降!"他命令道。

"没那事!"爸爸说着,猛一使劲推开比尔,争斗又开始了。

但是,爸爸最终还是精疲力竭了。他躺在地板上,眼里闪着狼狈的光。儿子那双冷酷的手,牢牢地钳住了他,他绝望地挣扎了几下,停止了反抗,胸脯一起一伏,喘着粗气。

比尔问:"投降?"

爸爸皱皱眉,摇了摇头。

比尔的膝头仍压在爸爸身上。"投降!"他说着,又加了点劲。

突然爸爸大笑起来。比尔感到妈妈的手指头疯狂地拉扯着他的肩膀。"让爸爸起来,快!"

比尔俯视着爸爸,问:"投降吗?"

爸爸止住了笑,湿润着眼,说:"好吧,我输了。"

比尔站起身,朝爸爸伸出一只手。但妈妈已抢先双手搂住爸爸的膀子,把他扶了起来,爸爸咧咧嘴,对比尔一笑。比尔想笑,可又止住了,问:"爸,没弄伤吧?"

"没事,孩子。下次——"

"是的,也许,下次——"

妈妈这次什么也没说。她知道不会再有下一次了。

比尔看着妈妈,又看看爸爸,突然转身就跑。他穿过房门——以前常骑在爸爸肩头钻进钻出的房门;他奔向厨房门——他曾埋伏在那后面,等待着回家的爸爸,扑上去抓住他的长腿。

外面黑黑的。他站在台阶上,仰头望着夜空。满天星斗,他看不见,因为泪水充满了眼眶,流下了脸颊。

【日本】安西均

孙钿　译

新剃刀①

男孩子第一次剃胡子，也是一种成人仪式吧？诗人选择了一个典型细节表现成长中的儿子，有对儿子成长的惊喜——儿子装出大人的模样专心剃须，有对儿子活力的欣赏——赤裸的脊背像剥去皮的树干，有对未来岁月的祝愿——鸟啼嫩枝，大好时光正在浩浩荡荡前来。

我的儿子　不熟练地

操着新剃刀

他还是初次装作大人模样

像举行仪式那么摆着架势

板起脸孔　专心剃须

在他的鬓角那边　渗出了小小一滴血

揩了又揩还是渗出来

他有点儿吃惊

他想也许皮肤内层受伤了

他那赤裸的背脊好像剥去了皮的树干

汗湿而发亮

他似乎没有听到

在那嫩绿枝头

小鸟　鸣啭不停

他也似乎没有从镜子里

看到那大好时光正在到来

---

① 选自孙钿译《日本当代诗选》，湖南人民出版社，1987年版。

【中国】严力

超级英雄的反省①

　　动荡的时代，最适合少年生存。他会以为时代的动荡是给他建功立业预备的机会。然而，平安无事的一年，让少年的"英雄梦"无处安身。世界平安无事，他的世界则无所事事，只有无聊缠身，空虚填补了每一个日子，像削橡皮一样，他削去作业、削去时间、削去梦想，然后忽然发现，日历又翻完了一年。没有惊心动魄，没有刻骨铭心，平静的成长，本是青春的常态。然而，平静中如果没有温暖和喜悦，没有足够丰富的哺育青春的养料，青春就会在死寂的平静中冰冷地枯凋。少年"反省"之后，重要的是，时代能给他什么？

　　严力（1954年生），朦胧诗人（"今天派"），现居国外。

　　这一年里没有作业

　　铅笔刀削着橡皮

　　这一年里没有石头对你的脚开玩笑

　　鱼刺也不想把花绣在你的嗓子眼里

　　这一年真是平静之极

　　嫩芽没有伸出懒腰

　　仍然是去年脱下的衣裳被风塞在角落里

　　这一年里只能把死人挖出来再埋一遍

　　炮弹们用安眠药充饥

　　这一年里书籍都团结在书架里

　　酒瓶子烂醉如泥

　　空虚在你去年咬出的一排排牙印上

　　弹奏得极其卖力

---

　　① 选自伊沙选编《现代诗经》，漓江出版社，2004年版。

这一年里只有风在风尘仆仆
你掸了一年才看见灰底下的日历

男孩的故事

【中国】朱天文

小毕的故事①

小毕，多像我们曾经的某个同班同学，成人眼里的不良少年，同学心中的侠义英雄。这样顽皮捣蛋的"坏孩子"，他的内心，他的背景，我们曾经是不知道的；他的成长，其实比普通同学更为艰难；他的父母，为他付出也会更多，更多的担忧、关爱，乃至付出生命。小毕的故事原本是残酷的，却因为有了一个旁观者：女生"我"的叙述，他的故事在残酷之上晕染了一抹温情，不动声色地就令你惊心动魄。到了最后，长大后的小毕，"那压压的眉毛与睫毛底下，眼睛像风吹过的早稻田，时而露出稻子下水的青光，一闪，又暗了下去"。这样的句子仿佛透露了成长的秘密——时间，让一个人有机会改变自己的命运。因而，这其实是一个非常温情的故事。

朱天文（1956年生），台湾小说家、影视编剧。有小说《世纪末的华丽》等。与导演侯孝贤搭档，多部电影剧本获奖，如《小毕的故事》《童年往事》《风柜来的人》《冬冬的假期》《恋恋风尘》《尼罗河女儿》《悲情城市》《戏梦人生》等。

小毕跟我小学同班，又是隔壁邻居，当初搬来村子里，毕家已在此地住了十几年。记得第一次看到小毕是搬来当天，我在院子搬花盆，靠着竹篱笆将花一盆盆摆好，忽然篱笆那边蔷薇花丛里有人喊我："喂！"抬头一看，呸，是个黑头小男生，走过去，他说："我知道你们姓朱——"当面就把一只绿精精的大毛虫分尸了。焉知我是不怕毛虫的，抓了一把泥土丢他，他见没有吓到我，气得骂："猪——Biang——啊。"哈哈地笑着跑开了。

我被分到五年甲班，老师在讲台上介绍新同学给大家认识，教同学们要相亲相爱，我却看到小毕坐在教室的最后一排，手上绷着一条橡皮筋朝我瞄准着，老师斥道："毕——楚——嘉！"他咧嘴一笑，橡皮筋一转套回腕上，才看见他另只

---

① 选自朱天文《花忆前身》，台北麦田出版社，1998年版。

手圈了整整有半臂的橡皮筋，据说都是K橡皮筋赢来的。小毕是躲避球校队，打前锋，常常看他夹泥夹汗一股烟硝气冲进教室，呱啦啦喝掉一壶水，一抹嘴，出去了，留下满室的酸汗味。

毕家五口人，后来我才知道，毕妈妈年轻时候在桃园一家加工厂做事，跟工厂领班恋爱了，有了身孕，那领班是早已有家室的人，不能娶她。毕妈妈割腕自杀过，被救回来了，生下小毕，寄在朋友家，自己到舞厅伴舞，每月送钱给朋友津贴。小毕在那里过得并不好，毕妈妈去一次哭一次，待有一些能力时，便跟一位姊妹淘合租了间阁楼，小锅小灶倒也齐全，把小毕接回同住，晚上锁了门出来上班。

毕伯伯原在大陆已有妻室，逃难时离散了，一直在联勤单位工作，横短身材，农夫脚农夫手。过了中年想要讨老婆为伴，他有一干河南老乡极为热心，多方打听寻觅的结果，介绍了小他20岁的毕妈妈认识。头一次见面安排在外面吃饭，毕妈妈白皙清瘦可怜见的，毕伯伯只觉惭愧，恐怕亏待了人家母子。毕妈妈唯一的条件是必须供小毕读完大学。第二次见面就是行聘了，中规中矩照着礼俗来，毕妈妈口上不说，心底是感激的。

小毕5岁时有了爸爸，7岁有了一个弟弟，隔年又来一个弟弟，两个都乖，功课也好。印象里的毕妈妈不是快乐的，也不是不快乐，总把自己收拾得一尘不染，走进走出安静地忙家事，从不串门子，从不东家长西家短，有礼地与邻人打招呼。又或是小毕打破了谁家的玻璃，拔了谁家的鸡毛做毽子，毕妈妈在人家门口细声细气地道歉，未语脸先红。

而毕伯伯不，红彤彤的大骨骼脸，大嗓门，大声笑。下班回来洗了澡，搬张藤椅院子里闲坐，两个男孩轮流去骑爸爸的脚背，毕伯伯脚力之大，一举举到半空中，小的男孩每次吓得要哭，放下了倒又咯咯地傻笑起来。毕妈妈有时收了衣服立在门首看他们父子嬉闹，沉静的面容只是看着、看着，看得那样久而专注，我怀疑她是不是只在发呆。多半这个时候小毕还在外头野荡。难得毕妈妈也笑，实在因为太瘦白了，笑一下两腮就泛出桃花红，多讲两句话也是，平日则天光底下站一会儿，颊上和鼻尖即刻便浮出了一颗颗淡雅的雀斑。如今回想，毕妈妈的桃花红其实竟像是日落之前忽然辉烧的晚霞。

毕妈妈的国语甚至说得很艰难，不是带腔调或不标准，事实上，咬字非常正确的。原因有两个，一则毕妈妈的国语是翻译闽南语，故此比别人慢了；一则——根本是毕妈妈太少说话了，以致是不是渐渐丧失语言的能力了呢？家常毕伯伯毕妈妈几乎少有交谈，两人的交谈都是在跟孩子讲话当中传给了对方。毕妈妈跟孩子讲闽南语，毕伯伯不知怎么就会得听了。比方晚饭时毕妈妈跟孩子说："鞋子都穿开嘴了，过年要买一双吓。"那个礼拜天，毕伯伯就带孩子去市区生生皮鞋选鞋了。小毕从来不跟去，也自有一份，尺寸都合，不合的话毕伯伯下了班再拿去换。

那年中秋，我们两家到后山德光寺赏月，毕伯伯喜欢小孩，对女孩尤其疼，一路耍宝逗我们姐妹笑坏了，还把小妹扛在肩头，舞狮似的右晃左摇一气奔到山坡上，矮墩墩的活像《天官赐福》里的财神爷。毕伯伯蒸笼头，最会流汗，毕妈妈从塑胶袋拿出冰毛巾递过去，擦过后，仔细地叠好收在袋里。我们坐在凉亭里分月饼、柚子，听毕伯伯跟爸爸聊大陆上的中秋，毕妈妈少吃少笑，一旁利落地剥柚子给大家吃，或拿鹅毛扇在脚下替大家驱蚊子。小毕早就一个人寺前寺后玩了一圈，跑来吃几瓣柚子又不见人影。小毕跟我们女生是除了恶作剧，老死不相往来。那晚的月亮真是清清圆圆照在凉亭阶前如水。

毕妈妈每天中午来给小毕送饭，夏天还送水壶，把喝干的壶换回去。飘毛毛雨也送雨衣，天气变凉也送夹克，没有谁家的母亲像她这样腿勤的。小毕他是男生的绝对憎恶雨衣，绝对不加衣服；可是奇怪，小毕那样不驯，唯毕妈妈不必疾言厉色就伏得住他。夹克他只有穿了，却自有他的权变，将两条袖子在颈前绑个结做件小披风，算是听了母亲的话。雨衣不妨披在肩上扣好第一颗扣子，跑起来虎虎地像拖了一篷风，做个行侠仗义的青蜂侠也不错。

上了中学，小毕给分到比较不好的班级，学抽烟，跟人打架，和不良少年一直纠缠不清。毕伯伯三天两头跑学校摆平，还是给贴了一个大过出来。然而我知道小毕不是坏的，不是。因为有次放学回家，我在菜市场柳家小巷被三个男生拦住过路，其中一名说她是谁谁谁，另一名恶声道："你干吗那么骄傲？"怪了，他们是谁我都不认识。他道："你以为你是模范生就了不起呀，假清高！"劈手便来揪我头发，突然是小毕的声音在我身后大喝道："你们别动她，她是我爸的干女儿。"不知那些男生怎么走掉的，只听见小毕说："没关系，包定没人再来惹你。"

当下太慌张了，后来想要跟他道谢，他每每故意避开，仿佛从未有发生这件事。几次我去办公室送教室日志，见他在训导处罚站，训导主任手舞足蹈地对他咆哮，于他分明无用，因他并不以为他做的是错；于我却是惭痛——小毕，小毕，若以为我也和别人一样看你你就错了。

小毕中三时偷钱，那笔钱本是毕伯伯准备替他们缴的学费，小毕偷去交朋友花掉了。那晚毕伯伯盘问小毕的大喉咙，我们在隔壁听得清清楚楚。小毕从头到尾没吭一句，毕伯伯气极，拿皮管子下了狠手打他，小毕给打急了连连叫道："你打我，你不是我爸爸你打我！"噼啪两声耳光，是毕妈妈甩的，屋子里沉寂下来。

毕伯伯吱呀一声跌坐在藤椅里。我打赌我们这半边眷村都在聆听他们家的动静，后山的松风低低吹过，院中晒着忘了收的旧杂志给吹得哗哗作响。良久，良久，差不多要放弃下文了，显然是毕妈妈押着小毕，而小毕不肯跪，毕妈妈的声音喘促起来："跪落！死囝仔，谁给你教，你不是我生的！死囝仔，不认伊是爸爸，那年啊，你早就无我这妈妈！"毕伯伯气颤道："我不是你爸爸，我没这个好命受

你跪，找你爸爸去跪！"

遂真正都沉寂了下来。真正的沉，沉，沉沉的夜，睡不稳，几次醒来，嘤嘤的哭声，听不真，在很远很远的地方吧。

第二天毕妈妈开煤气自杀了。毕家小孩下午放学回家没人来应门，便和邻居小朋友在广场玩，等毕伯伯交通车下班回来，觉得有异，发现时已救不回了。毕妈妈留下一封不算信的信，用她所会不多的字写着：楚嘉的爸爸，我走了。阿楚，我告诉你，你要孝顺爸爸，我在地下才会安心。楚嘉的妈妈芳英。

村子里组织了一个治丧委员会，出殡当天毕伯伯的河南老乡都到了，小毕带两个弟弟跪在灵堂一侧，向祭奠的每一位来宾叩头致谢。穿着麻衣的小毕显得更瘦更黑，孝帽太大，一叩头便落下遮了整个脸。当时不明白毕妈妈的死，却为那孝帽一叩头落下遮了小毕的整个脸而哭。

毕伯伯一直很坚强，把丧事办得整齐周到，待出殡完回家，来跟父亲商谈一些善后琐事，谈着谈着竟至恸哭流涕，念来念去还是怪毕妈妈糊涂，夫妻十年，他不曾有过重话，怎么这气头上话就当真了呢！他的妻，论年龄可以做他的女儿了，他不能给她什么，除了一个安稳的家，爱惜她一生。她这样就去了，不是明明冤屈他？毕伯伯哭得手麻脚软，止了泪，又谈起做坟，占多大地，用什么材料，一一筹划得有条有理。毕伯伯跌足叹道："我还能怎么样？不过尽我所有罢了。"

小毕决定投考军校，毕伯伯知悉大怒，坚持要他参加高中联考。小毕讲给毕伯伯听，第一，他是考不上高中的，毕伯伯道："考不上补习一年再考。"第二，不必花学费。毕伯伯气得把小毕拉到毕妈妈灵前，道："你不要跟我讲学费，你妈妈巴望你好好读书，考高中、考大学，出来找事容易，风风光光做人，你不要对不起你妈！"第三，预校念完直升官校，跟一般大学是一样的。毕伯伯跳脚吼道："嘎，我不知道军校跟大学一样！"小毕有一点没说，他是决心要跟他从前的世界了断了，他还年轻，天涯海角，他要一个干干净净的开始。

后来是学校里导师、训导主任和校长连番将毕伯伯说服了。毕业典礼，毕伯伯给安排在贵宾席观礼，自始至终腰杆坐得笔挺，两张大手放在膝上。小毕和另外一个男生被保送预校，皆上台接受表扬和欢送，小毕胸前斜挂一条大红绶带，在肩上结一朵绣球。当台下的掌声拍起来时，最久、最响的，小毕你猜是谁？

隔年毕伯伯退役下来，搬离了村子，用退休金跟河南乡亲合伙开杂货店。此时正值我们村子拆建，众皆纷纷在附近觅屋暂住，毕伯伯回来办房屋移交手续，带了好些自己店里卖的干货来，仍叫我们干女儿呀干女儿。走时毕伯伯站在院子里，隔竹篱望着自己的家出神，蔷薇凋零，酢浆草铺地正开。

我想，毕妈妈的一生是只有毕伯伯的。其实，这世上的哪一桩情感不是千疮百孔？她是太要求全，故而宁可玉碎。果真那是毕妈妈唯一能做的了吗？

再见到小毕是中学同学会,在西餐厅聚餐。有人拍我肩膀,回头一看,"小毕!"大家都这么喊他的,多少多少年来这是我第一次叫他。多少多少年来,他的瘦,如今是俊挺;黑,是健朗。那压压的眉毛与睫毛底下,眼睛像风吹过的早稻田,时而露出稻子下水的青光,一闪,又暗了下去。他就是小毕,空军中尉军官毕楚嘉。

我问毕伯伯好吗,小毕朗声一笑,食指敲敲额头,说:"我爸的狗头军师,专出馊主意。"原来在小毕鼓动计划下,毕伯伯的杂货店已扩建改为经营青年商店,手下三四人管货卖货,乐得毕伯伯现成做老板,闲时去河南老乡那里吃茶聊天,赏豫剧。两个弟弟都念高中了。我听着只是要泪湿,谢他昔年的一场拔刀相救。小毕侧侧头有些惊诧地说:"啊,是吗?"又说起他在训导处罚站挨骂的事,他也诧异好笑,仍说:"啊,是吗?"

于是我写下小毕的故事。

【美国】瑞·埃文斯

薛范 译

将来会怎样①

女孩儿总爱幻想未来，想知道将来会怎样，可大人的回答让人沮丧——该怎样就怎样。一点也不浪漫迷人呀，似乎听天由命呢。可生活就是这样啊，并不由着人随意设计构想，人可以建设自己的未来，可不能左右命运的安排。况且，让生活保持一点神秘，未来更值得期待。选自悬念大师希区柯克执导的影片《擒凶记》中的插曲，瑞·埃文斯作词，杰伊·利文斯顿作曲，获第二十九届奥斯卡最佳电影歌曲。

当年我还是小姑娘，
我问我妈妈：将来怎样？
会不会富有？长得漂亮？
妈妈她对我讲：该怎样，怎样，
谁知道将来怎样，
你问谁也说不上，将来会怎样，
将来会怎样。

当我长成了大姑娘，
我问我情郎：将来怎样？
会不会天天彩虹缤纷？
情郎他对我讲：该怎样，怎样，
谁知道将来会怎样，
你问谁也说不上，将来会怎样，
将来会怎样。

如今我有了儿女们，

女孩的故事

178

---

① 选自张泽伦、吴山音主编《20世纪外国著名歌曲1000首》，海燕出版社，1999年版。

他们问妈妈：将来怎样？
会不会富有？长得漂亮？
我对他们也讲：该怎样，怎样，
谁知道将来怎样，
你问谁也说不上，将来会怎样，
将来会怎样。

【苏联】马尔蒂诺夫

王守仁 译

防 卫①

谁规定女孩子一定要做小燕子？偏偏有女孩要做一只乌鸦。谁说女孩儿一定要柔弱？她也可以强大。这个女孩不是不喜欢做一个女孩，而是不喜欢大人对女孩的称呼，以及这种称呼中暗藏的特别含义——女孩该怎样，不该怎样。她在反抗社会强加在女性身上的性别意识（法国作家波伏娃说：女性被社会贬低为"第二性"）。当一个女孩的女性意识开始觉醒，她将踏上一条漫长而艰难的自我证明之路。

> "我不是燕子，
> 而是一只乌鸦！"
> 小姑娘阿莲娜喊道，
> 所有亲昵的爱称，
> 都令她厌恶和烦恼。
>
> "哑！"她呼喊了一声，
> 举起双臂，宛如两翼伸向空中。
> 这是防卫的开始，
> 这是意识的觉醒。

---

① 选自乌兰汗编选《苏联当代诗选》，外国文学出版社，1984年版。

【中国】水晶珠链

羡 慕①

女孩儿失恋了，她很奇怪，这个世界居然无动于衷，居然没有陪着她一同心碎。它们没心没肺，只有无边无际的好胃口；它们跟爱没有关系，它们无动于衷，只有无边无际的一派天真。世界依旧，任女孩孤独自变，女孩转而"羡慕"这种漠然、这种不变的永恒，因为她的心如此多情，那么容易就碎了。

水晶珠链（1981年生），网络诗人，原名陈幻。

我看到一些无边无际的东西
天空、海洋、草地、吃草的牛羊
它们跟爱一点关系也没有
无边无际的天真与好胃口
让它们顾不上心碎

---

① 选自伊沙选编《现代诗经》，漓江出版社，2004年版。

【美国】桑德拉·希斯内罗丝

潘帕 译

芒果街上的小屋①

芒果街，城市中的贫民街区；芒果街上的小屋，破落又悲哀的红色小屋，是"我"的家；芒果街上的女孩儿，是书中的主角，又是讲故事者。这是一部贫民少女的成长小说："忧伤太多，天空不够。蝴蝶也不够，花儿也不够。大多数美的东西都不够。"然而穷孩子也有自己的一片天空，她会将一朵胖乎乎的云当作上帝，她可以三人同骑一辆二手车兜风，她衣着一新偏偏配一双鞋跟歪了的旧凉鞋，以至于在晚会上拒绝跟男孩跳舞，在大家的嬉闹中独自怀着羞愧："脚好像越来越大了……"这又是一部所有少女的成长小说：正在发育的女孩儿讨论髋骨的作用，伙伴们说，它们可以用来托住孩子、用来跳舞、用来区别男女，"我"说，它们像玫瑰一样绽放；春心初开，"我"发现有男孩的视线盯在身上，"有人那样看你会让你的血结冰"。美丽的萨莉因为美丽而麻烦不断，"一整个世界都在等着你犯错误"，低头走路的你是不是希望走出芒果街，走向一所自己的可以做梦的房子？

桑德拉·希斯内罗丝（1954年生），墨西哥裔美国女诗人、作家。三十岁写出一本优美纯净的"诗小说"《芒果街上的小屋》，一举成名。诗意的语文，成年后的温情回望，给贫民少女的世界洒下幸福的雨点，带着忧伤、珍藏和祝福。

我们的好日子

如果你给我五块钱，我会永远做你的朋友。那个小的这么对我说。
五块钱很便宜，因为我没有任何朋友，除了凯茜，她是我星期二之前的朋友。
五块钱，五块钱。
她想找人凑钱，那样，她们可以从那个叫提陀的小孩那里买一辆自行车。她

① 节选自同名小说，凤凰出版传媒、译林出版社，2006年版。

女孩的故事

182

们已经有十块了，她们再添五块钱就够了。

只要五块。她说。

别和她们说话。凯茜说，你难道看不出来她们闻起来像扫把？

可是我喜欢她们。她们的衣服又皱又旧。她们穿着锃亮的礼拜天的鞋子，却没穿短袜。鞋子把她们的光脚踝擦得红红的。我喜欢她们。尤其是那个大的，笑的时候露出一口牙齿。我喜欢她，尽管她让小的出来说话。

五块，小的说，只要五块。

凯茜在拽着我的胳膊，我知道，接下来我不管做什么，都会让她永远生我气的。

等等。我说着跑到屋里拿了五块钱。我自己存有三块，又拿了蕾妮两块。她不在家，可我肯定，她发现我们有辆自行车会很高兴的。我回来的时候，凯茜走了，我知道她会这么做，可我不在乎。我有了两个新朋友和一辆自行车。

我叫露西。大的说，这是我妹妹拉切尔。

我是她妹妹。拉切尔说，你是谁？

我希望我的名字是卡桑德拉，或者阿乐克西丝，或者玛芮查——只要不是埃斯佩朗莎，什么名字都可以。可我告诉她们我的名字的时候，她们没有笑。

我从得克萨斯来，露西说着咧嘴一笑。塔是在这里出生的，而我在得克萨斯。

你是说她吧。我说①。

不，我是从得克萨斯来。她没听明白我的意思。

这辆车我们三个这么分配吧，拉切尔已经想在前面了。今天是我的，明天是露西的，后天是你的。

可每个人都想今天骑，因为车是新的。于是我们决定从明天开始轮流。今天它属于我们大家。

我还没有告诉她们蕾妮的事。事情太复杂了。尤其是，为了谁第一个骑的问题，拉切尔差点把露西的眼睛挖出来。最后我们同意一块骑，为什么不呢？

露西腿长，她来踩踏板。我坐在后座上，拉切尔足够苗条，她坐到了前杠上，弄得车子一个劲摇晃，好像轮子是实心意粉做的。不过一会儿我们就习惯了。

我们越骑越快，骑过了我的家，那破落又悲哀、墙砖碎裂的红色小屋，骑过了街角宾尼先生的小卖铺，骑在了危险的大道上。自助洗衣店、旧货店、药店、一个个窗子、一辆辆汽车，越来越多的汽车，都经过了。我们围着街区绕了一圈，骑回芒果街。

---

① 露西话里的"塔"的原文是宾格代词"her"，按正确的用法，应该用主格。所以埃斯佩朗莎纠正她，应该用主格"she"，也就是"她"。

巴士上的人向我们挥手。一个很胖很胖的女人边过街边说，你们的装载量很大呀。

拉切尔喊道，你的装载量也很大呀。她说话好冒失。

我们沿着芒果街前行。拉切尔、露西、我，还有我们的新自行车。歪歪扭扭的回程上，我们一直笑呀笑。

大流士和云

你永远不能拥有太多的天空。你可以在天空下睡去，醒来又沉醉。在你忧伤的时候，天空会给你安慰。可是忧伤太多，天空不够。蝴蝶也不够，花儿也不够。大多数美的东西都不够。于是，我们取我们所能取，好好地享用。

大流士①，不喜欢上学的他，有时很傻，几乎是个笨人，今天却说了一句聪明的话，虽然大多数日子他什么都不说。大流士，喜欢用爆竹，用碰过老鼠的小棍子去追逐女孩，还以为自己很了不起的他，今天却指着天空，因为那里有满天的云朵，像枕头样的云朵。

你们都看到那朵云了，那朵胖乎乎的云了？大流士说，看到了？哪里？那朵看起来像爆米花的旁边的那朵。那边那朵。看，那是上帝。大流士说。上帝？有个小点的问道。上帝。他说。简洁地说。

塌跟的旧鞋②

是我——妈妈。妈妈说。我开了门，她站在那里拎着大盒小包，是新衣服，是的，她买了袜子、一件上面有朵玫瑰花的背带裙和一件粉红条间白条的裙子。鞋子呢？我忘了。现在太晚了，我好累哟。唉。

已经六点半了。我小表弟的洗礼式已经过了。一天都在等待，门锁着。没人来别开门。我没开，直到妈妈回来，什么都买回来了，就忘了鞋子。

现在拿乔叔叔开着车来了。我们得赶去圣血③教堂，因为洗礼晚会在那里举行。他们今天租了那里的地下室用来跳舞和吃玉米肉粽。家家户户的孩子满地乱跑。

妈妈跳呀笑呀又跳。忽然，她不舒服了。我用一个纸碟对着她滚烫的脸扇

---

① 古代波斯帝国国王的名字。一代雄主大流士大帝在位期间（前522~前486），对内强化君主专制，对外实行大规模军事扩张，使得波斯帝国进入全盛期。自命不凡的他曾在贝希斯敦的悬崖上刻下铭文："我，大流士，伟大的王、万邦之王、波斯之王……我是国王。"后世因此称他为"万王之王"。

② 原文为chanclas，西班牙语，意为"塌跟的旧鞋"。

③ Precious Blood，指基督被钉在十字架上时流的血，可洗净世人的罪。

风。玉米肉粽太多了，可拿乔叔叔这句话也说太多遍了，他用拇指按了按嘴唇。

每个人都在笑，除了我，因为我穿着粉红条间白条的新衣服、新内衣和新袜子，却套了双旧凉鞋，那是穿去学校的鞋子，棕色间白色的，那种我每年九月就会得到的鞋子，因为它很耐用，实在耐用。鞋面都磨圆了，鞋跟也歪了，配身上的衣服显得好笨。于是我只好坐在那里。

这时那个孩子来请我跳舞，可我不能。他是我的一个表哥，在第一次圣餐会①还是什么时候认识的。我只是把脚缩在贴有圣血教堂标签的金属折叠椅下面，还从椅子下面摘到一粒黏在上面的褐色香口胶。我摇头说不。我的脚好像越来越大了。

拿乔叔叔拉呀拉我的胳膊，妈妈买的衣服多新都没用，只是我的脚太难看了，直到我那个撒谎者叔叔说，你是这里最漂亮的姑娘，你能跳支舞吗？不过我相信他的话，是的，我们跳了起来，我的拿乔叔叔和我，我只是开始不想跳。我的脚肿了，老大老沉，像铅垂一样。可我拖着它们走过油麻毯到了正中央，拿乔叔叔想在那里炫一下我们新学会的舞蹈。叔叔转动着我，我细长的胳膊照他教的那样弯曲着，妈妈在看，小表弟在看，那个我第一次圣餐会认识的表哥也在看，大家都说，这两个人怎么跳得像电影里的一样啊。跳到后来，我忘记了自己穿的只是很平常的鞋子，棕色间白色的，那种妈妈每年买了给我上学的鞋子。

音乐停下来时，我听到的都是掌声。叔叔和我一起鞠了一躬，然后他护送穿着厚鞋子的我走回到妈妈身边，妈妈为她是我的妈妈而骄傲。整个夜晚，那个是男人的男孩都在看我跳舞。他看我跳舞。

髋　骨

我喜欢咖啡，我喜欢茶。
我喜欢男孩呀男孩也喜欢我。
是也不是也许是。是也不是也许是……

某一天，你醒过来，它们就在那里了。一切就绪，等在那里，像一辆崭新的别克，钥匙插在点火器上。一切就绪带你去哪里呢？

拉切尔说，你做饭的时候，它们可以帮你托住孩子，说着便把跳绳晃得更快了。她一点想象力都没有。

女孩的故事

————————

①　天主教的一种仪式，是父母为迎接自己的孩子进入教会，进入教徒的家庭而举行的一次亲朋好友的聚会。

你需要用它们来跳舞。露西说。

如果你没有它们，就会变成男人。蕾妮这么说，她也是这么以为的。她这样是因为她的年龄。

是的。没等拉切尔和露西笑话她，我就接着说。她是很笨，可她是我妹妹。

最重要的是，髋骨是很科学的。我重复着阿莉西娅告诉过我的话。凭着这两块骨头你可以知道一架骷髅是女人的还是男人的。

它们像玫瑰一样绽放，我接着说。显然，我是这里唯一讲话有说服力的人。我有科学的支撑。有一天那两块骨头会张开。像这样张开。有一天你也许会决定要孩子，可是把它们放哪里呢？得有空位置。骨头会给空出位置。

不过别要太多的孩子，否则你的后背会长得很宽的。后背就是那么变宽的。拉切尔说。她妈妈宽得像条船。我们都笑起来。

我想要说的是，这里谁准备好了呢？你们得知道，长了髋骨之后该怎么对它，照我的样子来做吧，你们得知道怎么用髋骨走路，你们知道的，这样练习——好像你身体的一半想往这边走，另一半却想往那边走。

这是在给它唱摇篮曲呢，蕾妮说，是在摇你身体里面的宝宝入睡。接着她就唱开了：海螺房呀铜铃铛，伊薇在那常青藤上晃呀。

我想告诉她这是我听到过的最傻的歌，可是我越琢磨它越……

塞 尔

我不记得什么时候起，发觉他在看我，塞尔。可我知道他在看。每次。我从他家房前走过时，他一直在看。他和他的朋友在房子前，坐在自行车上抛硬币。他们没吓我。他们吓着我了，可我不会让他们知道。我不像别的女孩那样过街。我走了过去，笔直向前，笔直的视线。我知道他在看。我要向自己证明，我不害怕任何人的眼睛，即便是他的。我要回头用力看，就一眼，当他是块玻璃。于是我那么做了。我看了一眼，可我看得太久，在他骑过我身边的时候，我看是因为我想勇敢些，一直看到他眼睛上灰蒙蒙的猫毛里去。自行车停下来，撞在一辆停着的小汽车上，撞到了，我于是飞快地走开。有人那样看你会让你的血结冰。有人看我。有人看。可是他是那样的人，他那样看。他是个小混混。爸爸说。别和他说话。妈妈说。

后来他的女朋友来了。我听到他叫她罗伊丝。她又美又娇小，散发出婴儿皮肤的味道。我见她有时去商店为他买东西。有次在宾尼先生的店里，她站在我身旁。她光着脚，我看到那光脚丫上婴儿一样的脚趾涂成了淡淡的粉红，像小小的粉红贝壳。她的气味也是粉红的，像婴儿。她长着大女孩的手，骨头却像女人的骨头一样细长。她也化了妆。可她不会系鞋带。我会。

有时很晚了,我仍听到他们在笑,听到啤酒罐响和猫叫,还有树儿在窃窃私语:等呀等呀等吧。塞尔让罗伊丝绕着街区骑他的自行车,有时他们一起散步。我望着他们。她牵着他的手,他有时停下来帮她系鞋带。妈妈说这样的女孩,这样的女孩是会钻进小巷里去胡来的女孩。不会系鞋带的罗伊丝。他把她带去了哪里?

我身体里的每样东西都屏住了呼吸。每样东西都在等待像圣诞节一样绽放。我想做一个焕然一新的我。我想要晚上坏坏地坐在外面,脖子上挽个男孩,裙子下有风吹过。不是像这样,每晚都对着树说话,欠身窗外,想象我看不到的事情。

有一次一个男孩紧紧抱着我,我发誓,我感到他手臂的握力与重量,可那是在梦里。

塞尔。你是怎么抱她的?抱着,像这样?你什么时候吻了她?像这样?

萨 莉

萨莉是一个描着埃及的眼圈,穿烟灰色尼龙丝袜的女孩。学校的男生认为她很美,因为她的头发像渡鸦羽毛一样乌黑闪亮,她笑的时候,把头发往后一甩,像一面滑缎方巾披在肩膀上,然后大笑起来。

她爸爸说长这么美是麻烦事。他们非常严格地遵从他的信仰。他们不能去跳舞。他想起他的姐妹们,很伤心。于是,她就不能出来。我说的是萨莉。

萨莉,是谁教会你把眼睛涂得像克莉奥帕特拉①?如果我把这个小刷子用舌头卷一下,舔成尖尖的,蘸到小泥饼里去,那个小红盒子里的,你会教我吗?

我喜欢你的黑色外套和你穿的那些鞋。你在哪里买的?我妈妈说这么年轻穿黑色太冒险了,可我就想要买你那样的鞋,像你的那双黑色小羊皮鞋,就和那些一样的。等哪天我妈妈心情好的时候,也许我的下一个生日之后,我还会要求买一双尼龙长袜。

切芮儿,她再也不是你的朋友了,从复活节前的那个星期二起,从你弄得她的耳朵流血那天起,从她那样骂你,并在你手臂上咬了个洞的那天起,你看上去好像要哭,大家都在等着,可你没有哭,萨莉,从那时起,你没有一个最好的朋友可以一起靠在学校操场的栅栏上,可以跟着你嘲笑男孩子们说的话。没有人会借给你她的梳子。

男孩们在衣帽间里讲的事情,它们不是真的。你独自倚靠在操场的栅栏上,闭起眼睛,仿佛没有人在看,仿佛没有人能看到你站在那里,萨莉。你把眼睛那样

---

① 古代埃及女王,以美貌著称于世,罗马统帅恺撒和安东尼曾先后迷恋于她,后埃及灭国时以毒蛇噬己自尽。深而大的眼圈是她以及当时的埃及女人最显著的妆容特点。

闭起来时在想什么？为什么一放学你总是得直接回家？你变成了一个不同的萨莉。你把裙子拉直。你擦去了眼皮上的蓝色眼影。你不笑，萨莉。你低头看着脚，飞快地走进你不会从里面出来的房子。

    萨莉，你有时会希望自己可以不回家吗？你希望有一天你的脚可以走呀走，把你远远地带出芒果街，远远地，也许你的脚会停下来，在一所房子前，一所美丽的房子，有鲜花和大窗，还有你可以两级并一级跳上去的台阶。台阶上面有一个等你到来的房间。如果你拔掉小窗的插销，轻轻一推，窗就打开了，所有的天空都会涌进来。那里不会有爱管闲事的邻居在张望，不会有摩托和汽车，不会有床单、毛巾和洗衣店。只有树，更多的树，还有足够的蓝天。你会笑出来，萨莉。你睡去再醒来时不用去想谁喜欢你谁不喜欢你。你合上眼睛不用担心别人说了些什么，因为你毕竟从来不属于这里。没有人会使你伤心，没有人会认为你怪，只因你喜欢做梦做梦；没有人会冲你叫喊，只因他们看到你在黑暗里依靠着一辆小汽车；依靠着某个人而没有人觉得你坏，没有人说这是错的，没有一整个世界都在等你犯错误，而你想要的，你想要的，萨莉，这是爱爱爱爱，没有人会把这说成是疯狂。

女孩的故事

【中国】苏叔阳

留在我心底的眼睛①

女孩如果完全和男孩一样，事情就过头了。女孩总有一些特有的品质是人类最可宝贵的，比如说无条件的善良，对人的本能的怜悯和同情。在集体狂热中递来的一支冰棍，在社会黑暗中闪亮的一双明澈的眼睛，就是这种可贵的女性品质，这也是人性的纯洁。

今天的少年，不会知道那时候……

那时候，是1966年的8月。谁也说不清，为什么一夜之间，就卷起了"横扫一切"的风暴；谁也不知道这风暴将要刮到什么时候，许多人睡下的时候还是个革命者，醒来却成了"反革命"。亲人不再相认，同志间不再有真诚。疯狂、颠倒，整个社会混乱了，人的心也倒悬起来。

那时候，我是个二十七岁的青年，在大学里教书。可我却不明不白地成了"反革命分子"。在这风暴刚刚腾起的时候，我就被列为"横扫"的对象，挨了无数次"批斗"。我不知道为什么，别人也不知道，连同那些批斗我的人。他们说我是"漏网右派"，但是，我怎样的"右"法，又是怎样"漏网"的，谁也说不清。

我的心充满了迷惘和痛苦。但我却因此而出了"名"。当我的名字被大大地写在纸上倒挂而又画上红×的时候，当我被拽到台上被人扭起手臂弯腰低头的时候，我在学校和宿舍区是个妇孺皆知的"名人"。人人远离我，仿佛我是个传染病患者。

当批斗者也玩腻了的时候，我被打发去拔草，从晨至昏，蹲在热地里拔草，是难受的，尤其是心里难受的时候。

一天中午，太阳正毒。我蹲在校园的铁栏墙边拔草，铁栏外，是一条通往近郊农村的小道。小道上有来来往往的行人。骑车的，步行的，凡看到我们这些拔草者，都会停下来，或者默默地看一阵，或者高声地讽刺，低声议论一番。我以为这是种污辱，我的心淌血了。

① 选自李海鸣编《情人世界——近四十年海峡两岸情文精品》下册，漓江出版社，1991年版。

女孩的故事

189

不知道什么时候，在铁栏外站了一群小学生。他们是去参加义务劳动，还是劳动归来，我说不清。也许，他们是列席参加了一次"批斗反革命分子"大会归来。他们站在铁栏外，指手画脚地议论我们，用最纯洁的心诅咒我们，还有几个男孩子用土块、小石头砸我们。

我不能违犯"纪律"离开铁栏杆。我只有忍受那咒骂、那石块，我觉得整个世界都坍了，四周是一片黑暗。假如连纯洁的孩子都疯狂了，生活还有什么希望。

就在这时候，一声轻轻的、甜甜的声音在我耳边响起："叔叔！"

我抬起头，一个十二三岁的小姑娘站在铁栏外面对着我。她乌黑的短发下有一双明澈的眼睛，清秀的脸颊上滴着汗水，手里捏着两根冰棍儿。

"叔叔，给！"她把一根冰棍儿从铁栏外伸过来，两只眼里全是真诚和期待。

周围的孩子们哄地发出一片嘲笑和指责。她连头也不回，只是伸着那只拿冰棍儿的手，期待地望着我。

在我从睡梦中被人拉起推到学校的时候，在我被草绳捆住，头上被罩上厕所里的便纸篓的时候，我没有一滴泪，这时候，我却止不住泪水了。我的泪腺被一个小姑娘的心捅开了。

我不敢吃，也实在不愿吃那根冰棍儿，这将会给那个小姑娘带来灾祸。我抬起泪眼凝望着她。她却固执地伸着那只拿冰棍儿的手。周围一片寂静，那些哄笑的孩子们也噤了声，所有的人都看着她，连同那些过路的人。

小姑娘也凝视着我，给我以鼓励和安慰。我终于忍不住，伸过头去，咬了一口那冰凉、甘甜的冰棍儿，然后，伸出脏手，捏住那冰棍儿，把它递给一位现在已经告别这个世界的历史学老教授。那老教授也泪眼模糊，抖颤着手接过这孩子最珍贵的赠予。

当我再回过头来的时候，那小姑娘已经走了，只有她洗得褪色的蓝布上衣在小路上飘摆……

啊，你这清秀的小姑娘，你的姓名我不曾知道，但是你的爱心，你的正直，你的透彻的眼睛给了我希望，给了我力量，使我度过了那疯狂、颠倒的岁月。我永远感谢你。

也许你今天已经步入中年，成了国家的栋梁；也许，你早已经把这件小事遗忘。可是，你的那双眼睛永远留在我心底，它将伴随我走完生命的路程。

女孩的故事

【德国】安妮·弗兰克

彭淮栋 译

安妮日记①

纳粹登上德国政坛后，把犹太人当作"劣等民族"，进行惨绝人寰的种族大清洗。1942年，13岁的犹太少女安妮·弗兰克，随全家躲进一间"密室"，在里面隐蔽了整整两年。后被人叛卖，密室中全部人员（包括其他几家人）被投入集中营，全部遇害，只有安妮的父亲幸存于世。

在密室中，安妮写下了这本奇异的日记。她给日记取了一个人名"吉蒂"，似乎凭空出现了一位知心朋友。在封闭的环境、孤寂的心境、死亡的阴影之中，安妮沮丧，却没有绝望；恐惧，却没有悲悲切切；烦躁，却没有惶惶不可终日。她向往大自然，梦想当个记者和作家；她细心体察自己身体和灵魂中的"春天在苏醒"；她思考战争的罪恶，却并没有因为自身的苦难而仇恨人类；她在日记中不断调理自己的心情，分析自己，"教养自己"，她甚至有勇气对自己和伙伴开玩笑，她说："我想成为有用的人，或者给周围不认识我的人带去快乐。"一个特殊状态下的少女丝丝缕缕的心灵悸动，刻画出这些文字，这里有一个健康的生命在活动。她的身体被消灭了，但是她的内心没有被摧毁。她的精神留在日记中，向世人证明：再强大的疯狂和残暴，再恐怖的罪恶和死亡，也不能把一个小小的孩子打败。安妮只活了16岁（1929~1945），而她的日记，使她在去世以后仍然活着。

1943年1月13日 星期三

外面变得很可怕。白天夜里任何时候，都有可怜无助的人被拖出家门。他们只准带一个背包和一点现金，就是这点少少的东西，在路上也会被抢光。他们妻离子散，男、女和儿童各分东西。小孩子放学回家，父母已经不见踪影。女人买东西回家，家已经被查封，家人都消失了。基督徒和荷兰人也生活在恐惧之中，因为他们的儿子被送往德国。人人都心惊胆战。每天晚上几百架飞机从荷兰上空飞往

① 选自安妮·弗兰克《安妮日记》，彭淮栋译，海南出版社，1996年版。

女孩的故事

191

德国城市，把炸弹丢在德国的土地上。在俄国和非洲，每个小时都有成百成千的人送命。没有人能置身于冲突之外，整个世界都在战争，虽然同盟国比较顺利了，但结局还不知道在哪儿。

1943年10月29日　星期六

我经常神经质，尤其星期天；星期天是我心中真正悲惨的时候。气氛令人窒息、呆滞、沉重。外面听不见一声鸟叫，整个屋子笼罩在一片死寂、压迫的寂静里，这寂静附在我身上，仿佛要把我往下拖，拖到阴间的最下层。这时候，父亲、母亲和玛各对我完全无关紧要。我从一个房间徘徊到另一个房间，在楼梯里上上下下，像一只本来会唱歌的鸟被剪去翅膀，不断用身子撞那沉暗的笼子的铁条。"放我出去，到有新鲜空气和笑声的地方去！"我心中有个声音哭喊着。我已懒得应答人家，只愿歪在沙发上。睡眠能使这寂静和可怕的恐惧快一点飞逝，而既然霎时间不可能，只有靠这样来帮助它赶快过去。

1944年2月2日　星期六

最亲爱的吉蒂：

阳光普照，天空深蓝，和风轻拂，我渴望着，真的渴望着一切：交谈、自由、朋友、独处。我渴望……哭一场！我觉得我仿佛要爆炸。我知道哭会有帮助，可是我不能哭。我浮躁不安。我从一个房间踱到另一个房间，从窗框的细缝呼吸，感觉到我的心在跳着，好像在说："终于，满足我的渴望吧……"

我想，春天已经在我的内心里。我感觉到春天在苏醒，我在我的整个身体和灵魂里感觉到它。

1944年3月25日　星期六

我没有很多钱，其他世俗财产也不多，我不美丽，智慧不高，也不聪明，可是我快乐，而且立志永远快乐！我生来快乐，我爱人，我天性信任人，而且希望人人也快乐。

1944年4月11日　星期二

我们的处境从来不曾像那晚那么危险。想想看，警察到了书架前面，灯亮着，却没有人发现我们藏在里面！"现在我们完了！"那一刹那我曾轻声说了这么一句，结果我们有惊无险。

经过这一场，我们又痛切地记取，我们是身带镣链的犹太人，被镣在一个处所，没有任何权利，却有千般义务。我们必须将我们的感觉摆在一边；我们必须勇敢并且坚强，吃苦受难，不能埋怨，尽力而为，信任上帝。有一天，这可怕的战争将会结束。那时候，我们会又是人，而不只是犹太人！

谁把这苦难加在我们身上的？谁使我们和其他人类不一样的？谁使我们这样受苦受难的？是上帝把我们做成这样，但上帝也会再将我们提拔起来。在世界眼中，我们注定受苦，但是，在这一切苦难之后如果还有犹太人留下来，这些犹太人将会被当作范例高高举起。谁知道，也许我们的宗教会教导世界以及世上所有的人向善，那就是我们受苦受难的理由，唯一的理由。我们永远无法只是荷兰人，也永远无法只是英国人，或任何一国的人，我们会永远地是犹太人。我们将必须继续做犹太人，但那时将是心甘情愿做犹太人。

勇敢吧！我们要记取我们的责任，无怨无悔地尽我们的责任。会有出路的。上帝从来不曾抛弃我们这个民族。多少世纪以来，犹太人必须受苦，但多少世纪以来他们继续活着，千百年的苦难只会使他们变得更坚强。弱者会倒下去，强者会活下去，他们是打不败的！

如果上帝让我活下去，我会有比母亲更大的成就，我会让世人听见我的心声，我会走入世界，为人类尽一分力量！

现在我知道，人最需要的是勇气和幸福！

1944年5月3日　星期三

你一定可以想象，我们经常满怀绝望地问："战争有什么意义？人为什么不能和平相处？这一切破坏，到底是为了什么？"

会问这个问题，是可以理解的，但目前为止没有人拿得出完美的答案。为什么英国人的飞机愈造愈大，愈造愈精，同时又一直弄出一大堆要重建的新房子？为什么每天花几百万打仗，却拿不出一分钱给医学研究、艺术家或穷人？为什么有些人挨饿，世界其他地方却有堆积如山的食物在腐烂？哦，人为什么这么疯？

我不相信战争只是政客和资本家搞出来的。芸芸众生的罪过和他们一样大；不然，许多人民和民族早就起来反叛了！人心里有一股毁灭的冲动，发怒，杀人的冲动。除非所有人类没有例外都经过一场蜕变，否则还是会有战争，苦心建设、培养和种植起来的一切都会被砍倒、摧毁，然后又从头来过！

我经常心情沮丧，可是从来不绝望。我将我们躲藏在这里的生活看成一场有趣的探险，充满危险和浪漫情事，并且将每个艰辛匮乏当成使我日记更丰富的材料。我已下定决心要过和其他女孩子不一样的人生，不想以后变成一个平凡的家庭主妇。我在这里的经验，是有趣人生的一个好开头。碰到最危险的时刻，我都必须往它们幽默的一面看，并且笑一笑，理由——唯一的理由——就在这里。

我年轻，有许多尚未发现的特质；我年轻又坚强，正活在一场大探险里；我正在这探险过程之中，不能因为没有什么好玩的事而只顾整天唉声叹气！我有很多福分：幸福、愉快的性情，以及力量。每天我都感觉到自己在成熟，我感觉到解放正在接近，我感觉到大自然的美和周遭人的善良。每天我都在想，这是一场多么迷人有趣的探险！有此种种，我为什么要绝望？

1944年6月13日　星期二

是不是因为太久没有出门，我才对大自然这样着迷？我还记得从前，美极了的蓝天、啁啾的鸟，月光和正在绽放的花朵都不会令我神往。来到这里，就不一样了。例如五旬节那阵子，天气好热，我一直到十一点半都奋力张大眼睛，等着好好看看月亮，好好一个人看一次。可惜我的牺牲白费，因为太亮了，我不能冒险打开窗户。另外一次，好几个月以前，有个晚上窗子开着，我恰好在楼上。我一直到不得不关窗才下楼。那个黑暗、大雨的夜，那风，那些疾飞的云，把我迷住了；那次是我一年半里第一次和黑夜面对面。那晚以后，我对黑夜的渴望大过了我对夜贼、老鼠和抢劫的害怕。我独自下楼，从厨房和私人办公室的窗子往外望。许多人认为大自然美丽，许多人不时到星空之下入眠，许多医院和监狱里的人巴望能自由自在享受大自然的一天。大自然的喜悦，不分贫富都能享受，可是很少人像我们跟那些喜悦隔绝到这种地步。

这不只是我的想象而已——凝望天空、云朵、月亮和星星，我确实觉得安宁，有希望。这是比缬草根镇静剂和溴化钾安眠药更好的药。大自然使我觉得谦卑，带着勇气面对任何打击！

真不幸，除了难得的几回，我只能隔着灰尘积得厚厚的窗户上这些尘尘黯黯的窗帘观看大自然。这样看出去，乐趣尽失。世间要是有什么其他任何东西都不能替代的，那就是大自然！

1944年7月15日　星期六

父亲有句名言："小孩子必须教养自己。"我在很多方面勤于检点自己，现在渐渐明白这句话真有道理。父母只能给子女忠告，或者为他们指点方向。追根究底来说，人的性格是自己塑造的。另外，我怀着非比寻常的勇气面对人生。我觉得自己很坚强，很能肩负担子，很年轻，很自由！初次领悟这一点的时候，我很高兴，因为这表示我能比较自如地抵抗往后人生里的打击。

女孩的故事

"在内心深处，年轻人比老年人寂寞。"我在一本书中读到这句话，一直铭记在心。依我所见，这是实情。

因此，如果你想知道大人在这里的日子会不会比小孩子难过，答案是不会，当然不会。年纪比较大的人对事情已经有见解，对自己和自己的行事有些把握。在一个理想都被粉碎摧毁，人性最坏的一面主宰世界，人人都怀疑真理、正义和上帝的时代，我们年轻人要想维持自己的见解，更是难上加难。

谁要是声称大人在密室的日子比我们难过，都是不明白这些问题对我们的冲击比对大人的大。我们年纪太轻，无法处理这些问题，但问题一直向我们逼来，最后，我们被逼得弄出一个解决办法来。但绝大多数时候，我们的办法一面对事实，就土崩瓦解。在当前这样的时代，的确很难：理想、梦想和宝贵的希望也在我们心中浮现，但只会被残酷的现实压碎。我没有把我的理想全都抛弃，也是奇事，那些理想看起来那么荒谬，那么不切实际。可是我仍然紧抱着它们，因为世界虽然这样，我还是相信人在内心里其实是善良的。

我要在一座用混乱、苦难和死亡做成的基础上建设我的人生，是完全不可能的。我看见世界正变成一片荒野，我听见雷声正在接近，有一天雷霆也会将我们打死。我感觉到千百万人在受苦受难。可是，我仰视天空，冥冥中觉得世界还能好转，这场残酷也会告终，和平与安宁会重新回来。在此同时，我必须执著我的理想。也许有那么一天，我能实现我这些理想！

1944年8月1日

最亲爱的吉蒂：

前封信的结尾是"一团矛盾"，现在我拿来当个开头。"一团矛盾"是什么，能不能请你给我说个精确？"矛盾"是什么意思？这个字和其他很多字一样，可以从两方面来解释：外在的矛盾和内在的矛盾。前者意思是不接受别人的意见，永远是我最清楚，我说了算；一言以蔽之，安妮出了名的各种令人不快的行径。后者呢，人家不大知道，是我自己的秘密。

正如我跟你说过很多次，我这个人是分裂为二的。一面是我的鲜蹦快活，我的轻率，我乐在人生的喜悦，最重要的是，我欣赏事物轻松面的能力。所谓能欣赏事物的轻松面，意思是说我不觉得撒娇卖弄，一个吻，一个拥抱，一个不大正经的笑话有什么不对。这一面的我，通常埋伏着，等着偷袭我的另一面，纯净、深刻、优雅得多的一面。没有人晓得安妮有这么比较好的一面，大多数人之所以受不了我，就是因为不晓得我有这一面。我可以当逗趣的小丑，当一下午，但大家被我闹一下午以后，就会一个月看了我都讨厌。实际上，我像浪漫电影之中深刻的思想家——纯粹是只供散心的消遣，一段滑稽的插曲，马上就应该忘记的东西：一个不是挺糟，但也不是特别好的玩意。我很不想跟你说这一点的，但我既然知道这是实情，为什么不承认算了？我比较轻松、比较肤浅的一面永远会偷袭我比较有深度的一面，而且永远会得逞。你无法想象我多少次试着推开这个安妮，这只占半个的安妮，把她打下去，藏起来，可是总不成功，而且我知道为什么。

我怕知道我通常这一面的人发现我有另外一面，更好、更优美的一面。我怕他们会嘲笑我，以为我在搞怪而不把我当回事。我习惯了不被当回事，但习惯了这一点而能忍受这一点的，只是那个"轻快"一面的安妮；有深度的安妮太弱了。我强将这个好安妮推上台露脸，即使只要她露脸15分钟，一到她该说话的时候，她就像只蚌似的赶快合起来，让安妮一号耍嘴皮。等我察觉，她已经不见踪影了。

因此，有人在的时候，从来就看不见好安妮。她从来不肯露面，总是在只有我的时候才上台挑大梁。我很清楚我希望自己是什么样子，我自己内在其实是什么样子。可惜，我只有在自己一个人的时候才是那个样子。所以，我自己认为我内心快乐，别人却从外表认为我快乐，原因也许就在这里——不对，我确定这就是唯一的原因。我是以内在那个纯粹的安妮为指针的，但在外表，我只是一只喜欢嬉闹，被拴着的时候不断拉扯着绳索的小山羊。

就像我告诉你的，我说出来的话不是我的真实感受，所以传出什么喜欢倒追男孩子、卖弄风骚、耍聪明，以及专读浪漫小说这些名声。乐天派的安妮在那里大笑，丢个轻率的回答，耸肩，假装她什么也不在乎。沉静的安妮刚好相反。如果完全诚实的话，我会承认我是在乎的，我正在努力改变自己，可是我总是碰到一个更强大的敌人。

我内心里有个声音呜咽着说："你看，这就是你的下场。你周围全是对你不以为然的意见，错愕的目光、嘲弄的脸色和不喜欢你的人。你会有这种下场，都是因为你不听你好的一面的忠告。"不骗你，我是想听，可是没用，因为我静下来，认真起来，大家就以为我又在演戏，于是我不得不开个玩笑，挽回局面。我还没说我的家人呢：他们就认定我准是病了，逼我猛吃阿司匹林和镇静剂，摸摸我脖子和额头，看看我是不是发烧了，问我大小便如何，骂我又在闹情绪。弄得我终于再也受不了，因为大家一围着我不放，我就会懊恼，然后难过，最后整个人反过来，坏安妮跑到外表来，好安妮躲到心里去，然后再想法子变成我想要的样子……只希望这世界上没有别人，好让我拿出我的真我来。

安妮·弗兰克敬上（安妮的日记在此结束）

女孩的故事

【苏联】奥利加·别尔戈利茨

曹国维 译

白天的星星①

据说，在水井里珍藏着白天的星星，只要你有心去看。我在少女时代，非常认真地寻找过白天的星星，可是我没有找到。但我依然相信，白天的星星是存在的。人的心灵就像一口幽暗而清澈的水井，那里所有美好的思想、情感、希望……就是白天的星星。你看见了吗，在你的水井里？

我知道白天的星星是在少女时代，我们全家住在诺夫哥罗德省的那一阵子，现在都记不清这是在杂志上看到的，还是一天晚上在村图书室管理员那儿听彼得·彼得罗维奇老师说的……对了，大概还是听乡村老师说的。这是一位老人，长着深陷的小眼睛，胸前飘着几根稀疏的银白长须。他熟悉天文地理和人情世故，肚里装着许多有趣甚至秘密的知识。七月的黄昏，天空越来越蓝，暮色越来越浓，村图书室木屋的宽大窗户里亮起了第一批星星，于是彼得·彼得罗维奇说，似乎星星是永远不会从天上消失的：除了夜晚的星星，黄昏的星星，还有白天的星星。白天的星星甚至比夜晚的星星更亮更美，不过永远看不见，它们被阳光遮掩了。白天的星星只有在很深很平静的井里才能看见：这些高高地挂在我们头上，我们永远看不见的星星，在大地深处幽暗的井水里辉映闪烁，向周围射出尖细的寒光……确实，老师没有提到星光的模样，但我立刻想见了，因为星光一定是这样的。

从那天晚上起，我便有了一个压倒一切的疯狂的愿望——看见白天的星星！我对任何人，甚至对妹妹穆西卡都没有吐露，说我知道白天的星星，还想看到这些星星。我打算先是一个人，第一个看见白天的星星，然后再告诉大家（当然得马上告诉穆西卡），甚至带他们一起来看——先带穆西卡，然后再带别人：瞧，我第一个看见什么啦！甚至还不是看见的，而是无意中发现的——这比看见更有意思……白天的星星当然是奇迹，不过这奇迹确实存在，一点不假，我知道！现在你

女孩的故事

---

① 选自严永兴编选《世界散文随笔精品文库·俄罗斯卷·白天的星星》，中国社会科学出版社，1993年版。

们大家也得知道知道白天的星星，看看这些星星！大家都来看看，大家！

看见白天的星星的愿望和带领大家欣赏这些星星的整个计划，都是那天晚上我从扎鲁切维耶回家的路上产生的——两年前我们在附近一个村子里落脚，租了一个房间。牛群刚从路上走过不久，空气中弥漫着一股甜丝丝的新鲜牛奶和渐渐冷却的尘土的气味。松软的尘土像一股股细小的喷泉，从赤脚的趾缝里凉快地喷涌出来，萤火虫在路边水沟里悠闲地闪烁，忽明忽暗。洼地的薄雾中看不见的马群的木铃和铁铃叮当作响。偶尔还传来某种异常温柔而又哀伤的铃铛声，泥路在起伏的丘陵间蜿蜒，心里乐滋滋的，因为你知道你脚下不是一条普通的路，而是瓦尔代高地，离你不远，从教堂小木屋的地下喷出一股泉水，这泉水就是大名鼎鼎的伏尔加。暮色苍茫，星星已经倒映在伏尔加河源头的泉水、溪水和河水中了……而白天的……白天的星星我明天定能看到！经过菜园朝屋里走去时，我不由收住脚步，欣喜而又惊恐地朝我家那口长满灰暗的地衣和青苔的老井瞟了一眼。老井跟通常一样：井台上细长的吊杆高高翘起，抵着夜空中一颗普通的星星。硕大肥厚的牛蒡叶子（从前久伊莫沃奇卡[①]就是乘着这种牛蒡叶子顺水漂游的）——夜晚蓝莹莹的牛蒡叶子在井台周围摇曳，发出吧嗒吧嗒的响声。一切都和昨天一样，又和昨天不一样！原来这口早已熟悉的老井装满了亮晶晶的白天的星星，而我们这些傻瓜居然一无所知，还故意把水桶在装满星星的幽暗井水里摔得乒乒直响。

"我明天就能看到白天的星星，"我重又想道，不由高兴得一阵战栗。但不知为什么接连几天我都不敢去看我家那口老井，"不，今天不行……明天吧……反正后天一定去看……"我下意识地拖延着看见白天的星星这一幸福，却又不知怎的使我害怕这时刻。说怪也怪，这种拖延反而使我感到一种莫名其妙的享受。

……那时，正值豆蔻年华的我，还不知道期待幸福远比幸福本身激动人心。正像预先品尝一项宏大、复杂而又心爱的创作往往比创作本身更能给人以莫大的喜悦一样。这就是为什么有时你会磨磨蹭蹭，拖延时日，想出种种不动笔的理由，听任想象自由自在地翱翔——畅想创作过程，甚至创作成果，也就是自己的新作。这部新作无论从尚未完成的构思来看（其实结尾完全不必想得一清二楚，它应当翩然而至，仿佛你的发现，仿佛对你劳动的褒奖），还是从忽而光彩夺目，忽而闪烁不定的纷繁的人物形象来看，都是那样和谐，那样出色。尽管这部新作还没有一字落在纸上，但天真的虚荣心会使你想见，它将获得最严格的朋友们的承认，为你带来读者内心由衷的激动，也许还会给你带来读者最美好的泪水——一个人悄悄落下的泪水……

中了毒气的安图安·蒂波在那慢性死亡的日子里，深知自己已经不久人世，他

---

① 久伊莫沃奇卡：安徒生童话作品中的人物。

回首自己的青春岁月，感慨万千地在日记里写道："我一直赞美未来，对生活充满积极的信赖。"

赞美未来，也就是生活在未来中，生活在可能来到的美好日子里，把未来当作活生生的现实——这是生活多么慷慨而又残酷的馈赠啊！我是久久地，大概是过久地赞美了未来的欢乐，似乎未来只有欢乐，也许还对欢乐充满了过分积极的信赖。反正我现在知道赞美无可避免的丧失（丧失爱情，丧失朋友，丧失家庭），赞美冤屈，赞美长久而沉重的考验究竟意味着什么，然而当初住在诺夫哥罗德的时候，正值豆蔻年华的我并不懂得，我生就一副过分醉心于未来的性格（有人则生就一副醉心于过去，醉心于回忆的性格）。我简直是在那里品味未来的欢乐，赞美我和白天的星星的会晤。

于是，过了两天或者三天，在一个炎热无云的晌午，认定菜园里一个人也没有以后，我飞快地走到古老的井口，眯起眼睛，像打开书本那样猛地打开长满苔藓的井盖，随即一眨不眨地朝黑洞洞的井底深处望去。

井里什么星星都没有。

我不相信。

我久久地凝视着井底，久久地呼吸着从那里升起的寒气和木头沤胀的气味，但井里没有出现星星，只是不知为什么那方乌黑的井水不时开始颤动，从中央朝四周井壁扩散出一圈圈几乎难以察觉的涟漪。

"大概，这是第一次，所以看不见白天的星星。"我琢磨着。于是过了一两个小时，热得浑身乏力的我，已经不是飞快地，而是蹑手蹑脚地走到井台跟前，小心翼翼、悄无声息地打开井盖……我又什么也没看见！这样我一次次地朝井里张望，直到傍晚空中亮起第一批人人都能看见的星星为止。

第二天下起了绵绵细雨，接着一连几天晴朗的天空中突然布满仿佛暴风雨后那种闪闪发光的白云（我在井里看到了这些白云！）。后来我又一次次地在不同时间，用不同方式窥视过井水，但终究没有看见一颗哪怕转瞬即逝的白天的星星……

我对谁都守口如瓶，我很满意，因为即使在穆西卡面前我都没有过早地吹嘘白天的星星。

说怪也怪！我仍然坚信世上确有白天的星星，确有能够映照和珍藏白天的星星的水井。无非我家那口老井还不够深，不够暗。或者那是因为从井底喷出的细细的泉水，泛着涟漪，使井水失去了平静，难以映照那些谁也看不见的星星。承认错误是很难的。只是不久前我才知道，当初是我听错了，或者是我没有听懂彼得·彼得罗维奇的意思：不是在深井里，而是从深井里，也就是坐在地表深处的什么地方才能看见白天的星星。尽管我在豆蔻年华从未见过一颗白天的星星，尽管目前给水站已经广泛普及，然而即使现在我也仍然相信在我们祖国大地上确有许多星光灿烂的水井，其中既有被童话般的牛蒡静静包围的老井，也有在我们生活的年代里开掘，用水泥砌得整整齐齐，有着老井连做梦都不敢想象的那种深度，那种平静幽暗的水面的新井。我不仅相信确有这样的水井，并且我还希望我的心，我的书，也就是我向所有读者敞开的心，也像水井那样能够映照和珍藏白天的星星——人的心灵，生活和命运……不，确切地说，我的同胞和同时代人的心灵和命运。

　　但愿大家能在我的心中，在我的幽暗而又清澈的水井深处看见这些普通肉眼看不见的、仿佛并不存在的白天的星星，看见它们灿烂的光辉。我想在自己心中永远珍藏这些白天的星星，就像珍藏自己的光辉，自己的最高本性一样。我深知，没有它们，没有这些白天的星星，就没有，也不可能有我这个作家……反过来说，没有我，没有我的生活和我对生活的描述，没有我们作家，白天的星星就不可能被人看见，也就是说不可能存在，这一点我们也都知道。

女孩的故事

【德国】埃里希·凯斯特纳

包智星 译

开学致辞①

　　每逢新学期开学，就有一批愣头愣脑的新生进入校园。校长或教师照例要做个开学致词，不外乎欢迎啦、校训啦、希望啦之类的套话，怎么把套话说出新意，与说话人的胆识、才情、精神境界都有关系。凯斯特纳这篇"开学致辞"，就颇具个性。比如他说：不要把教师当成上帝，不要过分用功，不要完全相信你们的教科书等等。没有相当才能和自信的教师，不敢把这些真话说出口。

亲爱的小朋友们：

　　现在你们按姓名的字母顺序或按个子大小，坐在这里，第一次坐在这些坚硬的长板凳上，我希望这只是出于季节的原因，你们使我回想起那些茶褐色的、金黄色的、串起来去晾干的黄蘑菇，而不是像理所当然地那样回忆起那些幸运儿。②你们中有的小朋友，好似坐在炉盖上，滑来滑去很不安定；有的像被胶粘住了似的，坐在位置上一动也不动；还有的在暗暗地吃吃发笑，而坐在第三排座位上的那个红头发小朋友，目光战战兢兢地凝视着黑板，他好像在观察那异常朦胧的未来。

　　你们的心情有点不安，这不能说，你们的直觉是错的，你们的某种时刻确已到来了。你们的家庭踌躇不决地把你们交了出来，把你们奉献给国家。按时刻表过生活的年代开始了，它将伴随你到生命的终结。一张由数目字、条文、等级和时刻表紧密交织在一起，并且越织越紧的网套现在缠住了你们。从你们坐到这里后，你们就被编在一个规定的班级里，并且是最低班。班级斗争和经受考验的年代在等待着你们，现在你们是幼果，将来必会长成累累的硕果！到今天为止你们伶俐活泼，从明天开始要将你们像做罐头似的密封起来！是的，我们也是这样过来的。从生命之树进入文明社会的罐头厂——这就是摆在你们面前的道路。因

学生时代

----

　①　选自《世界散文随笔精品文库·德语国家卷·向情人坦白》，中国社会科学出版社，1993年版。

　②　Steinpilz（黄蘑菇）、Gluckpilz（幸运儿），作者对应地同用pilz是一种文字游戏。

此，你们现在的窘迫感甚至于好奇心，这都是毫不奇怪的。

在你们踏上这条路途时，奉送几句规劝之言，是否会有些意义呢？何况规劝你们的人，是一个和其他人一样，毫无办法，同样散发着"罐头"味的人呢？不妨让他试一试吧，要谅解他，因为他从未忘记，也永远不会忘记，当他自己第一次上学的时候，坐在那间用灰砖砌成的、过于宽敞的盒子里，他当时是什么样的心情，他的心是多么的受压抑呀！说到这里，我们好像已经涉及了最重要的一个忠告，对这个忠告你们要像记住古老的纪念碑上的格言那样，引入脑海，打入心坎：这就是不要忘怀你们的童年！你们看，绝大多数人，他们像脱去一项旧帽子似的，早已把童年抛之脑后了。他们犹如忘记一个不再使用的电话号码，忘却了他们自己的童年。对他们来说，生活宛若一根可久藏而不变质的香肠，慢慢地吃完它，香肠吃尽了，也就不复存在了。学校起劲地要求你们从低班升到中班，再到高班。当你们最终到达上边并刚站稳脚跟时，人家就把你们身后成为"多余了"的阶梯锯掉了，这样你们就再也回不到原来的地方！人在他的一生中，可不可以像在房子里上下楼梯那样自由走动呢？如果最华丽的第二层楼，没有摆着散发果香的水果架的地下室，也没有一层楼那嘎嘎作响的房门声和叮叮当当的门铃声，那它将是什么样子呢？可是现在——多数人就是这样生活的！他们站在最高层，却无房子和阶梯，但还在那里自我得意。从前他们是孩子，后来长大成人，不过现在他们又是什么人呢？只有长大成人并保持童心的人，才是真正的人！谁知道，你们是否明白我所说的意思。简单的事情往往难以使人理解！那好吧，我们就来点稍微难一点的吧，可能这样反而会容易了解一些。譬如：

不要把教师的讲台看作是皇帝的宝座或是传道的讲坛！老师坐得高一点，不是为了让你们向他祈祷，而是为了使你们彼此看得清楚一些。老师不是教官，也不是上帝，他不是一切都知道，他也不可能一切全知道。假如他装作知晓一切的样子，那么你们宽恕他就是，但不要相信他！相反的他若承认，他不是一切都知道，那你们要爱戴他！因为他是值得你们爱戴的。另外，正因为老师并不是理应受到这么大的爱戴，所以他对你们对他的仰慕将会感到由衷的高兴。还要说一点的是：老师不是魔术家，而是一个园丁。他可以，并且将抚育和培植你们，但成长全靠你们自己！

你们要关照对你们关照的人！这听起来本是理所当然的，但有时做起来却是非常困难的。在我的班上有个男孩，他的父亲是开鱼店的。可怜的小家伙叫伯劳厄，他的身上总散发着鱼腥味，每当他向屋角走去时，我们其他人马上感到一阵恶心。鱼腥味已粘到他的头发和衣服上，刷洗也无济于事。大家都躲开他。这并不是他本人有什么过错，但他被嘲笑，被孤立，独自坐在一角，好像得了鼠疫似的。他羞得无地自容，但这有什么用呢。45年后的今天，每当我听到伯劳厄的名字时，我还觉得不大舒服。可见，要体谅人，有时是一件很难的事，并不是总能做到的，但必须不断这样做。

不要过分用功！懒惰的人不应该听到这个忠告。这是针对那些勤奋学习的人说的，这对他们是十分重要的。学校的各种作业并不是生活的唯一组成部分。人应该善于学习，不要死用功。这是我的经验之谈。我小时候曾想像牛一样的用功。虽然我尽了很大努力，也没能做到，今天我还感到奇怪。人的脑袋并不是身体的唯一器官。谁持相反意见的，就是在撒谎。谁相信这一谎言，那他通过各种考试之后，虽然成绩优异，但外表看起来身体已经累垮了，因此，必须经常跑步、做操、跳舞、唱歌，不然大脑袋填满了知识，却只是个残疾人。

不要讥笑愚蠢的人！他们不是出自本意想成为愚蠢的人，也不是生来供你们取乐的。不要殴打那些比你们弱小的人！这一点无需作详细解释，如果谁对此还不明了，我是不想再跟他打什么交道的。可是我还想对他提出一点小小的警告。强中自有强中手，谁也不要以为没有比他更聪明、更强的人了。他还是小心点为好。比较起来他也是个弱者，一个真正的傻瓜。

不要完全相信你们的教科书！这些书不是在西奈山①上产生的，甚至常常写得不明不白，这些书是从旧的教科书里抄来的，旧的教科书又是从老的教科书抄来，老的教科书又抄更老的教科书。人说这是传统。传统可是另外一回事。例如今天的战争已经不是教科书中的诗描绘的那样的战争，不再挥动长剑，不再使用闪亮发光的胸甲，再也没有像在格拉弗罗达和马尔斯—拉都尔②战场上那样，军帽上饰有随风飘曳的羽毛。对于这一点许多教科书里还没有足够的说明。你们也不要相信这种历史故事，在这些故事里人永远是好的，勇士一天二十四小时都是勇猛的！请你们不要信它，也不要学它，不然当在你们踏上生活之路后，会觉得特别惊讶！还想说一点：复利率的计算法，虽然课程表上是有的，但你们用不着去学它。我小的时候，我们必须学会计算出我们的祖先于1525年在约翰③常任政府统治时，存到银行的一枚金币，到1925年可能变成多少钱。这是一种异常繁琐、复杂的演算，不过也非完全徒劳无益，人家以此证明，世界的巨额财富似乎就是从一枚金币，通过利息和利滚利得来的！但是后来出现了通货膨胀，1925年这个世界的巨额财富连同它的储蓄银行都分文不值了。可是这种复利的计算法，却在算术书里一再沿用下来。后来进行了币制改革，储蓄和储蓄银行一股脑儿化成泡影，可是这些在教科书里又没得到反映。所以，现在可能就是你们拿起红笔，

① 西奈山：在今苏伊士运河以东，相传在此山上，希伯来的大先知摩西（约生于公元前1500年）制定了摩西五经，即圣经旧约全书之头五卷。

② 格拉弗罗达和马尔斯—拉都尔：1870~1871年普法战争时的战场，位于法国麦次城附近。

③ 约翰：是指格奥尔格·约翰（1468~1532），原是萨克森的侯爵。

将"复利计算法"那一章完全抹去的时候了，因为它已经过时了，正像现在向格拉弗罗达发动进攻一样，已经过时了，策佩林①也过时了，当然还有一些其他东西。

此刻你们按姓名的字母顺序或按个子大小坐在这里，你们现在想回家吧，亲爱的小朋友，那就回家去吧！假如你们还有一些东西不明白的话，请问问你们的父母！亲爱的家长们，如果你们有什么不了解的话，请问问你们的孩子！

---

① 策佩林（Zeppelin）（1838~1917）：德国著名的策佩林大汽船设计师。

【中国】朱秉欣

老师，您听我说①

教学相长，因材施教，是我们熟知的教育术语，真正落到实处却不易。利用职业的威严，从来习惯于训导学生的老师（尤其是担任行政职务的教师），很难得动念向学生学习吧？当蝌蚪变成青蛙以后，为什么很快就忘了自己曾经是蝌蚪呢？一个不把学生放在眼里、落在心上的老师，水平再高也算不得一个好老师吧？只有经常倾听学生心声的老师，才能和学生"相看两不厌"。而聪明的学生，是会常常想办法（并不是对着干）与老师沟通的，比如说，写诸如此类的标题的文章："老师，您听我说"，或者，"老师，我想对你说……"

亲爱的老师：

知道今年您要教我，我好高兴。在这一年的开始，我想向您吐露我的心声，让您了解我的需要。希望这一年内，我能好好接受您的教导，同时也让我从内心钦佩敬爱您。

（一）老师，我希望您常是一个有感情的人，而不仅是一架教书的机器。

（二）老师，请您不仅仅教书，而更是教我们学生。

（三）老师，请您也把我当人看待，而不仅是您记分簿上的一个号码。

（四）老师，请您不要单看我的成绩，更要看我所做的努力。

（五）老师，请您经常给我一点鼓励，不要让您的要求，超过了我的能力。

（六）老师，不要勉强我把求学当作人生的最大乐趣；至少对我，学习不一定是乐趣。

（七）老师，不要期待我最喜欢您教的课；至少对我，别的课可能更加有趣。

（八）老师，请辅助我学习自己思考、自己判断，而不仅背诵答案。

（九）老师，请您耐心地听听我提出的问题。但只有您肯听我，我才能向您学习去听别人。

---

① 选自《读者文摘》杂志，1985年第3期。

（十）老师，只要您保持公正，请您对我尽量严格。表面上即使我反对严格，但我知道我需要您严格要求。

（十一）老师，假如我有所失败，尤其在大众面前，不要可怜我，可怜会使我自卑。

（十二）老师，在教室内，不要把另一位同学当作我的表率，我可能因此而恨他也恨您。

（十三）老师，我若有所成就，也不要把我当作别人的榜样，因为那样使我难堪。

（十四）老师，请您记得，不久之前，您也是学生。您是否有时也会忘记带东西，在班上您是否样样第一？

（十五）老师，请您也别忘记，大学统考您是怎么考取的，您所学的专业是不是您的第一志愿？

（十六）老师，您也需要学；您不学，我怎能从您那里学到更新的东西？

（十七）老师，我心中感激；但您不要期待我口头上常说：老师，谢谢您。

最后，老师，您一定希望我学业进步，让我也祝您教学成功，您的成功将是我进步的保证，我的进步也就是您成功的证据。

敬爱您的学生

【美国】海伦·蒙斯拉

陈明 译

优点单①

　　当老师的可能有个普遍的感受：调皮的学生往往更记得老师，而成绩好的学生毕业后常常就把老师忘得一干二净。这其中的原因耐人寻味，原因之一或许是，调皮的学生常挨批评并受人忽略，一旦受到老师的一点关心，就更加难忘吧。通常，人们交朋友是和对方的优点打交道，教学生是否也该有这个心态呢？如果做教师的，能给每个学生一份"优点单"，作为他幼小的生命中的第一笔精神财富，这就相当于赋予每个孩子一个充满自信、值得期待的未来。

　　1959年，我在密苏里达州莫里思市的圣玛利学校做实习教师，教小学三年级。我很爱我的学生，特别是马科·克鲁斯。这男孩很有教养，时常不忘说"请"和"谢谢"。但是，像在他这个年纪的其他孩子一样，他也很顽皮。有一次，为了他的不守纪律，我把他关在衣帽间，没想到他竟从窗户翻到壁炉再到屋顶，跑了出来。在课堂上他有时还管不住自己的嘴巴，忍不住要说话。尽管如此，我也不会老生他的气，每次我向他指出缺点，他都会谢谢我。而且，他是那么快乐，充满了活力，只要看看他，我就禁不住微笑。

　　那年的教学经历也不总是愉快有趣。为保持课堂纪律常弄得我筋疲力尽。更糟的是，我曾失声达35天之久。我学会了简明扼要地向学生阐明我的观点，以引起他们的注意，如果这一着不奏效，我便做出我的学生称之为"十三点"的怒目圆瞪的面孔，他们一下子就安静下来，就连马科也不例外。

　　虽然实习教师在工作中犯错误在所难免，但我对马科却犯下了一个最大的错误。一天，尽管我一再地提醒，马科自己也特别小心，他还是忍不住要在阅读课上说话。我失去了耐心，对他说："如果你再说一个字，我就要把你的嘴巴用胶带封起来！"我从没想到要实施这个威胁。谁料不到10秒钟，一个学生报告说："马科又在说话了！"

学生时代

---

① 选自李晓琪编《铜声》，海南出版社，2001年版。原题《难忘马科》，标题为编者所拟。

　　我想如果这时还不做点什么，恐怕学生以后将会无视我的权威。于是我打开抽屉，拿出胶带，一言不发，走到马科的座位前，用胶带在他的嘴上贴了一个大叉。我走回讲台，边看书边打量马科，他向我皱皱眉，胶带起了作用，我禁不住大笑起来，学生们也哄堂大笑。我耸耸肩，走回马科的座位前，撕下了他嘴上的胶带，全班一阵欢呼。马科仍然很有教养地说："谢谢老师对我的帮助。"

　　正是通过这件事让我懂得了千万不要在大庭广众之下威胁一个学生，也不要在其他学生面前使一个学生难堪。

　　第二年，我被调去教初中的数学。五年后，马科又出现在我教的八年级的班上。他还是那么活跃，不过已经学会了在课堂上不随便讲话。对他和其他同学来说，数学是一门较难的学科。那是在一个星期五，我敢肯定，学了一周的代数，他们都已筋疲力尽了。这时我突然想到一个主意。因为在把学生的作业本发下去之前，我总要写上几句评语，现在我想知道学生们怎么评价自己的同学，于是我给他们布置了一个即兴的作业。

　　我叫学生把作业本放在一边，拿出一张白纸，写下每一个同学的名字，在名字的下边，写下他们认为的各个同学的优点。那堂课的其余时间，他们便埋头做这个作业，我也写我给他们的评语。观察他们做这个作业还真有趣。我可以看出他们正写着的是谁，他们常常抬起头来，看着一个同学，寻找灵感，然后眼睛会突然一亮，埋头疾书一阵，接着转向另一个同学。那个周末我为每一个孩子写下了评语，先抄下同学写的，再在最后写下我的。我想象着当他们读到别人记下的自己身上的优点时，他们该是多么高兴啊！

　　星期一我把作业本一发下去，全班都在微笑："我从来不知道对别人那意味着什么。"我听见一个学生说。"我不知道自己是那么逗人喜欢。"另一个说。

　　后来再没人提起这堂课。但是这次作业收到了预期的效果——他们对自己充满了信心，对同学充满了喜爱，而且更加热爱学习了。

　　这学期结束后，马科升入了高一年级，我也和他的家庭熟悉起来。他高中毕业后，我们保持着通信联系。越战期间，他从越南写信给我，告诉我他对战争和死亡是多么害怕。他说他常常做噩梦。我回信给他，告诉他我每天都在为他祈祷，我还把我现任班上的趣事写信告诉他。

　　1971年8月的一天，我休完假回家，父母到机场迎接我。回家的车上，母亲问了我一些旅途上的事以后，大家都沉默下来。我母亲瞥了父亲一眼，父亲清了清喉咙，这是他要宣布重要事情的前奏。"克鲁斯家昨晚来电话，"他开始了，"马科在越南阵亡。明天将举行葬礼，他们希望你能参加。"我现在还能回忆起父亲是在我们的车开到哪里说出的这段话。

教堂挤满了前来吊唁的人。我排在最后一个，从马科的棺材前走过。我心里的想法只有一个："马科，只要你能重新说话，我愿意把世界上的所有胶带都清除掉。"到了墓地，一个年轻的士兵走上前来，"您就是马科的数学老师吧？"我点了点头，他说："马科时常谈到您。"

葬礼过后，我们到马科的家去，马科的父亲对我说："我们想请您看一样东西。"他从口袋里掏出一个钱夹，"他们在马科的身上发现了这个，我们想您一定认得它。"他打开钱夹，从中间抽出一张破旧的纸，看得出来，它曾被重复地打开又折上过无数次。我不用读它，一下就知道了这是那张纸，上面是马科上八年级时同学们列出的他的优点。

"老师，感谢您安排了那次作业，"克鲁斯先生说，"马科一直珍藏着它。"

一大群马科的同学围了上来看那张单子。查理不好意思地笑着说："我也保存着那张单子，它在我家书桌的最上边一个抽屉里。"

卡科的妻子说："卡科要我把他的那张贴在我们的结婚相册里。"

"我也还保存着，"玛丽莲说，"在我的日记本里。"

薇婕掏出了她的钱袋，把她的那份揉皱的单子拿给大家看。"我到哪儿都带着它。"她说，"我想我们都还保存着自己的那一份。"

我禁不住失声痛哭。

诚然，我对学生的鼓励在他们的成长中起了非常重要的作用，但更重要的是，我从马科的身上也学到了很多东西。那时我只是一个实习教师，但正是从那时起，我开始懂得了上帝将那么多学生交给我，不仅是让他们能够学习，而且是让我也能够学习。现在我在大学任教，每当回想起过去，我都觉得应该把马科看成我最伟大的"老师"——那个顽皮的、爱说话的、总是微笑的小男孩教给了我要宽容待人，这是我不可或缺的一课。现在我正在教给我所有的学生这门课。这就是我所想到的最好的纪念马科的方式。

【美国】弗雷德·J.爱泼斯坦

袁光荣 译

我曾是智障者①

　　智商低并不等于愚钝，有学习障碍的学生并不是懒惰、缺乏毅力。没有对学生学习心理的科学判断，我们常常误将成绩差的学生视为懒惰或者情商低下，传统的药方是"勤能补拙""笨鸟先飞"，给差生以更大的学习压力。失败之后，干脆把学生贬低为"弱智"，放弃教育。不知有多少仅仅是"有学习障碍"的学生，一旦定性为差生，接着就是贬斥为弱智，最终迫使他成为人生的失败者。爱心与赞赏，要公平地给予每一个学生。而身为学生，不要因为某一项学习障碍就全面否定自己，学习有困难不可怕，自卑才不可救药。

　　弗雷德·J.爱泼斯坦，美国医学博士，纽约大学医疗中心儿童神经外科主任，世界一流的脑外科权威，首创了不少高难外科手术，比如切除脊柱和脑血管上的肿瘤。他在学生时代，是一名有严重学习障碍的学生。

至今，那一天还寒气逼人地凸现在我的记忆里：黑板前，我诚惶诚恐地描摹着老师要我写的字；写好退后几步时，同学们的哄笑说明我干的"活儿"糟透了。是什么，那么滑稽可笑？我大惑不解。"弗雷德，"老师训诫道，"你把所有的e都写反了！"

当我在里弗代尔小学上到二年级时，情况越来越糟：不管多么努力，我都弄不懂简单的算术——甚至理解2+2也有困难。到底出了什么毛病？

上三年级时，父母忧虑日增："弗雷德会落到什么地步？"母亲苦着脸问。我双亲都是学术界"高成就者"：父亲约瑟夫，毕业于耶鲁大学和耶鲁医学院，是著名的精神病学家；母亲莉莲，是精神病社会工作者，获得硕士学位。哥哥西蒙，上学毫无困难，小弟艾布拉姆，也注定要当一名优等生。

而我，却一直是个拼命干着的"差生"。为了避免上学，我经常装病。到五年级时，虽然很不情愿，我开始自认比别人"笨"，然而，老师赫伯特·默菲马上来纠

---

① 选自《读者文摘》杂志，1995年第6期。

正这一看法。那天课后，他把我叫到一边，递给我交上去的考卷。我窘迫地低下头：每个答案后面都打着叉。

"我知道你懂这些题目，"他说，"为什么我们不再来一次呢？"他叫我坐下，挨个问考卷上的原题，我一一作答。

"答得对！"他微笑着连连说——脸上的光彩在我看来足以照亮全世界。"我知道你其实懂这些题目！"他边说边在每一道题后都打上钩，把分数改成及格。

默菲先生还启发我利用词语间的联系来帮助记忆。例如，从前我每遇到单词social（社会的），不知怎么总读不出来——它在我眼里就像凶神一般可怕。"试试用这个办法去记，"默菲先生建议，"假设你有个朋友叫Al（艾尔），他会修自行车，有一天，你的自行车坏了，'So see Al（于是去找艾尔）'把车修好。以后你再遇到social，想一想So see Al，就知道怎么读了。"——这法子真灵！

后来，我甚至放学后都舍不得离开默菲老师——他总是那么耐心、那么会鼓励人。"你很聪明，弗雷德，"一次他告诉我，"我相信你的成绩会好起来的！"然而，我仍感觉在某些方面有难以逾越的障碍。

但是在家里，我却从一项别人比不上的技巧里得到了力量：超常的记忆力——我能清楚地说出三四个星期以前全家吃的饭菜和当时的天气。上初中时，我在学校里也露了一次脸——全文背出了林肯的葛底斯堡演讲词。这是怎么回事？为什么我在这种事上这么拿手，而在另外的事上又那么糟糕？我百思不解。

这个阶段给我巨大帮助的是洛蒂姨妈——我母亲的妹妹。她是一位小学低年级教师，善良、耐心，乐于帮助学习困难的孩子。上初中时，每逢周末，我都要蹬两英里的自行车到她的家，饭后，她让我在餐桌旁坐下，不厌其烦地辅导我。"不要着急，"不顺利时她总是安慰我，"咱们明天再试，你会通过的！"

我的字写得乱七八糟，因此，洛蒂姨妈常常先检查我上周的作业，如果她不能赞扬我的书写，至少也要赞扬一下书写后面的内容。"那个想法太妙了！"她总是说，"让我们把它再写一遍！"——随后是拥抱、小饼干和姜汁啤酒。

慢慢地，我获得了几项小成功：练出了一副好嗓子，被选拔参加学校演出；因为记性好，语文课上背诵诗词独占鳌头；特别是理、化成绩不错，这使我平生第一次萌生梦想——将来学医，像父亲一样当精神病研究专家，如果这一步实现，还要研究太空，争取飞到月球上去。然而，每项成功总是伴随新的挫折：此处进，彼处退。这使我对自己更疑惑不解了。

上十年级前，我按父母的意见转到了霍尔斯特德中学——一所专门教学习困难孩子的私立中学。在该校我第一次成为"尖子"学生，被推举为学生会主席和校足球队队长。毕业那年，作为"最佳中学生运动员"，还获得一个挺大的奖杯。

　　霍尔斯特德女校长写了封热情洋溢的推荐信给麻省布兰迪大学沃尔沃姆分校管招生的副校长，我被录取了，但是，该校崇尚竞争，在一大堆学习能力极强的同学中间，我的成绩和自我价值感直线下降。我奋力支撑了两年，最后决定转到纽约大学读三、四年级。

　　一次重要的有机化学考试后，成绩被张榜公布出来——我没有及格，沮丧之极。"只有过这一关才能进医学院！"一位朋友告诉我，他勉励我下决心把这门课攻下来。于是，我请了私人辅导教师，努力使这门课赢得了C+，继续读到毕业。

　　我知道凭我的成绩进医学院不容易。果然，一个又一个学院都拒绝了。"你不适宜学医，"一所有名的医学院的院长告诉我，"你的学业成绩说明你的情绪不稳定。"（他是指我的各门课的分数悬殊）但是，我知道自己的情绪稳定，只是在某些学科的学习上有障碍而已。最后，在父母帮助下，我进了纽约医学院。"学习将是十分艰苦的，"父亲警告我，"不过我相信你能成功！"

　　我热爱这一行。第三年，当进入实习阶段，转到神经外科时，目睹受脉管畸形和恶性肿瘤折磨的病人因外科大夫的医术和关心而康复，我明白自己找到了在生活中的位置。更重要的因素是孩子们——他们的天真、脆弱，以及眼神中对疾病的恐惧和对医生的期盼，都深深打动了我。于是，在实习后期，我毅然选择了儿童神经外科作为专攻领域。

　　1963年春，在学院卡内基大厅举行毕业典礼。当我上台领取学位证书时，我看到了母亲和洛蒂姨妈眼中闪动的泪花，以及父亲微笑的脸上露出的骄傲。我一一拥抱他们，在他们支持下，我成功了。然而，为什么我费了比常人多几倍的劲学习对我来说仍然是个谜。

　　20年后，我和妻子坐在一位心理学家的办公桌前，研讨10岁女儿艾莱娜的问题，心理学家肯定她的智商很低——与我当年一模一样，当对艾莱娜的全面检测结束时，心理学家告诉我们她"有严重的学习障碍"——一番话使我茅塞顿开。

　　他说：每年被检查和确诊为患此症的学龄儿童约占5%~10%，他们的智力在中等以上，但在四个学习阶段——抄写、分析、记忆和口笔头表达的某一个或某几个阶段有困难。更糟的是："学习障碍"问题常常被忽视，也很难确诊，导致许多这样的孩子被误以为懒惰、情绪不稳甚至愚钝。

　　他的分析恰似一道强光驱散了我童年生活那团迷雾。我告诉妻子："现在我知道什么东西在找艾莱娜的麻烦了——也明白了当年我为什么学得那么吃力。"

　　那是10年前的事了。今天，教育学家们通过深入研究，在诊断学习障碍和教给孩子怎样补偿方面已变得更有经验，从而使许多这样的孩子能有效地冲破障碍。我女儿艾莱娜目前在西拉丘斯大学读三年级，名列该校定期公布的优等生名册，被认为是难得的学医之才。

岁月荏苒，使我与许多帮助我走过崎岖路程的老师和朋友们失去了联系。去年，当我的书《献给时代的礼物》出版时，我特地寄了一本给启蒙恩师赫伯特·默菲——他已经退休，现住北卡罗来纳州。在扉页上我写道：

"献给默菲先生：您是我爱戴的终生老师。我忘不了，当我在里弗代尔小学读书最吃力的时候您怎样以爱心待我，我将永远把您铭记在心。"

【匈牙利】安多尔·福尔德斯
朱甄　译

贝多芬的吻①

　　乐圣贝多芬的一个吻，一代一代传下来，具有一种仪式的庄严，是师徒亲传的物证，更是薪火相传的神迹。教育，最基本的是知识的传递，最动人的则是人格的传承。

　　1985年9月，我在联邦德国萨尔布吕肯市给一批年轻的钢琴家上主课时发现，如果我在某个学生的背上轻轻拍一下，他就会表现得更为出色。我便在全班同学面前对他杰出的演奏予以赞扬，使他自己以及全班学生大为惊奇的是，他马上超越了自己的原有水平。

　　我记得的第一次表扬使我感到如何的幸福和骄傲！我当时7岁，我的父亲要我帮忙在花园里干些活。我竭尽全力卖劲地干活，得到了最丰厚的报酬。当时他亲了我一下说："谢谢你，儿子，你干得很好。"60多年后，他的话仍然在我耳边回响。

　　16岁时，由于与我的音乐教师发生分歧，我处于某种危机之中。后来一个著名的钢琴家艾米尔·冯·萨尔，李斯特的最后一个活着的弟子，来到布达佩斯，要求我为他演奏。他专心地听我弹了巴赫的C大调"Toccata"，并要求听了更多的曲子。我把自己的全副身心都投入弹奏贝多芬的"Pathetique"奏鸣曲以及其后舒曼的"Papillon"之中。最后，冯·萨尔起身，在我的前额上吻了一下。"我的孩子，"他说，"在你这么大时，我成了李斯特的学生。在我的第一堂课后他在我前额上亲了一下，说：'好好照料这一吻——它来自贝多芬。他在听了我演奏后给我的。'我已经等了多年准备传下这一神圣的遗产，而现在我感到你当得起。"

　　在我的一生中没有别的什么可以比得上冯·萨尔先生的赞扬。贝多芬之吻神奇地把我从危机中解脱出来，帮助我成为今天这样的钢琴家。不久将轮到我把它传给最值得受这份遗产的人。

　　赞扬是一股强劲的力量，是黑暗屋子里的蜡烛。它是一种魔术，我对它的神奇作用总是感到诧异不已。

----

　　① 选自《隽永小品集》，甘肃人民出版社，1989年版。

【中国】董月玲

因为我们一无所知①

　　对知识的渴求可以点燃心灵的火焰，可以在任何冷酷的环境中温暖自己的生命。因为我们一无所知，我们就要消除无知；因为我们知道自己一无所知，我们更爱知识；因为我们一无所知，我们更要证明自我的价值。北京的五名中学生在"文革"期间的求知之旅，是如此的艰难而又坚韧。他们的故事，验证了科学的巨大魅力和智慧的无上尊贵。

　　5个北京中学生，在中华人民共和国最为险恶的那段日子里，在念书毫无前途出路，学问大了反而可能招灾惹祸的年头里，居然成立了一个学习自然科学的小组，还办了份手抄本的小刊物《中学生》。

　　1977年，他们全部考入大学数学系，没读几天，又都考上了研究生，没有亲友帮助，不靠国家资助，仅凭个人的科学素养，得到国外大学的奖学金，全部走出国门，继续深造。

　　虽说时下的社会环境与从前大不一样，但这个"五人小组"的故事，仍吸引着我。

在各种变换中，总可以找到一个不变之量

　　1969年7月的一天，王世林正在山西山阴县一个叫羊圈铺的地方插队。一封来自北京的信让他兴奋不已，信是张葆环写来的，告诉他成立五人数学小组的事。

　　5个人中有4位是北京四中的学生。

　　程汉生与王世林是高中的同班同学，很早开始，他们就对中学那种循序渐进，培养解题机器似的缓慢的教学方法感到讨厌。

　　王明曾被树为全校学习的榜样。他与程汉生两人，高二时就被学校认可免修数学。

---

　　① 选自《中国青年报》，1999年9月20日。有删节。

比他们高一级的钱涛，由于有特殊的数学天赋，被同学们称为"数学王"。

物以类聚。喜爱自然科学尤其是数学，北京十三中学生张葆环就这么跟他们认识了，五个中学生聚到了一块儿。

但是，一场改变无数人命运的"文化大革命"开始了。

当时北京四中的学生，父母多为"高干"和"高知"，因此许多人的爹妈在劫难逃，受到严重冲击。重大的压力下，学生们的反应各不相同，而"五人小组"却在重重压力下，进入数学和物理天地，继续学习高年级课程。

"正如数学中最优美的不动点定理所陈述的那样，在各种变换中，总可以找到一个不变之量。"在社会的动荡中，他们都回到了数学这个不动点上，通过对自然界的洞察以求得内心少许的平衡。

有了这个数学小组，日子就大不一样了

1968年，"知识青年到农村去"的最高指示发表了，随着"上山下乡"运动进入高潮，他们很快被搬到了农村。

一个早上，王世林黯然神伤地排着大队，等着注销自己的北京户口。他还清楚地记得离开北京是早晨7点零9分，火车颤动着西行，列车上号啕的哭声，不仅仅表达着离愁别绪，大部分人心里都明白：自己走上了一个不归路。

当时的中国农村，基本上还停留在上千年前依靠体力的原始状态。在城市悠闲生活中长大的人，突然每天要干十几个小时的体力活儿，一天下来，累得连吃饭的劲儿都没了，只想躺下睡觉。

同在雁北插队的还有王明，阳高县下深井公社，不通车不通电，吃水要从8丈深的井里一点点地提。

"数学王"钱涛，则在山西吕梁山开始了他的插队日子。

程汉生落户的地方就在北京郊区的怀柔，可他回趟北京，路上花的时间比王世林从山西回家的时间还长。

只有张葆环幸免插队，留守北京。他的来信，再度点燃起这些沦落他乡，在恶劣的生存环境中苦挣苦熬的兄弟们残存的兴趣和热情。"当我们接到要成立数学小组的信时，无不欢呼响应。"

"在那种环境里，我们太需要精神上的相互鼓励、相互支撑了，有了这个数学小组，日子就大不一样了。否则，人会消沉下去，把自己毁了。"王世林说。

怎样才能使科学真正在中国的土地上生根、发芽

当时他们考虑：既然大家都是中学生，将来也不会有机会上大学，所以，干脆

就把自己的数学刊物起名叫《中学生》。第一期上有一个大刊头,下边是一句简短的发刊词:"我们是富于创造性的,因为我们一无所知"——这是培根的话。

第一期上发表了程汉生的两篇文章:一是《实变函数论与数学分析》,再是著名数学家哈尔莫斯的《朴素集合论》第一章译稿,这书是美国(20世纪)60年代出版的教材。从一开始,他们就为自己的学习定下基调:立足于现代数学。

从此,只有四五页厚的手抄本《中学生》,把天各一方的五颗心牢牢地拴在了一起。每期由张葆环手抄一式5份,四散寄出。

在北京的张葆环,那会儿常骑辆旧自行车到北京西单旧书店找"宝"。当时新华书店差不多只卖毛泽东的书,没有一本像样的科技与文艺类新书。维纳的经典著作《控制论》,就是他在旧书堆里发掘到的。维纳是20世纪世界著名数学家,他优美的文笔,深邃的思想强烈地吸引着张葆环,一连几周爱不释手。之后,他又把这本书推荐给程汉生等人。"五人小组"人人都读了,这本书对他们的影响,却不仅仅是数学。

"书中生动地描绘了西方科学家们的学术活动方式、方法,特别是他们无拘无束、自由探讨的精神。"那会儿,他们曾思考过这样的问题:

难道一个国家光靠政治运动就能强大吗,一个不了解现代科学的民族真能强大吗?

为什么20世纪50年代许多留学生回国后,就再也没有什么研究成果?科学发展必须有怎样的社会环境?

西方现代科学家为什么能不断提出问题、解决问题,领导整个科学与技术的进步?西方现代科学是怎样成长、发展的?

我们怎样做才能融入现代科学的主流,成为不可忽视的科学力量?

怎样才能使科学真正在中国的土地上生根、发芽、不断开花结果?

…………

就今天来看,这些问题仍值得探讨。

20年后,这个国家总会明白,它需要现代数学

1969年秋后冬闲,几位"知青学者",迫不及待地返回北京,他们的冬闲变成了冬忙。

北京西四兵马司胡同34号,程汉生手忙脚乱地把他那间4平方米的卧室,改造成课堂,他把一面墙涂成黑色,当作黑板。"五人小组"全部到齐,第一次会议开始,由一个人朗读维纳的《控制论》导言,别的人可以随时插话,发表自己的高论。

说起"五人小组",不能不提及他们的恩师韩念国。

韩念国1958年只读了半年大学，就因家庭成分不好被迫退学，后到了北京天文台工作。1969年，美国"阿波罗"登月成功，在周恩来总理的指示下，北京天文台等研究机构开始追踪美国这一试验计划。韩念国在很短的时间里，完成了对美国"阿波罗"飞船的轨道计算，成为几套不同计算方案中的最佳者，使中国有关科学家能及时有效地观测、拍照。没完成大学学业的韩念国，在著名数学家熊庆来的关心指导下，在校园外学完了本科课程后，又考上北大数学系研究生。也许是为了回馈恩师对自己的帮助，韩念国得知"五人小组"自学数学的事，便以同样的方式，无偿地辅导起这些失学青年。

他花了两个月的时间，准备了"测度论"与"集合论"讲义，给"五人小组"上了第一堂课。即使最聪明的人，对现代数学也不可能一看就懂，韩念国像是在为一群乱闯的羔羊指点迷津，这种点拨，比他们自己学，不知要快上多少倍。

"20年后，这个国家总会明白，它需要现代数学，这个事实最为重要。"韩念国如此鼓励五人。

新时代开始最快10年，最慢不应超过15年

王世林至今还很后悔，当年因为害怕，他们把《中学生》第一期毁了。第一期上有个大刊头，为了不引起有关部门的怀疑，从第二期开始，他们取消了刊头，只在每页中间底部标上本期号码与页码，每个人不用真名，而用代号，比如王世林就叫WS。

《中学生》仍继续办着，且来稿必登，决不退稿。他们实在太需要同伴的鼓励与赞赏，太需要有小小的成就感满足一下自己，太需要有个地方能让他们自由讨论、平等对话，"科学，依赖于不被强权所左右的独立思考者；自由的探讨精神，乃是科学的土壤。假如把独立思想视为洪水猛兽，代价则是窒息文化发展，停滞生产活力。"

在韩念国的指导下，五人完成了大学数学基础课的学习，然后开始学习研究生课程，并从事一些博士生的研究训练。

一个初春的早上，春寒料峭，北京龙潭湖公园几乎没有任何游人，再过几天，王世林他们又要赶回乡下春播了。"五人小组"历史上最重要的会议——"龙潭湖会议"正在召开，他们围着龙潭湖边散步边讨论，议题是对社会前景的瞻望。

在那个极度混乱、沉闷、恐怖、窒息的年头里，社会到底还存不存在希望，会往哪个方向发展？五人辩论得相当激烈，态度有积极乐观，也有冷静忧郁。钱涛幽默地用现代数学言语道："成功的集合是零测集，但它确实是可以发生的。"成功的可能性并不大，但它确实存在。

凭着对历史、社会、科学真实而朴素的见解，加上不被时髦思潮干扰的独立、健康的思考，他们最终得出一个"反动透顶"的结论：科学是无法论证"万寿无疆"的，人总有一死，这是亘古不变的真理。中国几千年就是一个人治的社会，一个时代的结束，必须以一个人生命的终结为标志。新时代开始最快10年，最慢不应超过15年。

社会的变革，比他们预测的提早到来了。1977年，全国恢复高考，"五人小组"全部考进大学数学系，上学不到半年，又有3人考上研究生。

1978年7月的一天，他们在北京东单的一家餐馆举办庆功会，特别请来了恩师韩念国。

梦想成真，总算熬出头了。席间，大家吃得开心，说得痛快，突然，韩念国话锋一转，道："你们有没有考虑出国留学？美国仍然是当今世界上最主要的数学大国，研究人才济济。"

五个人一下安静了，面面相觑。

尘封多年的国门刚刚打开，他们对外面的世界仍一无所知，到美国留学，这可能吗？

我们可能无力改变整个社会和时代，但我们的确可以改变自己

1992年，"五人小组"的人已全部到了海外。

眼下，"五人小组"的张葆环和王世林都在美国"硅谷"做软件工程师。程汉生在世界第二大软件公司、芝加哥的SPSS公司做统计工作。王明在纽约州立大学任数学教授。钱涛在北大读完数学博士，进了中科院从事研究工作，曾获第一届国家科技进步奖，1986年，被澳大利亚科学院聘为博士后研究员，现在新英格兰大学任教。

30年，就这么过去了。

当我见到回北京出差的王世林，见到他特意带回的手抄本《中学生》时，有点惊讶：历经了这样长久的岁月，这样动荡不安的生活后，他居然还能把这一页页纸保存得这么完好。

"不光是我，我们每个人都好好地保存着《中学生》。"他告诉我说，"在我们个人的生活经历中，没有什么比这更值得纪念的了。假如没有'五人小组'，那我们今天的生活，完全可能是另一种样子。"

"作为一个个体，我们可能无力改变整个社会和时代，但我们的确可以改变自己！"他的这句话，或许就是这个30年前的故事于今天的意义吧。

【中国】龙应台

机器人中学①

对学生衣着和发型的规定，当然有它的理由，比如掩盖贫富之分、制约学生消费、整齐有序看起来悦目等等。与之相反的理由也同样多，比如统一校服和发型是否真的那么重要，以至于可以堂而皇之地以貌取人——凭外表来判定学生的道德品行？统一外表的真实目的是否在于思想的统一？在德育上把学生看作流水线上的机器人，与在智育上希望学生勇于质疑、养成个性是否矛盾？当事情明显不合理的时候，每一个教育管理人员是否有责任问一声"为什么"？就这个问题，大家不妨来一场辩论赛。

有一所中学一口气处罚了80个学生，因为他们头发过长。有一个教官在大街上罚学生站，因为学生穿着制服当街吃西瓜。还有一位中学校长，因为学生逃课出去闹事，痛心反省之余，大骂经费不足，未能把破损的校墙围好，所以亡羊补牢第一步，申请经费修墙。更有出了名的复兴中学，因为学生上台吻了异性表演者的面颊而将他们记"暗过"。

一个中学三年级的学生来信："我们训导主任和管理组长专门检查服装仪容。夏天再热，衬衫的袖口不能卷起来，裙子要过膝。冬天的套头毛衣除了黑、白，不能有其他颜色，镶边也不可以。书包的背带不能太长，也不能太短。夹克的拉链必须拉到底。头发一定旁分，一定要用发夹。发长是用尺量的，多出一点点就要记警告；有刘海或打薄的都要记小过，而且，老师还会把你的头发剪成一边长一边短，后面剃平，作为一种羞辱、一种惩罚。"

是谁在作践我们的子女？老师吗？训导主任和管理组长吗？还是高高在上的教育执政者？

老师们，忙着把联考所需的知识塞到学生脑子里，恐怕没有时间去管学生的袖子是否卷起。训导人员一手拿着一个四方框框，一手拿着剪刀，看到一个学生就用框框往他身上一套，超出框框的发丝、裙角、手臂、头脑，就咔嚓一声剪

---

① 选自龙应台《野火集》，上海文艺出版社，1996年版。

掉，再记个警告。这种所谓"训导"的目的呢，就是使所有台湾所培养出来的十几岁的小孩都长得一模一样——发型一样、穿着一样、举手投足一样、思想观念一样，像工厂的生产线所吐出来一部一部机器。当然并非所有的中学训导人员都是剪刀与框框的信徒；把学生当作有尊严的个人去爱之诲之的一定也很多。可是这些剪刀与框框的信徒究竟错在哪里？

一位管理组长可以理直气壮地说：头发多长、制服怎么穿，又不是我的规定，我只是执行任务，尽心职守。你要骂，去骂教育部部长好了。

他说得不错，他是用框框去套学生的人，可是制造那个框框的人并不是他。那么这一类的训导人有没有错？那个一口气处罚80个学生的管理组长、那个当众罚学生站的教官，有没有错？当然有！只有机器人才会拿着工具一视同仁地去"执行任务"，一个榔头打一个钉子。中学的训导人员是知识分子，是负有重任的知识分子，他们直接地影响、塑造这整个民族的下一代；他们不应该是，不可以是没有思考力、判断力的机器人。手里拿着一个框框，他首先要问自己：这个框框的目的是什么？女生的头发"为什么"不能过耳？套头毛衣"为什么"不能是绿色？热天里，"为什么"不能卷起袖子？想通框框的本意与目的之后，这个负有训导重任的知识分子还要问：这个框框是否适用于所有的学生、所有的情况？跟我所学的教育的原则与信念是否有所冲突？执行的方式与尺度应该如何调节才不至于使本来是"手段"的框框变成死胡同的"目的"？这个为我们栽培民族幼苗的人更要问自己：我要怎么样运用这个框框才能达到真正帮助学生成长的目标？

学校不是军队，训导人员不是没有大脑的机器人——他要思考、要判断。以"只是执行上面规定"为借口，只有两种可能：其一，他或许真的没有慎思明辨的能力；其二，他或许有思考能力，但没有勇气去质疑这个框框或改变这个框框。不管前者或后者，这样的人怎么有资格教育我们的下一代？没有思想、没有胆识的机器人能教出什么样的下一代？

归根究底，当然要问：是谁做的框框与剪刀。除了位高权重的教育决策者还有谁？但是这些部长、厅长、局长也可以理直气壮地说：我才上任几年，这个框框是传统移交下来的，不是我，是别人。

这个说法可以接受吗？笑话，当然不可以。一个策划百年大计的人，上了台之后就应该细心审视这个由来已久的框框：它应不应该继续存在？它有没有改革的必要？它合不合乎他个人的教育理念？如果他什么都不做，萧规曹随，就等于说，这个框框是他做的，是他把它交给每一个校长、训导主任，每一个教官、管理组长，去套在学生头上。他要负最终的责任。

那么，究竟这个框框有什么不好呢？这个问题比想象中要复杂得多。限于篇幅，我暂且不理论为什么中学生头发非是个倒过来的西瓜皮不可，也暂且不追问为什么不可以穿着制服吃西瓜，为什么不可以把衣袖卷起来等等细节。这种压制性的"管训"教育有两个比较严重的问题。第一是不合理的、僵化的形式主义。认定了凡是合于框框的（头发短、裙子长、书包带子刚刚好），就等于"操行良好"。凡是不合形式的（头发中分、裙不及膝、穿绿色毛衣），就是"品行不好"。头脑再简单的人也看得出这两个等号画得不合理。人的品行是多么深奥复杂的东西，哪里是头发的长度能够代表的；说起来像笑话，在台湾的学校里却是件教育大事，真令人瞠目结舌！学生的内在本质似乎无关紧要，紧要的是外表、是形式：样子对了就可以了。这种僵尸式的教育，实在可怕！

"管训"框框的第二个问题恐怕有许多训导人员不愿意承认，是个权威的问题。这个框框是成人用来证实自己权威的工具。当一个教官在震怒之下把学生头发剃掉或罚跪罚站或记学生过，他所愤怒的原因，大概不会是因为他觉得学生发型太难看，而是因为学生没有尊重"校规"、服从师长命令，越过了那个明令颁布的框框。头发长只是表面上的因素，潜在的因素是：学生没有服从我。校规合理与否并不重要，师长的尊严、权威却不可以破。这个框框像个紧箍，紧紧地夹在学生头上，一有越轨举动，教官就念个咒，让学生得点教训，学习服从权威的重要：一切都是为了你好……

这里我发现一个极大的矛盾。一方面，我们的教育者也的确希望造就出类拔萃的学生——我们也有科学奖、才艺奖等等。报纸特别喜欢报道中国人的孩子在美国如何如何地表现优异，什么人得了总统奖，什么人得了西屋科学奖，什么人年纪轻轻就上了大学，居然都是台湾过去的小留学生。我们的教育者与父母羡慕之余，不免心里有点狐疑：同样的种，为什么一移植就大放异彩？是我们的教育土壤有问题吗？

问题可多了，这高压性管训教育就是问题之一。教育者一方面希望学生在学问上精益求精，也逐渐领会到启发式教育的重要。许多老师也开始鼓励学生活泼地思考、大胆地创新、勇敢地质疑。可是同时，在行为方面，管训导的人却仍旧努力地把学生压制在框框里，处心积虑地要把他训练成一个中规中矩、言听计从、温驯畏缩的"好"学生？如果他敢在课堂上表示物理老师对流体力学的解释不够周密，他难道不会对训导主任追问他为什么不可以穿着制服吃西瓜？反过来说，一个老师说一他不敢说二的"乖"学生，他可能把老师的实验推翻而自己去大胆创新吗？

教育者所不自觉的矛盾是：他们在"智"育上希望学生像野兔一样往前冲刺（当然也有为人师者希望学生在智育上也如乌龟）；在所谓"德"育上，却拼命把学生往后拉扯，用框框套住，以求控制。这两者其实不能并存。有高压式的"德"育，就不可能有自由开放的"智"育，换句话说，我们如果一心一意要培养规矩顺从听话的"乖"学生，就不要梦想教出什么智慧如天马行空的优秀人才。"庸才"的"德"育之下不可能有真正的"智"育。

所以我对这个僵死的紧箍咒框框其实没有什么成见。我们的教育决策者如果不介意甚至于有意培养出一代又一代易于控制操纵的机器人，这个框框很实用、很有效，越紧越好。但是如果制造机器人并不是我们的长程计划，如果我们想为这个民族栽培的其实是思考活泼、创新大胆、质疑勇敢的下一代，那么这个掐死人的框子就非解开不可。"吻颊"事件发生之后，报纸舆论固然批评学校过分保守，却称赞教育部"不干涉"的态度，我很不能理解：这样反人性、反理性、反自然的虚伪教育，怎么能够"不干涉"？难道我们的教育决策者在鼓励这个高压管训的框框的拴紧？我们到底要一个什么样的未来？

台湾的父母，你又要你的子女受什么样的教育呢，小小年纪就送到国外去也实在不是办法；还是在这个又脏又乱又挤的台湾"知其不可而为之"吧！制度是可以改变的，但是没有人的争取与努力，当然就是梦想！

【美国】海伦·凯勒
孙法理 译

伟大的日子①

　　海伦·凯勒（1880~1968），一个奇迹般的女子，一岁半时因患猩红热失去视力和听力，世界一下子变得无光、无色、无声。就是这样一个孩子，居然学会了阅读和写作，上了大学，终生致力于盲聋哑人的公益事业，成为残疾人的天使。她的自传《我的一生》就像是人间弱者的福音书。海伦·凯勒的一生，是人的奇迹，而首先开创这个奇迹的，是另一位伟大的女性——海伦·凯勒的老师安妮·沙莉文女士。当沙莉文老师初次来到七岁的海伦面前，那是天使降临了，这一天，是人类显示他的神奇力量的一个"伟大的日子"。

　　在我的记忆中，我平生最重要的日子，是我的老师安妮·沙莉文来到我身边的那天。这一天联系着我两种截然不同的生活，每想到这一点，我的心里便充满了神奇之感。那是1887年3月3日，距离我满七岁还有三个月。

　　在那个重要的日子的下午，我一声不响地站在大门口，我在等待。我从妈妈的手和屋里匆忙来往的人们，模糊地感到某种不寻常的事就要发生。因此我来到门口，在台阶上等待着。午后的阳光穿过覆盖在门廊上的金银花，落在我仰着的脸上。我的指头几乎不自觉地流连在熟悉的树叶和花朵之间。那花似乎是为了迎接南方春天的阳光才开放的。我不知道未来给我准备了什么奇迹和意外。几个礼拜以来，我心里不断地受到愤怒和怨恨的折磨，这场激烈的斗争使我感到一种深沉的倦怠。

　　你曾在海上遇到过雾么？你好像感到一片可以触摸到的白茫茫的浓雾，把你重重包围了起来。大船正一边测量着水深，一边向岸边紧张焦灼地摸索前进。你的心怦怦地跳着，等待着事情的发生。在我开始受到教育之前，我就像那只船一样。只不过我没有罗盘，没有测深锤，也无法知道海港在哪里。"光明！给我光明！"这是我灵魂里的没有语言的呼号，而就在一小时之后，爱的光明便照耀到了

---

① 选自李然编《外国文化名人自画像》，中央编译出版社，1996年版。

我的身上。

我感觉到有脚步向我走来，我以为是妈妈，便向她伸出了手。有个人握住了我的手，把我拉了过去，我被一个人抱住了。这人是来让我看到这个有声有色的世界的，更是来爱我的。

我的老师在到来的第二天便把我引到了她的屋里，给了我一个玩具娃娃。那是柏金斯盲人学校的小盲童们送给我的，衣服也是罗拉·布莉治曼[①]给它缝的。但这些情节我都是后来才知道的。

225

在我玩了一会儿玩具娃娃之后，沙莉文小姐便在我手心里拼写了d—o—l—l[②]这个字。我立即对这种指头游戏感到了兴趣，模仿起来。最后我胜利了，我正确地写出了那几个字母。我由于孩子气的快乐和骄傲，脸上竟然发起烧来。我跑下楼去找到妈妈，举起手写出了doll这个字。我不知道我是在拼写一个字，甚至也不知道有字这种东西存在。我只不过用指头像猴子一样模仿着。在以后的日子里，我以这种我并不理解的方式，学会了很多字，其中有pin（大头针）、hat（帽子）、cup（杯子）；还有几个动词，如sit（坐）、stand（站）、walk（走）等。到我懂得每一样东西都有一个名字的时候，已是我的老师教了我几个礼拜之后的事了。

有一天，我正在玩着新的玩具娃娃，沙莉文小姐又把我的大玩具娃娃放到了我的衣襟里，然后又拼写了doll这个字。她努力要让我懂得这两个东西都可以用doll（玩具娃娃）这个字表示。

前不久我们刚在"大口杯"和"水"两个字上纠缠了许久。沙莉文小姐想尽办法教我m—u—g是"大口杯"，而w—a—t—e—r是"水"。可是，我老把这两个字弄混。她无可奈何，只好暂时中止这一课。打算以后利用其他机会再来教我。可是，这一回她又一再地教起来，我变得不耐烦了，抓住新的玩具娃娃，用力摔到地上。我感到玩具娃娃摔坏了，破片落在我的脚上。这时我非常高兴，发了一顿脾气，既不懊悔也不难过。我并不爱那个玩具娃娃。在我生活的那个没有声音没有光明的世界里，本没有什么细致的感受和柔情。我感到老师把破片扫到壁炉的角落里，心里很满足——我的烦恼的根源被消除了。她给我拿来了帽子，我明白我要到温暖的阳光里去了。这种思想（如果没有字句的感觉也能称之为思想的话）使我高兴得手舞足蹈。

我们沿着小路来到井房。井房的金银花香气吸引着我们。有人在汲水，老师把我的手放在龙头下面。当那清凉的水流冲在我的手上的时候，她在我的另一只手的掌心里写了w—a—t—e—r（水）这个字。她开始写得很慢，后来越写越快。我静静地站着，全部注意力集中到她指头的运动上。我突然朦胧地感到一种什么被

---

① 罗拉·布莉治曼：聋盲哑人，柏金斯学校很有影响的教师。

② doll：英语，玩具娃娃。

遗忘了的东西——一种恢复过来的思想在震颤。语言的神秘以某种形式对我展示出来。我明白了"水"是指的那种奇妙的、清凉的、从我手上流过的东西。那个活生生的字唤醒了我的灵魂，给了它光明、希望和快乐，解放了它。当然，障碍还是有的，但是已经可以克服了。

我怀着渴望学习的心情离开了井房。每一个东西都有一个名字，每个名字产生一种新的思想，当我们回到屋里去时，我所摸到的每一件东西都好像有生命在颤动。那是因为我用出现在我心里的那种奇怪的新的视觉"看"到了每一个东西。进门的时候，我想起自己打破了的玩具娃娃。我摸到壁炉边，把碎片捡了起来，我努力把它们拼合到一处，但是没有用。我的眼里噙满了泪水，因为我懂得我干出了一件什么样的事，我第一次感到了悔恨和难过。

那一天我学会了很多字，是些什么字，我已忘了，但是我确实记得其中有妈妈、爸爸、姐妹、老师这些字——是这些字让世界为我开出了花朵，像"阿隆①的棍子上开出了花朵"一样。在那个新事频出的日子的晚上，我睡上了自己的小床，重温起那一天的欢乐，恐怕很难找到一个比我更加快乐的孩子。我第一次渴望新的一天的到来。

---

① 阿隆：先知摩西的哥哥。"阿隆的棍子上开出了花朵"一事见《圣经·出埃及记》。

【智利】米斯特拉尔

雷怡 译

女教师的祈祷①

　　带着殉道者的情怀从事教育，那是怎样一种深情的奉献？在教师这个行当里，似乎较容易产生圣者，他们传承文化、担当理想、生产思想、点播读书种子，一代代孜孜不倦地传递伟大的理念和高尚的人格，为纷纭的人世小心呵护一片片灵魂的净土。我相信，有些人在跨入师门之时，是会做类似的祈祷的。

　　米斯特拉尔（1889~1957），智利女诗人，1945年获诺贝尔文学奖。出身贫寒，未受正规教育，自学写作，做过小学教师、中学校长、大学教授。

　　诲人不倦的主啊，请原谅我从事教育，原谅我僭用教师的称号，因为这称号你在人间用过。

　　请赐给我爱，让我把它全部倾注在我的学校；连炽热的每一刻也不能夺去我对学校的情意。

　　导师，让我的热情经久不衰，让我的绝望成为过眼云烟。矫枉过正这种不纯的愿望仍然扰乱我的心灵，受到伤害时，我仍会产生卑劣的不满心情，这一切请你从我身上消除。别让我为了学生懵懂或者前学后忘而伤心痛苦。

　　让我比做母亲的更为慈爱，像母亲一般爱护那些不是我亲生的小孩。

　　把笼罩在你身边的赤脚孩子头上的光辉带给我的平民学校。

　　尽管我是个穷苦的女人，无依无靠，但让我坚强起来，让我蔑视一切不纯的权力，蔑视除了你的意志以外的对我生活的一切压力。

　　朋友，陪伴我！支持我！有许多时候，除了你以外，谁都不在我身边。我的教诲越是纯洁，我的真理越是炽烈，世俗的人越是不跟我在一起；你最了解孤苦无告的人，那时候，请你把我紧搂在你胸前。我从你眼里看到甜美的赞许，我就心满意足，别无他求。

　　给我朴质，给我深度；让我每天教学时避免烦琐平淡。

---

　　① 选自文远、余翔编《精品中的精品——诺贝尔文学奖得主美文100篇》，作家出版社，1994年版。

让我每天昂起头来到学校，把心灵的创伤忘掉。让我工作时抛开个人物质的追求和庸俗的苦恼。

让我的手在惩罚时变得轻纤，在爱抚时更加温柔。别申斥我，因为我爱之深才责之严！

让我的砖土学校有崇高的精神。让我热情的火焰温暖它寒酸的门廊和简陋的教室。让我的心意和善良的愿望使它比富有的学校更为富丽堂皇。

最后，请你从委拉斯开兹①的画布上抬起苍白的面庞，提醒我，在世上教学和热爱就是两肋带着朗其诺斯②的矛伤，直到生命的最后一息。

---

① 委拉斯开兹（1599~1660）：西班牙画家，以宫廷人物肖像画著称，也创作了大量神话与宗教题材的作品。

② 朗其诺斯是耶稣被钉十字架时用长矛猛刺耶稣的罗马士兵。

【美国】威廉·詹姆斯

黄继忠 译

致学生书①

> 威廉·詹姆斯(1842~1910),美国心理学家。在他任教于哈佛大学时,班上的女生在一次大学礼仪上献给他一株杜鹃树,深受感动的教授写下了这封答谢信,压抑不住的喜悦用幽默的语句表达,颇具风度。信中还三句话不离本行,用感怀的语气教导了一个心理学原理:"人性最深刻的原则是得到赏识。"

亲爱的姑娘们:

你们的纪念品使我深受感动。这还是有生以来第一次有人对我这么好,因此你们完全可以相信:你们给这个孤苦伶仃的人心上留下的印象,要比哲学2A这门课程的全部教学内容在你们头脑中留下的印象深刻得多。现在我认识到我的《心理学》这本书中遗漏了一项重要的内容——即,人性最深刻的原则是渴望得到赏识,而我在书中却把这一点完全漏掉了,原因是我的这种欲望直到如今才得到了满足。我恐怕这下子你们把我身上的魔鬼放出来了,从今以后,我的一切行动恐怕都是为了博取这种奖赏了。然而,我还是要忠于这棵独特而美丽的杜鹃树,那是我一生的骄傲和生活的乐趣。我将不分冬夏地照料它,为它浇水——哪怕是用我的眼泪呢。我决不允许詹姆斯太太走近它一步,或是碰它一下。如果树死了,我也会死去;我死了,它将栽在我的墓上。

别以为这些话都是戏谑之言;请相信你们给我带来了莫大的快乐以及我对你们的深切感谢。我现在是、将来永远是你们忠诚的朋友。

威廉·詹姆斯

---

① 选自姚春树、麦勇麟、姚如清编《外国杂文大观》,百花文艺出版社,1994年版。

【美国】彼得·贝德勒

李荫华　译

我为什么乐此不疲①

　　为什么会有人喜欢当教师呢，彼得·贝德勒解释了许多原因，其中这一个理由最漂亮："当一名教师意味着是创造的见证人，他目睹人体开始呼吸，开始了生命。"彼得·贝德勒是美国1983年度"教授先生"。

　　你为什么要教书呢？当我告诉一位朋友我不想谋求行政职务时，他便向我提出这一问题。所有美国人受的教育是长大成人后应该追求金钱和权力，而我却偏偏不要明明是朝着这个目标"迈进"的工作，他为之大惑不解。

　　当然，我之所以教书不是因为我觉得教书轻松。我做过各种各样的工作借以谋生：机修工、木工、作家，教书可是其中最难的一行。对我来说，教书是个会令人熬红眼睛、手掌出汗、精神沮丧的职业。说熬红眼睛，这是因为我晚上无论备课备到多晚，总觉得备得还不充分。说手掌出汗，这是因为我跨进教室之前总是非常紧张，自信学生一定会发觉原来我是个傻瓜蛋。说精神沮丧，这是因为我一小时后走出教室时，确信这堂课上得比平时还要平淡无味。

　　我之所以教书，也不是因为我认为自己能够解答问题，或者因为我有满腹学问，觉得非与别人分享不可。有时我感到很惊异，学生竟真的把我课上讲的东西做了笔记！

　　这样说来，我为什么还要教书呢？

　　我教书，是因为我喜爱校历的步调。六月、七月和八月提供了一个供思考、研究和创作的机会。

　　我教书，是因为教学是建立在"变"这一基础上的职业。教材还是原来的教材，但我自身却变了——更重要的是，我的学生变了。

　　我教书，是因为我喜欢有让自己犯错误的自由，有自己吸取教训的自由，有激励自己和激励学生的自由。作为教师，我可以自行做主。如果我想要求一年级学生通过自行编写课本的办法来学习写作，谁能说我不可以那样做呢？这样的课程也

―――――――――――

　　①　选自李荫华、张介眉主编《当代世界名家随笔》，上海教育出版社，1996年版。

许会彻底失败,但我们都可以从失败的尝试中获得教益。

我教书,是因为我喜欢向学生提出必须绞尽脑汁才能回答的问题。我们这个世界有无穷无尽的正确答案来对付拙劣的问题。何况我在教学过程中有时也会想到一些出色的问题。

我教书,是因为我喜欢想方设法使自己和我的学生从象牙塔里走出来,步入现实世界。我曾经开过一门叫作"在工业技术社会里如何自力更生"的课程。我教的十五位学生读了爱默生、梭罗和赫胥黎的作品,记了日记,还写了学期论文。

除此之外,我们还办起了一个公司,借钱买下一所破旧的房屋,通过对这一建筑物的整修翻新,我们就自力更生这一课题进行了一次实践活动。在期末我们把房子卖掉,还清了贷款,缴了税,余下的收益分给了参加实践的学生。

所以说,教学使我的工作进程有了规律,使我的生活变得丰富多彩,教学向我提出了挑战,也给了我不断学习的机会。

不过,我教书的最重要的几个原因还没有讲到呢。

其中一个原因与维基有关。维基是我的第一个博士生。她精力充沛,孜孜不倦地撰写她那篇论述14世纪一位不知名诗人的学位论文。她写过一些文章,寄给了学术刊物。这一切都由她独立完成,我偶尔从旁略加指点。我亲眼看到了她完成论文,看到了她得悉自己的文章被采用,亲眼看到她找到了工作并获得了在哈佛大学当研究员的职位。

再一个原因与乔治有关。他开始学的是工程学,后来他深信自己爱人胜过爱物,所以改学英语。

还有珍妮。她中途辍学,但是她的同学把她拉了回来,因为他们想让她看到自力更生整修旧房这一项目的结果。我亲眼看到她回来了。我亲耳听到她对我说,她后来对城市贫民产生了兴趣,继而成了捍卫公民权的律师。

还要提一提清洁女工杰基。她凭直觉了解的事情比我们多数人通过分析弄清的东西还要多。杰基已经决定读完中学,然后还要上大学。

这些在我眼前成长、变化的人,便是我要当教师的真正原因。当一名教师意味着是创造的见证人,他目睹人体开始呼吸,开始了生命。

弃教"另谋高就",也许会给我带来金钱和权力。可是我现在也有钱。我拿了薪金去做自己乐意做的事情:读书、交谈、提问,比如问"做个富翁有什么意思呢?"

我现在还有权呢。我有权启迪,有权激发才智,有权开出书目,有权指点迷津。还有其他什么权力更值得考虑呢?

此外,教书还会带来金钱和权力以外的东西:那便是爱。不仅是爱学生、爱书本、爱思想,而且还有老师对出类拔萃的学生的爱。这样的学生走进了老师的生活，自己也开始成长了。爱这个字也许用得不恰当，说是魔力可能更为贴切。

我教书，是因为与开始成长的学生朝夕相处，我有时感到自己也和他们一起开始成长了。

【中国】张放

中国现代文人的教书①

三寸不烂之舌，双肩道义之担，一点赤子之心。做一名教师，何必一定要像农民似的老实本分、工匠似的埋头苦干？教书，本是师生共同漫游知识殿堂的一件高尚愉悦的事情，完全可以意气风发，挥洒自如。作者细心汇聚了许多中国现代作家的教坛画像，穿珠成链，让读者亲历一个个熠熠生辉的文化讲坛。有闻一多的风神潇洒、徐志摩的天马行空、梁启超的狂笑悲哭，也有单不庵的繁复考据、吴宓的一丝不苟，还有鲁迅式的思想熏陶、李大钊的母鸡带小鸡式的亲切慈爱……不知道你喜欢哪一种教师？

自己是弄教书这一行的吧，平常浏览文史，格外注意有关前辈名家教书的行述。一鳞半爪，拈花成趣，虽恨未能亲为门生，却也间有"吾闻之于夫子"的畅慨了！

中国现代文人没有同"教鞭"打过交道的人大约很少。那个时代，教书是一个较固定的职业，加之世纪初开，新风若炽，有蔡元培、陶行知、马寅初、徐特立等开明务实的办学家、教育家领袖，文人在其麾下一展风姿是很自然的。著名作家中除郭沫若、巴金、老舍等没有或仅短期教过书外，"五四"前后的作家如鲁迅、周作人、郁达夫、胡适、徐志摩、冰心、林语堂等就都和讲台有过密切关系。至于刘半农、钱玄同、刘大白、朱自清、俞平伯、闻一多、叶圣陶、夏丏尊、许地山、梁实秋、钱穆等人，就更是专职教师队伍中的名家，甚或掩过文名了。

中国现代文人的教学法，不外乎这几种：一、名士风度的教法；二、乾嘉学风加牛津学风的教法；三、思想大师的教法；四、温和长者的教法。

先说其一。

名士教法散发着一种落拓不羁、飘逸不群的神仙风味，这样的教师首先是名士，学生看他的眼光是礼教之外人，而名士自己，也绝不将陈规陋习当作中墨规矩，一言一行，无不度外法中，别出心裁。这样的教师与其说是主要传知识与

---

① 选自《散文》杂志，1995年第3期。

学生，不如说主要传诗风与学生。闻一多的学生冯夷记闻一多教书一段情景，妙绝——

记得是初夏的黄昏……七点钟，电灯已经亮了，闻先生高梳着他那浓厚的黑发，架着银边的眼镜，穿着黑色的长衫，抱着他那数年来钻研所得的大叠大叠的手抄稿本，像一位道士样的昂然走进教室里来。当学生们乱七八糟从起立致敬又复坐下之后，他也坐下了；但并不即刻开讲，却慢条斯理地掏出他的纸烟盒，打开来，对着学生露出他那洁白的牙齿作蔼然的一笑，问道："哪位吸？"学生们笑了，自然并没有谁接受这gentleman风味的礼让。于是闻先生自己擦火柴吸了一支，使一阵烟雾在电灯下更浇重了他道士般神秘的面容。于是，像念"坐场诗"一样，他拉着极其迂缓的腔调，念道："痛——饮——酒——熟——读——离——骚——方得为真——名——士！"这样地，他便开讲起来。显然，他像中国的许多旧名士一样，在夜间比在上午讲得精彩，这也就是他为什么不惮其烦向注册课交涉把上午的课移到黄昏以后的理由。有时，讲到兴致盎然时，他会把时间延长下去，直到"月出皎兮"的时候，这才在"凉露霏霏沾衣"中回到他的新南院住宅。

这是把房间布置得像波希米亚魔窟的闻一多必出的教法。徐志摩的名士风比闻一多更甚，卞之琳回忆："他给我们在课堂上讲英国浪漫派诗，特别是讲雪莱，眼睛朝着窗外，或者对着天花板，实在是自己在作诗，天马行空，天花乱坠，大概雪莱就是化在这一片空气里了。"徐志摩有时干脆把学生带出室外，到青草坡上杂乱躺坐，听着小桥流水，望着群莺乱飞，随他遨游诗国呢！

这实在是一种美妙的享受。名士的教法最优处在于他的清新自然，超凡脱俗。梁实秋回忆他听梁启超的一课——

我记得清清楚楚，在一个风和日丽的下午，高等科楼上大教堂里坐满了听众，随后走进了一位短小精悍秃头顶宽下巴的人物，穿着肥大的长袍，步履稳健，风神潇洒，左右顾盼，光芒四射，这就是梁任公先生。

他走上讲台，打开他的讲稿，眼光向下面一扫，然后是他的极简短的开场白，一共只有两句，头一句是："启超没有什么学问——"眼睛向上一翻，轻轻点一下头："可是也有一点了！"

他那一回是听梁启超讲古诗，说讲到精彩处，梁启超"有时掩面，有时顿足，有时狂笑，有时太息"；"悲从中来，竟痛哭流涕而不能自已"；情绪转好又"涕泗交流之中张口大笑了"，"每当讲过，先生大汗淋漓，状极愉快"。这样的讲叙，超过张岱笔下的"柳敬亭说书"，令读者读来风声满面，神往不已，感叹果然是"真名士"呵！

其二，乾嘉学风与牛津学风的教法，是那时代讲台上的主潮，因为惊世骇俗的名士毕竟不多。再者教书也是一项长期性的严谨工作。乾嘉学风是指有清以来治学审慎致密、一丝不苟的考证功夫，又谓朴学，得在仔细、踏实，却失在迂执，欠缺发明。牛津学风即欧洲学院式，方法也即循章据典一丝不苟，常常教师事先做好完整讲稿，届时上台一字不易进行宣读。徐志摩回国刚上讲台即用此法，碰壁后才脱却桎梏自抒性灵的。

但当时过渡来的旧学者及留洋归来的学院派，也在教学界功不可没。例如曹聚仁回忆单不庵的教学时说——

> 单师在治学方面，可以说是清代考证学的正统派。他考据之精审，一时无两。……他教我们的国文，单讲郦迟与陈伯之书，就整整讲了两个多月，黑压压地写了几十黑板的参考注释，不用片纸，都是信手写出来的。……我们的单不庵师，颇有领导群众的声誉。

另钱玄同、黄季刚、刘师培、刘大白、刘半农、梁漱溟以及徐道政等，都是以审慎严密著称的。吴宓的教书，是典型的"牛津"方式，有记载道——

> 雨生的教书，师道可谓无间然，只是在启迪后生的灵感有点缺陷。他照常上课，一秒不差，预备讲义，毫不敷衍。别人也许带了书本要引用的一段文字念给学生听，雨生却无论那段文字怎样长，非先自背诵上口不可。他的阐扬发挥处事井井有条：甲乙丙丁这样下去。有点干燥，是的，但总不会空疏。他不像另一种教员，说得天花乱坠，结果不知所云，他所云的都有个内容，或有错误但断不空疏。

这样的教师不是诗人型，是学究型，虽然"启发灵感不足"，但学院毕竟不是作家的摇篮，立志做学问者，是不能不沿这条路走去的。当然，对于青春期好动好热情幻想的学生，这种教法往往用力不讨好，如吴宓受聘到北大教书，闻者风至，然而不几时几乎走完，学生埋怨"援引过多"。

其三，思想大师授教学法，是指那种有博大精深思想体系而每每以某个学问专题出之的思想家、社会革命家，如鲁迅，无论讲《中国小说史略》还是《魏晋风度与药及酒之关系》等，都能纵横捭阖，影射现实，不囿于题而题自深，学生所得，已远远超过了课堂之内的东西。这样的教师，不用表演也不用做作，本身便有一种伟岸慑人的气质与风采。尚钺回忆鲁迅教书，很可以说明——

> 他离开青年走到讲台上，把两只虽不发光却似乎在追究什么的微微陷入的眼睛，默默地缓缓地扫视着渐渐静下来的学生群众，这是一个道地中国的平凡而正直的严肃先生，既无名流学者的自炫崇高的气息，也无教授绅士自我肥胖的风度。这典型，

我们不仅只在《呐喊》这本著作中到处可以看见，即在中国各地似乎也处处都有着他的影子。

鲁迅的语言"缓慢清晰"，声音不高却被穆静所衬，间而诙谐引起欢笑，笑过之后品思更深。这类教师，中国现代史上的思想家、革命家大凡皆此。胡适"开风气之先"，学说成体系，加之清晰明白的讲解，也是颇受当时学生瞩目的，据说上课常要由教室移至礼堂。

其四，温和长者的教学法，指那种待学生如子女，朝夕与共，和蔼可亲，循循善诱，质朴的教育家，如叶圣陶、夏丏尊、金岳霖、钱穆等人，李大钊是革命家，在教育上也如此类。这些教师在学生眼中似乎生来就是蔼然长者，有点婆婆妈妈，但他们最不使学生畏惧，亲切程度往往到了由学生开玩笑的地步。如夏丏尊在浙江一师"肥肥胖胖，笑起来有如弥陀菩萨，我们称之为夏木瓜，夏师知其事，怡然处之"。李大钊在北京大学"因为李先生的举止神情，我和我的一些朋友们，都在背后亲切称他为'老母鸡'（实在他的神气也非常像）。他总带着一群'雏鸡'，或者只要他'咕！咕！'叫两声，就会有一大群'雏鸡'都聚集在他身边，领受他的爱抚，接受他的引导……有一天，我把我们在背后给他的这个'老母鸡'的称号，在公事房里向他说了，他笑着说：'哪里！哪里！'带着谦逊的神气。"这样的教师，在课堂上的风度那也是可以想见的了。只从他们写下来的那一大堆讲义教科书及散文上，我们也不难感受到慈祥。

中国现代文人的教书绝非这四种截然划分，不过引其大类罢了，实际上伟大、朴实、渊博、精彩往往是错综统一在成功的教师身上的。

倘如有谁来写一本《中国近现代教学法史》，我想那倒是很有承前启后的教益。

【中国】牛庆国

我念过书的学堂和我的堂叔①

中国大量的教师在穷乡僻壤默默耕耘，简陋的校舍，简朴的生活，低微的收入（还常常拿不到工资），很少听见他们的声音，"希望工程"也没有顾及他们，但正是他们，在中国广袤的乡野，默默播种着农民的后代生存发展的希望，坚韧地传递着文化知识的星星之火。农村的儿童因为交不起区区数十元学费而大量失学，"我们画下的大片庄稼，长不出芽来"。生活的改变是那么漫长，漫长得似乎遥遥无期。他们像在荒寒的野地上播种，学堂的"钟声"是"沙哑"的，日子是多含义的"苦"，"谁把泪流在心里，就会得堂叔的那种病"。在去医院的路上，堂叔的手从架子车上垂下来，"像是要在颠簸的山路上，再写几个生字"。他们的痛苦和幸福都是微小的，默默地生，默默地死，自己的内心痛苦难言，却要为孩子们留下希望，这些微小的痛苦、幸福和希望，这些像"我的堂叔"一样的乡村教师，正是我们民族瘦弱的而坚韧的脊梁。

牛庆国（1962年生），《诗刊》社评选为"新世纪十佳青年诗人"之一。

想起我念过书的学堂
堂叔就站在一棵杏树下
把一片生锈的犁铧
敲出钢铁沙哑的声响
那时　全村人听了
就知道娃们在念书哩

堂叔走上土筑的讲台
领着我们高声朗读

---

① 选自中国作家协会《诗刊》选编《2001中国年度最佳诗歌》，漓江出版社，2002年版。

大豆玉米高粱
然后　以地道的土话
讲粒粒皆辛苦
讲苦水的苦　真苦的苦
先苦后甜的苦
在我眼里　堂叔就是那棵
最苦的杏树

我们做作业的时候
就是蹲在院里画字
蹲在堂叔的目光里
像一只只小小的麻雀
在秋天的麦地里啄食

有时我们伸出小手
抹去那个讨厌的日子时
就像抹去童年的一个错误
可我们画下的大片庄稼
还是长不出芽来

我小学毕业的那年
堂叔病了　那张瘦脸
病成了冬天的一个干萝卜
在我和我的堂兄弟们
把他拉往县城的时候
我看见他躺在架子车上
手从车边上垂下来
像是要在颠簸的山路上
再写几个生字
可就那么一点点的距离
他始终没能够着

不久　我看见我的堂弟
抱着去世的堂叔
哭得像下了一场大雨
然后在泪水打湿的黄土上

画堂叔教他的生字

堂弟上了大学
他学的是中医
他说　谁把泪流在心里
就会得堂叔的那种病
可堂叔为什么要咽下眼泪
那时我们还小
谁都不会知道
只记得那年头
堂叔常常和堂婶吵架
有时竟吵得疾风暴雨

如今　村里的娃们
有念了一肚子书的
叫什么博士　硕士
可村里的老人们都说
人老几辈子
就数我堂叔念书最多

【美国】朗费罗

杨德豫 译

箭与歌①

如果我们发出呼唤，总会有人应答，那个应答者，就是我们的朋友。

但是，人海茫茫，知音难觅，遇上了，就要珍惜。

朗费罗（1807~1882），美国诗人，有《海华沙之歌》等。

我把一支箭向空中射出，
它落下地来，不知在何处；
那么急，那么快，眼睛怎能
跟上它一去如飞的踪影？

我把一支歌向空中吐出，
它落下地来，不知在何处；
有谁的眼力这么尖，这么强，
竟能追上歌声的飞飏？

很久以后，我发现那支箭
插在橡树上，还不曾折断；
还有那支歌，首尾俱全，
我也找到了：朋友的心间。

---

① 选自杨德豫译《朗费罗诗选》，人民文学出版社，1985年版。

【苏联】舍夫涅尔

王守仁 译

箭①

　　朗费罗发出的是呼唤之"箭",舍夫涅尔发出的是愤恨之"箭"。如果我对朋友发出了不公正的愤恨之箭,它将威力无比,它能穿山越海,环绕地球一圈,然后,"扎进我的背脊"。施加给朋友的痛苦最终会变成自己的痛苦。不能因为是朋友,就可以不尊重对方,当友情变成狎昵甚至放肆之时,也就是友情破裂之日。如果我们认定一个人是朋友,就要善待他,原谅他的缺点。人生在世,我们常常对自己都不能完全满意,我们怎么可以苛求别人完全合乎己意呢?所以,我们主要是和人的优点交朋友。

　　我想射的不是鹫,
　　不是森林密菁里的猛兽,
　　我把不公正的愤怒之箭,
　　射向了自己的朋友。

　　我没有命中目标……
　　莫不是我们俩走运?
　　但是我射出去的恶箭,
　　在田野上飞呀飞进。

　　穿越森林的一排排树木,
　　透过城市的一面面墙壁,
　　从海洋那汹涌的波涛上
　　把一簇簇浪花带起。

　　透过暴雨和风雪,
　　刺穿教堂和围墙,

---

① 选自王守仁译《苏联抒情诗选》,湖南人民出版社,1984年版。

也把座座大山钻透，
像威力无比的钻孔机一样。

我那有罪过的箭，
飞呀飞进我的谷地——
它环绕着地球飞来，
为的是扎进我的背脊。

【美国】惠特曼

短章二首

　　生活中许多事情都是按习惯运动的，很少有人会去重新审视一番。诗人就是重新看世界的人。这里，惠特曼就提出了人们不会特意去思考，一旦思考却非常有趣的两个问题：其一，名字。我的名字除了两三种读法，就什么也没有了吗？人们为什么喜欢听见自己的名字，名字和人是什么关系？名字和父母、血缘、种族有没有联系？我是一个名字所能代表的吗？我究竟是什么呢？其二，你和我。只因为我们是陌生人，所以相见不相识。每天擦肩而过，行色匆匆的人啊，我们都有相识的愿望，是什么阻碍我们彼此开口相认呢？从陌生到熟悉，中间隔了一层什么呢？

　　惠特曼（1819~1892），美国杰出诗人，著有《草叶集》。

我究竟是什么呢[①]

听见我自己名字的声音就高兴，我不是孩子，
究竟是什么呢？我一遍又一遍地将它重复；
我站在一边去听——那声音决不会使我厌恶。

对你来说，你的名字也是一样；
难道你曾经认为在你的名字的声音中，
除了两三种读法，就什么也没有了吗？

给 你[②]

陌生人哟，假使你偶然走过我的身边，
并愿意和我说话，你为什么不和我说话呢？
我又为什么不和你说话呢？

---

① 选自邹绛编《外国名家诗选（第一册）》，重庆出版社，1983年版。

② 选自楚图南译《草叶集》，人民文学出版社，1978年版。

【中国】于坚

远方的朋友①

　　诗人把自己说得多可怜啊。设想一个新朋友的来访，似乎是接待外星人，怎样都不自在。貌似谦和、实则倨傲，其实是对友情的苛刻。因为知道真挚的友情难觅，知音的友人难求，所以放低自己以达到仰视友情的高度，不惜漫画自己，绵里藏针告诉"远方的朋友"，让我们抛弃惺惺面具，坦诚相见：一脚踢开门，大喝一声："我是某某！"就像古代对阵，来将通名，两人为友，就是两心相对，这是建立真实友谊的第一步。不厌其烦历数那些想象中见面后的客套话，是对人与人之间可能达到的精神交流深度的质疑。诗的格式模拟了书信的格式，首尾巧妙暗含称呼与落款。

　　于坚（1954年生），当代诗人，现居昆明。诗集有《对一只乌鸦的命名》《于坚的诗》等。

　　　远方的朋友
　　　您的信我读了
　　　你是什么长相　我想了想
　　　大不了就是长得像某某吧
　　　想到有一天你要来找我
　　　不免有些担心
　　　我怕我们一见面就心怀鬼胎
　　　斟词酌句
　　　想占上风
　　　我怕我们都默然不语
　　　该说的都已说过
　　　无论这里还是那里

---

　　① 选自伊沙选编《现代诗经》，漓江出版社，2004年版。

都是过一样的日子

无论这里还是那里

都是看一样的小说

我怕我讲不出国家大事

面对你昏昏欲睡　忍住呵欠

我怕我听不懂你的幽默

目瞪口呆　像个木偶

我怕你仪表堂堂　风度翩翩

我怕你客客气气　彬彬有礼

叫我眼睛不知该看哪里

话也常常听错

一会儿搓搓大腿

一会儿抓抓耳朵

远方的朋友

交个朋友不容易

如果你一脚踢开我的门

大喝一声："我是某某！"

我也只好说一句：

我是于坚

【美国】奎因·格雷迪

亦明 译

不要低估同情的力量①

　　人心是如此纤细而敏感，我们不知道哪一根弦会让自己或别人战栗，所以要小心拨弄每一根生活的琴弦——我们的每一个善意的行动，都可能拥有巨大的力量。尤其是对于同龄人，对于同学，青春期的心思都是敏感善变，而我们常常舌头比脑子转得快，语言总是脱口而出，这时候，心中常怀善意，话就不容易出错。

　　当我还是一名乍进中学的新生时，一天，我看到自己班里的一个孩子独自走在回家的路上。他叫凯利，怀里抱着厚厚一摞书，看上去似乎是所有的课本。我暗想："周末还有人把所有书都抱回家？一定是个书呆子。"我可是有一大堆周末计划，单聚会就好几个，还有第二天下午和朋友们的橄榄球比赛。于是，我耸耸肩，准备走开。

飞出去的眼镜

　　就在要走的时候，我看到一帮孩子朝他跑去。他们撞他，敲掉他怀里的书，绊他。他倒在了地上，眼镜飞了出去。我看到那些孩子把它踢到了距他十英尺远的地方。他抬起头，眼神中蕴含着极度的悲伤。

　　我心生同情，于是缓缓走过去。当他爬着四处寻找眼镜时，我看到有一滴泪在他眼中。我把眼镜递给他，并说："那些家伙是小流氓，他们真该判终身监禁。"他看看我说："嗨，多谢！"他的脸上露出了微笑，这是那种真正感激的微笑。

　　我帮他拾起了他的书，并问他住在哪里。这才发现我们离得很近，于是我问他为什么以前从未见过他。他说他过去一直上私立学校。

　　在那之前，我从没和一个私立学校的孩子一起玩过。我们聊了一路，我帮他

①　选自《国际先驱导报》，2003年7月31日。

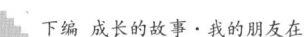

抱着一部分书。突然发现他实际上是一个很酷的孩子。我问他是否想同我的伙伴们一起玩橄榄球。他说想。就这样,我们一起度过了整个周末。越是了解他,我发现自己就越是喜欢他,我的朋友们也是。

周一早上,凯利又抱着一大摞书来上学了。我拦住他说:"老天,你每天都这样,肌肉会过于发达的。"他开心地笑了笑,递给我一半书。

接下来的四年,凯利和我成为最好的朋友。当我们上高中后,我们开始考虑上大学的事情。凯利决定上乔治城,而我则喜欢杜克。我知道我们会一直是朋友,距离永远不是问题。

微笑的深意

凯利成为我们班毕业典礼中致告别词的毕业生代表,这通常只有成绩最优秀的书呆子才胜任。我一直为此而取笑他。他必须准备一个毕业演讲。我很高兴必须站在那里当众演讲的不是我。

毕业典礼那天,我看到了凯利,他看起来棒极了。他是那种在中学时代就知道自己该干什么的人。他很挺拔、精神饱满,实际上,戴着眼镜使他看上去好极了。他比我有更多的约会,所有的女孩都喜欢他。老天,有时候我甚至会有点嫉妒。

我能看出他有些紧张。所以我拍了拍他的背说道:"嗨,大块头,你很棒!"他用那种带着感激的表情看了看我,微笑着说:"谢谢!"

在他开始演讲前,他清了清喉咙。他是这样开始的:"毕业是那种时刻,在那时,你要去感谢那些帮你度过了艰难岁月的人。你要感谢你的父母、你的老师、你的兄弟姐妹,或许还有一位教练,但更多的可能是你的朋友。这里我要告诉你们,作为一个朋友是你能给予他们的最好的一件礼物。接下来,我会给你们讲一个故事。"

我盯着自己的朋友,当他讲起我们第一天相遇时的事情时,我简直难以置信——原来那天他是打算在周末自杀。

因为戴着眼镜、酷爱读书,在从私立学校转学过来之初,他没有一个朋友,总是被同学们肆无忌惮地取笑。他谈到那天他是如何清理了抽屉,以便妈妈事后不必再把他的东西扛回家。说到这里,他看了我一眼,给了我一个小小的微笑。

"很感激,我被救了。我的朋友的友谊温暖了我,他把我从这件荒唐事中拯救出来!"

当这个英俊、受欢迎的男孩给我们讲述他最软弱的那一刻时,我听到了人群中的叹息声。我看到他的爸爸妈妈看着我,对我报以微笑,这同样是那种感激的微笑。直到这一刻,我才意识到它的深意。

　　永远不要低估你的行为的力量。仅仅一个微小的举动，你甚至能改变一个人的生命，或许更好、或许更糟。

【俄国】陀思妥耶夫斯基
耿济之 译

卡拉马佐夫兄弟①（节选）

　　青少年时期的友情是人的一生中最纯洁和最可信赖的感情。一群少年伙伴，携手经历成长的岁月，一起睁眼看世界，开心读人生，分享青春的秘密和苦恼，孵育对未来的好奇与渴望，一起磕磕碰碰地学习自尊、理解与关怀，一同怯生生地询问良心、生命和博爱，心灵鲜嫩得像未经手触的水蜜桃，是少年友情，在上面留下最初的手印。少年友情最可宝贵之处，是伙伴们一同携手攀登过精神的山峰，探求过灵魂的深广。这样的友情，可以为人生留下"神圣的回忆"——"从儿童时代保存下来的美好、神圣的回忆也许是最好的回忆"，"是世上最高尚、最强烈、最健康，而且是对未来的生活最为有益的东西。"

　　陀思妥耶夫斯基（1821~1881），俄国作家，对人类心灵的探索达到前所未有的深度，是认真的读者不可回避的作家之一。作品有《穷人》《白痴》《死屋手记》《罪与罚》《被侮辱与被损害的》等。本文选择了他的代表作《卡拉马佐夫兄弟》中的几个片段，从一只狗的事件中，引出男孩子之间友谊的考验和冲撞，讲述了善良而贫穷的伊留莎受良心折磨以致生病去世，朋友们的关怀，柯里亚的自尊、自责以及戏剧性的救赎，阿辽沙慷慨激昂的关于友情与博爱的演说，全体进入这个事件的孩子被人性的美好所激励，心中铭刻下"神圣回忆"。

茹奇卡

　　柯里亚脸上一本正经，斜靠在围墙上面，等候阿辽沙出来。是的，他早就想同他相见了。他听那些男孩子说过不少关于他的话，但直到现在为止，在人家向他讲起他的时候，他总是表面显出一副冷淡轻视的神色，甚至在听完别人所讲的那些事情后，还对阿辽沙"批评"一番。但是心底里他却非常非常想和他结识，因

---

　　① 选自陀思妥耶夫斯基著、耿济之译《卡拉马佐夫兄弟》，人民文学出版社，1981年版。

为在他所听到的关于阿辽沙的一切情况里，都有某种令人产生好感的吸引人的东西。因此，现在的时刻是极为重要的：首先应该不丢面子，显示出有独立性；"要不然他觉得我只有13岁，会把我和这些小孩一样看待的。他跟这些孩子在一块混有什么意思？等我和他熟悉以后我要问他。可是气人的是我的个子这么矮。图济科夫比我岁数小但是高半个脑袋。不过我的脸是聪明的；我不漂亮，我知道我的脸难看，但是聪明。另外，也应该不过分真情流露，假如一下子就和他拥抱起来，他要以为⋯⋯假使被他看不起，那是多丢人！⋯⋯"

柯里亚的心里很慌乱，努力做出潇洒独立的姿态。特别使他烦恼的是他的矮小的身材——与其说是他那"难看"的脸，不如说是他的身材。他在家里墙角落上，从去年起就用铅笔画好了一道表示他的身高的线，从此以后，每隔两个月就带着忐忑不安的心情去比量一下，看长了多少。但是实在令人悲叹！他长得太慢，有时简直使他感到绝望。至于脸，其实并不太"难看"，相反的，还相当招人喜欢，白净，秀气，有点雀斑。不大而极机灵的灰眼珠勇敢地看人，时常显得很富于情感。颧骨宽宽的，小嘴的嘴唇不很厚，却很红，鼻子很小，明显是翘起的："我是翘鼻子，完全是个翘鼻子！"柯里亚照镜子时总是这样嘟嘟囔囔，带着懊恼的心情离开镜子。"脸也不见得聪明吧？"他有时甚至对于这层也疑惑起来。但是不要以为对于面貌和身材的关心会占据他整个心灵。相反的，他在照镜子的时候无论怎样心里发狠难熬，但却很快就会忘记，甚至很长时间都不再记得，他对自己的事业下断语说："要把自己完全献给理想和实际生活。"

阿辽沙很快就出来了，急忙地向柯里亚跟前走来。还在几步以外，柯里亚就看出阿辽沙似乎一脸高兴的神色。"难道真是喜欢我么？"柯里亚愉快地想着。说到这里我们要顺便提一提，阿辽沙自从前文我们把他搁下的时候起已经改变了很多：他脱下了修道服①，现在常穿着一身裁制得很好的长礼服，一顶细软的圆盆帽，头发也剪得短短的。这一切把他修饰得十分漂亮，显得完全是一个美男子。他的俊秀的脸总带着快乐的神气，但是这快乐是温柔而恬静的。使柯里亚惊讶的是阿辽沙就穿着坐在屋里时的衣服出来见他，没有戴帽子，显然是急忙跑来的。他一见面就马上向着柯里亚伸出手来。

"您到底来了，我们大家多么盼着您来呀。"

"有一点原因，您立刻就会知道的。不管怎么说，我很喜欢同您认识。我早就在等候机会，还听到许多关于您的话。"柯里亚喃喃地说，呼吸有点急促。

"就是不这样我同您也早就该互相认识了，我也听到过许多关于您的话，但是您一直迟迟不到这里来。"

① 阿辽沙曾跟着佐西马长老在修道院修行，长老临去世前嘱他"入世"修行并切实爱人如爱基督，阿辽沙履行了。

"请您说一说，这里的情形怎么样？"

"伊留莎的病很不好，他一定快要死了。"

"您说什么？卡拉马佐夫，您必须同意，医学是卑鄙的东西！"柯里亚激烈地叫了起来。

"伊留莎时常提起您，时常提起的，您知道，他甚至在梦中说胡话的时候还提起您。可见过去您在他心目中是很宝贵的，很宝贵的……在那件事情……动刀子的事情以前。这里还有另外一个原因。……请问，这是您的狗吗？"

"是我的。名叫彼列兹汪。"

"不是茹奇卡么？"阿辽沙同情地看着柯里亚的眼睛，"那只狗从此就失踪了？"

"我知道你们大家都想找到茹奇卡，我都听说了。"柯里亚神秘地笑了一笑。"您听着，卡拉马佐夫，我要把一切情况对您说说明白，我主要是为这事而来的，也就是为了这件事情叫您出来，在走进去以前，预先对您说明这件事情的前前后后。"他兴奋地开始说，"你知道，卡拉马佐夫，伊留莎在春天进了预备班。大家都知道，我们学校的预备班净是些小孩子们。他们立刻欺侮起伊留莎来。我比他高两班，所以自然只站在旁边远远地看着他们。我看出，这孩子很小很弱，但却决不肯服输，甚至还敢同他们打架，气昂昂地，小眼珠冒着火。我喜欢人们这样。但是他们却为了这个更加欺侮他。主要的是因为他穿的大衣很坏，裤子短得吊起着，皮靴上全裂了口。他们就因为这个侮辱他。这是我最不喜欢的，于是立刻出头帮他忙，好好教训了他们一顿。我虽然揍他们，但是他们崇拜我，您知道不知道，卡拉马佐夫？"柯里亚带着炫耀的神气夸口说，"我一向是爱小孩的。眼下我家就有两只小'家雀'骑在我的脖子上，甚至今天还耽误了我许多时候。就这样，伊留莎后来就归我保护，没人再打他了。我知道，他是一个骄傲的小孩，这一点我可以对您说，他是骄傲的，但是结果竟像奴隶般对我忠心，执行我的一切命令，像服从上帝似的听从我的话，还模仿起我来。在课间休息时立刻来找我，我同他一块儿走来走去。星期日也是这样。我们的中学里每逢有年纪大的学生同小孩要好的时候，大家会加以嘲笑，但这是偏见。我高兴这样做，管它干吗，不对么？我教他读书，启发他的脑筋——请问：既然我喜欢他，为什么我不能教导他呢？卡拉马佐夫，您不是也同这些小家伙们很要好么？那就是说您想感化少年，教导他们，做些对他们有帮助的事情，对不对？说实话，我听到您有这样一种性格，特别引起了我的兴趣。不过还是讲正事吧：我看出这孩子身上越来越滋长出一种温情脉脉、多愁善感的脾气，可是您知道，我却跟那种牛犊般的温柔劲势不两立，从我生下来就是这样。此外还有矛盾：他很骄傲，却奴隶般对我忠诚，但尽管奴隶般忠诚，却忽然会瞪起眼睛，甚至不愿赞成我的话，争论不休，火冒三丈。我有时说出各种想法，他并不是不赞成，看得出，他是对我本身反抗，因为我用冷淡对待他的温柔。为了锻炼他，他越温柔，我越冷淡，故意这样做，这是我的信念。我的用意是要训练他的性格，弄得坚强一些，把他培养成一个人……就是这个样子……您大概一听就会明白我的意思的。突然间，我看出他一连三天心里苦恼，快快不乐，但已经不是为了渴望温柔，而是为了另外的什么更高、更强烈的东西。我心想，出了什么悲剧吧？我竭力盘问他，才知道其中的原因：他不知怎么和当时还活着的已故令尊大人的仆人斯麦尔佳科夫①认识了，那家伙给这傻子出了一个坏主意，一个野蛮的主意，卑鄙的主意——就是拿一块软心的面包，里面插上一个大头针，扔给看家狗吃，而且要扔给那饿得连嚼也不嚼就吞下去的狗吃，以后看它会怎么样。他们当时预备好了这么一块东西，就扔给了现在大家都在议论的那只长毛狗茹奇卡吃。它是一家院里的看家狗，那一家根本没人喂它，它只好整天迎风嗥叫。（您喜欢听这种愚蠢的狗叫么，卡拉马佐夫？我简直受不了。）它当时跑过来，一口吞了下去，就身子打转，狂叫起来，接着就拼命地跑了，一边跑，一边叫，从此就失踪了——这是伊留莎亲自对我讲的。他一面对我坦白，一面不停地哭着，拥抱我，全身哆嗦着反复地说着这样一句话：'一边跑，一边叫，一边跑，一边叫。'那种景象真把他吓坏了。我看出，他的良心受到了谴责。我把这事看得很严重。尤其是因为为了以前的种种事情我早就想教训他了，所以说实话，我当时耍了个狡猾的手腕，假装比实际更加生气似的。我说：'你做了一桩下流事，你是个坏蛋，我自然不会给你说出去，但是我要暂时同你断绝关系。等我好好考虑过后，再叫斯穆罗夫（就是今天同我一块儿来的那个孩子，他永远是对我十分忠实的）来通知你，是继续同你做朋友呢，还是永远抛弃你，把你当作混蛋看待。'这使他十分震惊。说实话，我当时就感到也许对他太严厉了，但是有什么办法，当时我是这样想的。过了几天，我派斯穆罗夫转告他，我以后跟他'不再说话'，我们这里两个同学绝交的时候，总是这样说的。实际上我心里只是想用这个来考验他几天，等看到他忏悔，再向他伸出手去。这是我打好了的主意。但是结果您猜怎么着：他听到斯穆罗夫的话，忽然瞪起眼睛，嚷道：'请你转告克拉索特金，我现在要把带针的面包扔给所有的狗吃，所有的，所有的！'我心想：'居然犯起性子来了，应该想法清除它。'我就对他表示彻底的轻蔑，每逢碰见的时候不是扭身不理，就是嘲讽地冷笑。不久忽然又发生了他父亲的那件事，就是那个树皮擦子②，您记得吗？您要知道，他就这样已经眼看要大发脾气了，因为孩子们看见我和他绝交，就

---

① 斯麦尔佳科夫：名义上是卡拉马佐夫的仆人，其实是其私生子。他受阿辽沙二哥伊凡的影响，认为"上帝死了，那么人什么都可以做"。

② 伊留莎的父亲退伍上尉斯涅吉辽夫身陷极度的穷困中，曾被阿辽沙的大哥揪着胡子牵到大街上打了一顿，刚好被伊留莎碰到了。伊留莎学校里的孩子们给他父亲乱蓬蓬的胡子起名叫"树皮擦子"，伊留莎因此一人反抗全体，在情急中咬伤了实际是同情他的阿辽沙。

攻击他，'树皮擦子呀，树皮擦子呀'地直逗他。这样他们之间不久就开了仗，我对这事感到十分遗憾，因为他有一次大概被揍得很厉害。有一回，大家刚下课出来，他在院子里一个人向大家扑去，我恰巧站在十步以外看着他。我可以赌咒，我不记得我当时笑过他，正相反，我当时十分、十分的可怜他起来，眼看再过一会儿就要跑过去帮他的忙了，这时他突然遇到我的眼光，我不知道他究竟产生了什么错觉，但是他竟摸出一把铅笔刀朝我扑来，一刀戳在我的大腿上，就戳在这儿，右腿上。我动也不动，说实话，我有时是很勇敢的，卡拉马佐夫，我只是露出轻蔑的神色，眼光中似乎在对他说：'为了报答我对你的友谊，你还要再戳一下么？我可以使你满足。'但是他并没扎第二下，他受不住，自己害怕了，把刀子扔掉，哭出声来，跑了。我自然没去告发他，叫大家也不要做声，免得传到学校当局那里，甚至对母亲也在伤好以后才说出来，再说那伤也算不了什么，只擦破了一点皮。以后我听说就在那一天，他乱扔石块，还把您的手指咬伤了。但是您要明白，他当时是处在一种什么境况啊！有什么办法，我做了极愚蠢的事：他有病的时候，我没有前去饶恕他——就是说，去和他和解，现在真感到后悔。但是我另有目的。这件事整个前前后后就是这样……只不过我的行为大概很愚蠢……"

"啊，真可惜，"阿辽沙激动地喊道，"我以前不知道您同他有这种关系，要不然我早就会到您那里去，求您同我一起去看他。您相信不相信，他在病中，发烧说胡话的时候还老念叨您的名字。我竟不知道他这样重视您的友谊。难道说，难道说，您竟没有找到茹奇卡么？他的父亲和所有的孩子找遍了全城。您相信不相信，他生病的时候有三次当我的面含着眼泪对他父亲反复地说：'爸爸，我生病是因为我弄死了茹奇卡，这是上帝惩罚我。'无论如何也扭转不了这个念头！假如现在能把这只茹奇卡找到，给他看一看，它并没有死，还活着，大概他会高兴得复活过来的。我们大家都对您抱着希望哩。"

"请问：你们为什么希望我能找到茹奇卡，为什么偏偏我能找到呢？"柯里亚问，露出非常好奇的样子，"为什么你们偏偏指望我，而不指望别人呢？"

"听说你可以找到它，而且一找到就会送到这里来。斯穆罗夫就说过这类话。主要的是，我们尽力使他相信茹奇卡还活着，有人在什么地方看见过它。孩子们不知从哪里给他弄来了一只活兔，他刚看了一眼，微笑了一下，就请他们把它放到野外去。我们就照他的意思做了。方才他父亲刚回来，给他带来一只小獒犬①，不知从哪里弄来的，想借此使他得到安慰，可是结果好像更坏……"

"再请问您一件事，卡拉马佐夫：他的父亲到底是什么样的人？我知道他，但是据您的判断，他是什么样的人？小丑？装疯卖傻？"

"哦，不是的，有一种人有着很深的感情，但是却因为某种原因受到了压抑。

---

① 獒（áo）犬：一种凶猛的狗。

他们的小丑行为就仿佛是对人们的狠狠的嘲讽，因为他们对这些人长期低声下气，不敢当面说实话。克拉索特金，您要相信，这类的小丑行为有时是很可悲的。他现在把一切，把世上所有的一切，全寄托在伊留莎身上了。伊留莎一死，他不是伤心得发疯，就是自杀。我现在看着他，几乎深信这一点！"

"我明白您的意思，卡拉马佐夫，我看出您是懂得人心的。"柯里亚热诚地补充说。

"我一看见您带了狗来，还以为您是把那只茹奇卡领来了哩。"

"别忙，卡拉马佐夫，也许我们真会找到它。不过这只狗是彼列兹汪。我现在放它进屋去，也许会使伊留莎比看到小獒犬高兴些。您等一等，卡拉马佐夫，您立刻会看出一点什么来的。哎，真是要命，我为什么老把您拖住在这儿呀！"柯里亚忽然着急地喊了起来，"天这样冷，您光穿着一件便服站在外面，我还老拖住您；您瞧，您瞧，我真是自私的人！我们全是些自私的人，卡拉马佐夫！"

"您不要着急，天虽然冷，我是不大会着凉的。不过我们还是进去吧。顺便请问大名，我知道您叫柯里亚，但是全名叫什么呢？"

"叫尼古拉，叫尼古拉·伊凡诺维奇·克拉索特金，或者像人们打着官腔称呼那样，是克拉索特金少爷。"柯里亚不知为什么笑了一下，但忽然补充说：

"我当然恨我的'尼古拉'这个名字。"

"为什么？"

"俗气，还有官气……"

"您今年13岁么？"阿辽沙问。

"13岁多了，过两星期就是14岁，很快的。我先向您坦白一个弱点，卡拉马佐夫，这是只在您的面前说，好让您在初次跟我结识时就马上看出我的整个天性来：我最恨人家问我的岁数，恨得最厉害……还有……比方说，有人糟蹋我说我在上星期同预备班的学生们做强盗的游戏。我做游戏是不假，但是说我为自己而游戏，为了自己找愉快，这根本就是糟蹋人。我有理由认为这话已经传到您的耳朵里去了，但是我做游戏并不是为了自己，我是为那些小孩们才做游戏的，因为他们没有我就什么也想不出来。我们这里总是传播一些无聊的话。我可以对您说，这是一个造谣的城市。"

"即使是为了自己找快乐而做游戏，又有什么关系呢？"

"嗯，为了自己……可是您总不至于做跑马的游戏吧？"

"您应该这样想一下，"阿辽沙微笑着说，"比方说，大人们常上戏院里去，但是在戏院里演出的也都是各种英雄的冒险故事，有时也有强盗和战争——难道这不是只不过方式不同，实质却一样的么？学生们在课间休息时做战争的游戏，或者做强盗的游戏，这也正是萌芽状态的艺术，是年轻的心灵中正在开始诞生的对艺术的需要,这类游戏有时编得甚至比戏院里的表演还好些,只有一点区别,就是人们上戏院去看演员表演,而在这里,少年人自己就是演员。不过,这恰恰只显得自然。"

"您以为这样吗?这是您深信不疑的看法么?"柯里亚凝视着他说。"您知道,您说出了一个十分有意思的看法;我要回家去,把这个问题好好琢磨一下。说实话,我早就估计到我能从您这里学到一点什么。我是来跟您学习的,卡拉马佐夫。"柯里亚用诚挚而热情洋溢的口气最后说。

"我也跟您学习。"阿辽沙微笑着说,紧紧地握握他的手。

柯里亚很满意阿辽沙。使他惊奇的是阿辽沙完全平等待他,和他说话像和"真正的大人"说话一样。

"我现在要给您表演一出戏,卡拉马佐夫,也是一场舞台表演,"他神经质地笑着说,"我是为这件事来的。"

"先到左边房东那里去,你的同学们都把大衣放在那里,因为屋里又挤,又热。"

"哦,我只待一会儿,我可以穿着大衣进去坐一下。叫彼列兹汪先留在过道里装死不许动:'嘘,彼列兹汪,你躺下,死过去!'——你瞧,它就装着死过去了。我先走进去,观察一下情况,然后,到了必要的时候,就打个口哨:'嘘,彼列兹汪'——您瞧,它会立刻像疯子似的飞跑进来。只有一件,斯穆罗夫可不要忘记到时候开门。让我来布置一下,您就可以看到一出好戏啦……"

在伊留莎床边

"克拉索特金!"有一个孩子首先瞥见柯里亚走了进来,忽然喊了一声。大家显然顿时激动起来,孩子们让开了路,分站在小床的两头,这样就使伊留莎的全身突然呈现了出来。上尉急忙跑上前去迎接柯里亚。

"请进,请进……真是贵客!"他含糊不清地对他喃喃说着,"伊留莎,克拉索特金先生看你来了……"

但是克拉索特金匆匆地和他握了握手,马上就显出他是十分熟悉上流社会的礼节的。他立刻最先转身面向坐在安乐椅上的上尉太太(她这时候正满心不高兴唠唠叨叨地说男孩们遮住了伊留莎的床,以致她看不到那条新来的小狗),在她面前非常客气地两足一并,立正行礼,随后转向另一位女士尼娜,同样有礼地朝她鞠了一躬,这种客气的举动给有病的太太留下了特别愉快的印象。

"立刻可以看出,这是受过很好的教育的青年人,"她摊开两手大声说,"至于别的客人是一个骑着一个进来的。"

"孩子他妈，什么叫作一个骑着一个，这是什么意思？"上尉嘟囔着，虽然口气和蔼，却有点担心她乱说。

"就是骑着进来的。在过道里一个人骑在另一个人的肩上，就这样走进高贵的家庭里来。这是什么客人？"

"谁？谁？孩子他妈，谁骑着进来的？谁呢？"

"就是这个男孩，今天骑在那个男孩身上走进来的，还有这一个，骑在那一个……"

但这时柯里亚已经站在伊留莎的床旁。病人显然脸色发白了。他在床上欠起身子，目不转睛地凝视着柯里亚。柯里亚已经有两个月没有见过他以前的小朋友，现在来到他面前，一下子完全惊呆了：他简直想象不到会看到这么一张黄瘦的脸庞，在疟疾般的高烧中变得这么通红而且似乎大得可怕的眼睛，这样精瘦的小手。他又悲伤又诧异地注意到伊留莎是那么深沉而急促地呼吸着，他的嘴唇是那么干枯。他向他跨近一步，伸出手来，几乎完全张皇失措地说道：

"怎么样，老头儿……你好么？"

但是他的声音哽住了，实在再装不出潇洒自如的神气，脸似乎忽然扭曲了，嘴唇也有点哆嗦起来。伊留莎满脸病容地朝他微笑了一下，还没有力气说话。柯里亚忽然举起一只手，不知怎的用手掌抚摸起伊留莎的头发来。

"不——要——紧的！"他对他轻声说，也许是鼓励他，也许连自己也不知道为什么说这话。双方又沉默了一会儿。

"怎么，你有了一只新的小狗吗？"柯里亚忽然用毫不经意地口气问。

"是——的！"伊留莎拖长声调轻得像耳语似的回答，喘着气。

"黑鼻子，一定厉害，得用链子拴着。"柯里亚一本正经郑重地说，似乎当前唯一的大事就是这条小狗和它的黑鼻子了。但其实主要的是他还在那里努力克制自己的情感，不要像"小孩子"般地哭出来，却还始终有点克制不住。"长大以后，必须用锁链拴结实，这我是知道的。"

"它会长得很大！"那群小孩中的一个喊着。

"獒犬自然是大的，有这样大，像一头小牛。"突然好几个人七嘴八舌地说了起来。

"像小牛，像真正的小牛，"上尉连忙凑上来说，"我特意找的这种狗，最厉害，它的父母也是极大极厉害的，离地有这么高。……您请坐下来，就坐在伊留莎小床上，或者坐在长凳上也好。请坐，请坐，贵客，盼您好久了……同阿历克赛·费多罗维奇一块儿来的么？"

克拉索特金坐在床上，伊留莎的脚边。他也许在路上就预备好怎样潇洒自如地开始谈话，但是现在却连话头都想不起来了。

"不……我是带着彼列兹汪一块儿来的……现在我有一只狗，名叫彼列兹汪。一个斯拉夫的名字。它在外面等着……我一打口哨，它就会飞跑进来。我也有狗，"他忽然朝伊留莎说，"老头儿，你记得茹奇卡么？"他突然把这问题向他提了出来。

伊留莎的脸扭曲了。他带着痛苦不堪的神色看了柯里亚一眼。站在门边的阿辽沙皱紧眉头，偷偷地对柯里亚摇头，叫他不要提起茹奇卡，但是柯里亚没看见，也许是故意不看见。

"茹奇卡……在哪儿？"伊留莎用嘶哑的嗓音问。

"老弟，你的茹奇卡——已经完了！您的茹奇卡早完蛋了！"

伊留莎不作声了，但又定睛望了柯里亚一眼。阿辽沙遇到柯里亚的目光，又尽力对他摇头，但是他又移开眼睛，装作仍然没有注意。

"跑到什么地方，就完蛋了。吃了这样一顿好东西还能不完吗？"柯里亚毫不容情地说着，自己不知为什么也仿佛有点呼吸紧迫起来。"但是我有彼列兹汪……斯拉夫的名字……我给你送来了……"

"我不要！"伊留莎忽然说。

"不，不，你要的，你一定要看一看。……你会感到有趣的。我特地领来……也是毛茸茸的，和那条狗一样。……夫人，您允许叫进我的狗来吗？"他突然朝斯涅吉辽夫太太说，露出一种完全不可理解的激动神色。

"不要，不要！"伊留莎声音凄楚地叫道。他的眼睛里显出了责备的神气。

"您最好……"上尉从墙边原来坐的箱子上突然跳了起来说，"您最好……下一次再说……"他喃喃地说，但是柯里亚抑制不住自己似的什么也不听，突然匆匆忙忙地对斯穆罗夫喊道："斯穆罗夫，开门！"门刚一开，他就吹了一声哨子。彼列兹汪立刻飞也似的奔进屋来。

"站起来呀，彼列兹汪！拜拜！拜拜！"柯里亚从座位上跳起来，大声喊着，那条狗用后脚支地，在伊留莎的床前笔直地站了起来。出现了谁也料不到的情景：伊留莎哆嗦了一下，忽然全身用力朝前挺起，俯身就着彼列兹汪，好像丢了魂似的望着它。

"这是……茹奇卡啊！"他忽然用悲喜交集的战栗声音喊道。

石头旁的演说词

（因为见到了茹奇卡，良心得以平安的伊留莎死去了。阿辽沙和孩子们按宗教仪式埋葬了伊留莎。）

当时大家静静地在小路上走着，斯穆罗夫忽然喊道：

"这就是伊留莎的那块石头，就是想把他埋葬在这里的。"

大家默默地站在大石头旁边。阿辽沙看了一下，不久前斯涅吉辽夫说到伊留莎怎样拥抱着父亲，一面哭，一面喊"爸爸，爸爸，他多么欺侮你呀！"的全部情景①，一下子又完全重新呈现在他的脑海里。有什么东西仿佛在他的心灵里剧烈地震动着。他带着严肃庄重的神色，环视了一下伊留莎的同学们那些明朗可爱的脸，忽然对他们说道：

"诸位，我想在这里，就在这个地方对你们说几句话。"

孩子们围住他，立刻用专注和期待的目光紧紧地盯着他。

"诸位，我们快要分手了。我现在暂时还要照顾两个哥哥，其中一个就要去流放，另一个病得快死②。但是不久我就将离开这个城市，也许长久地离开。诸位，我们快要分离了。现在让我们在伊留莎的石头旁边互相约定：第一，永不忘记伊留莎；第二，永不互相遗忘。以后我们一生中无论发生什么事，即使有20年不见面，我们也仍旧要记住，我们是怎样殡葬一个可怜的男孩，他曾在桥头被我们用石头扔过，你们记得么？但以后我们大家又怎样爱起他来。他是个可爱的孩子，善良、勇敢的孩子，感到父亲名誉上所受的痛心的侮辱，因此要起来反抗。所以首先，我们要一辈子记住他。即使以后我们忙于办重要的大事，有了显赫的地位，或者陷入了某种巨大的不幸——你们也无论如何不要忘记，我们曾经在这里感到多么美好，我们大家同心协力，由一种美好善良的情感联系在一起——这种情感在我们爱那个可怜的小孩的时候，或许会使我们也能变成一个比目前实际的我们更好一些的人。我的小鸽子们，请你们允许我叫你们小鸽子吧，因为你们全很像鸽子，很像那些美丽的蓝灰色的小鸟儿，现在，在我看着你们善良、可爱的脸庞的时候，我的可爱的小朋友们，也许你们还不了解我对你们所说的话，因为我的话往往说得很不清楚，但是你们一定会记住，而且将来总有一天会赞同我的话的。你们要知道，一个好的回忆，特别是儿童时代，从父母家里留下来的回忆，是世上最高尚，最强烈，最健康，而且对未来的生活最为有益的东西。人们对你们讲了许多教育你们的话，但是从儿童时代保存下来的美好、神圣的回忆也许是最好的回忆。如果一个人能把许多这类的回忆带到生活里去，他就会一辈子得救。甚至即使只有一个好的回忆留在我们的心里，也许在什么时候它也能成为拯救我们的一个手段。我们以后也许会成为恶人，甚至无力克制自己去做坏事，嘲笑人们

---

① 指伊留莎看到父亲被德米特里侮辱的情景。

② 大哥德米特里被误判杀害父亲罪被流放，二哥伊凡因良心谴责而生重病：他的思想促使麦尔佳科夫杀死了老卡拉马佐夫。

所流的眼泪,取笑那些像柯里亚刚才那样喊出:'我要为全人类受苦'的话的人们——也许我们要恶毒地嘲弄这些人。但是无论如何,无论我们怎样坏,只要一想到我们怎样殡葬伊留莎,在他一生最后的几天里我们怎样爱他,我们怎样一块儿亲密地在这块石头旁边谈话,那么就是我们中间最残酷,最好嘲笑的人——假使我们将来会成为这样的人的话,也总不敢在内心里对于他在此曾经是那么善良这一点暗自加以嘲笑!不但如此,也许正是这一个回忆,会阻止他做出最大的坏事,使他沉思一下,说道:'是的,当时我是善良的,勇敢的,诚实的。'即使他要嘲笑自己,这也不要紧,人是时常取笑善良和美好的东西的;这只是因为轻浮浅薄;但是我要告诉你们,诸位,他刚一嘲笑,心里就立刻会说:'不,我这样嘲笑是很坏的,因为这是不能嘲笑的呀!'"

"一定会这样,卡拉马佐夫,我明白你的意思,卡拉马佐夫!"柯里亚两眼放光地大声喊起来。孩子们都很激动,也想说点什么,但是忍住了,友爱地瞧着这位演说家。

"我说这话,是害怕我们将来会成为坏人,"阿辽沙继续说,"但是为什么我们一定会成为坏人呢,诸位?最要紧的是,我们首先应该善良,其次要诚实,再其次是以后永远不要互相遗忘。这话我还要重复一下。诸位,我要对你们发誓,我不会忘记你们中间的任何一个;现在瞧着我的每一张脸我都要记住,哪怕过30年以后也这样。柯里亚刚才对卡尔塔绍夫说,我们似乎不愿意知道:'世上有没有他这个人!'难道我会忘记,世上曾有卡尔塔绍夫这个人吗?他现在已不会像那次发现特洛伊的秘密时那样脸红,他睁大着可爱的善良而快乐的眼睛望着我[①]。诸位,可爱的诸位,我们大家应该宽厚而且勇敢,像伊留莎一样:聪明、勇敢,而且宽厚,像柯里亚一样——他长大以后,还会更聪明的,我们还要像卡尔塔绍夫一样的怕羞但却聪明而且可爱。我又何必只说他们两人。诸位,从此以后你们大家对于我都是可爱的,我会把你们大家保留在我的心里,我请求你们也把我保留在你们的心里!谁把我们联结在这善良的情感之中,使我们现在一辈子记住他,而且乐意想起他的呢?正是那个伊留莎!正是那个善良的孩子,亲爱的孩子,我们一辈子感到宝贵的孩子!我们永远不要忘记他,对于他的永恒的、美好的纪念,从今以后将永远永远地留在我们的心里!"

"是的,是的,永远的,永远的!"所有的孩子全显出感动的脸色,用响亮的嗓音喊了起来。

"我们要记住他的相貌,他的衣裳,他的可怜的小靴子,他的小棺材,他的不幸的、有罪的父亲,我们要记住他为了父亲怎样独自勇敢地反抗全班的人!"

---

① 卡尔塔绍夫也是伊留莎的朋友,他偶然翻书得知伊留莎曾提出过一个"难题":"《荷马史诗》中所提到的特洛伊城市谁创建的?"

"我们要记住！我们要记住！"男孩们又喊起来，"他是勇敢的，他是善良的人！"

"我多么爱他！"柯里亚叫道。

"孩子们，亲爱的小朋友们，你们不要惧怕生活！在你做了一点好事、正直的事的时候，生活是多么美好啊！"

"是的，是的。"孩子们欢欣地附和着。

"卡拉马佐夫，我们爱你！"一个声音，好像是卡尔塔绍夫的声音忍不住喊了出来。

"我们爱你，我们爱你。"大家也都齐声应和说。有许多人的眼睛里闪着晶莹的泪光。

"乌拉，卡拉马佐夫！"柯里亚兴奋地欢呼说。

"永恒地纪念死去的孩子！"阿辽沙满腔深情地接了一句。

"永恒地纪念！"孩子们又齐声说。

"卡拉马佐夫！"柯里亚说，"宗教告诉人们，我们大家死后会重新复活，互相见面，一切人和伊留莎都可以见到，这是真的吗？"

"我们一定会复活的，我们会快乐地相见，互相欢欢喜喜地诉说过去的一切。"阿辽沙半玩笑半兴奋地回答说。

"这可真好！"柯里亚脱口说了出来。

"现在我们结束我们的谈话吧，该去赴他的追悼宴了。你们不要为吃煎饼而生气①。这是古代留下的老习惯，这里面也有使人感到美好的东西。"阿辽沙笑着说，"我们去吧，现在我们手拉着手一起前去。"

"永远这样，一辈子手拉着手！乌拉，卡拉马佐夫！"柯里亚又欢呼起来，所有的孩子们也都再次地齐声喊了起来。

---

① 指上文有孩子说在悲伤时刻居然吃煎饼，有点不近情理。

【英国】培根
何新 译

论友谊①

　　谈论友谊，大概是仅次于谈论爱情的热闹话题，古今中外的有关名人名言很多，这里选择的英国哲学家培根（1561~1626）的论述，也只是一种思路，希望能帮助你对友谊做进一步的思考。朋友的好处固然很多，但要注意，我们不是为了从别人那里得到具体的"好处"而与人交往，而且，真正的友谊是乞求不来的，也是用物质交换不到的，我们要用自己心灵的力量去赢得别人的尊重，进而获得友谊。

　　我愿引用法国哲学家伏尔泰"论友谊"的一段话供大家参考："这是心灵的联姻，是两个有情感和善良的人之间的契约。所谓有情感，是因为一个修道士、一个孤独者也许一点也不坏，但他们活着却不知友谊为何物。所谓善良，是因为邪恶者只有帮凶，好色之徒在放荡淫逸中有其同伴，追求私利者有其同伙，政客周围有各种宗派，君王有其朝臣，就连无赖也有其小团伙，只有善良的人才有朋友。"

　　培根，英国哲学家、作家和科学家。被马克思称为"英国唯物主义和整个现代实验科学的真正始祖"。他在逻辑学、美学、教育学方面也提出许多思想。著有《新工具》《论说随笔文集》等。

　　古人曾说：喜欢孤独的人不是野兽便是神灵②。没有比这句话更是把真理与谬误混合与一起的了。如果说，当一个人脱离了社会，甘愿遁入山林与野兽为侣，那么他是绝不可能成为神灵的。尽管有人这样做的目的，好像是要到社会之外去寻找一种更高尚的生活，就像古代的埃辟门笛斯③、诺曼④、埃辟格拉斯⑤、阿波

---

①　选自何新译《培根论人生》，上海人民出版社，1983年版。

②　语出亚里士多德《政治学》。

③　埃辟门笛斯：Epimenides，古希腊哲学家。曾隐居山洞57年。

④　诺曼：Numa the Boman，古罗马君王。传说他曾隐居山中。

⑤　埃辟格拉斯：Empedocles，古罗马哲学家。

罗尼斯①那样。

有些人之所以宁愿孤独，是因为在没有友谊和仁爱的人群中生活，那种苦闷正犹如一句古代拉丁谚语所说的："一座城市如同一片旷野"。人们的面目淡如一张图案，人们的语言则不过是一片噪音，使得人们宁可逃避也不愿进入了。

由此可以看出，人与人的友情对人生是何等重要。得不到友谊的人将是终身可怜的孤独者。没有友情的社会则只是一片繁华的沙漠。因此那种乐于孤独的人，其性格不是属于人而是属于兽的。

当你遭遇挫折而感到愤懑抑郁的时候，向知心挚友的一席倾诉可以使你得到疏导。否则这种积郁会使人致病。医学告诉我们，"沙沙帕拉"②可以理通肝气；磁铁粉可以理通脾气；硫黄粉可以理通肺气；海狸胶可以治疗头昏。然而除了一个知心挚友以外，却没有任何一种药物是可以舒通心灵之郁闷的。只有对于朋友，你才可以尽情倾诉你的忧愁与欢乐，恐惧与希望，猜疑与劝慰。总之，那沉重地压在你心头的一切，通过友谊的肩头而被分担了。

正因为如此，甚至连许多高高在上的君王也不能没有友谊。以至许多人竟宁愿降低自己的身份去追求它。

本来君王是不能享受友谊的。因为友谊的基本条件是平等，而君王与臣民的地位却太悬殊了。于是许多君王便不得不把他所宠爱的人擢升为"宠臣"或"近侍"，以便能与他们亲近。罗马人称这种人为"君王的分忧者③"，这种称呼恰如其分地道出了他们的作用。实际上，不仅那些性格脆弱敏感的君王曾这样做，就连许多性格坚毅、智勇过人的君王，也不能不在他的臣属中选择朋友。而为了结成这种关系，他们是需要尽量地忘记自己原来的高贵身份的。

罗马的大独裁者苏拉曾与庞培结交④，以至为此有一次竟容忍了庞培言语上的冒犯。庞培曾当面夸耀自己说："崇拜朝阳的人自然多于崇拜落日的人。"伟大的恺撒大帝也曾经与布鲁图斯结为密友⑤，并把他立为继承人之一，结果这人恰好成为诱使恺撒堕入圈套而被谋杀的人。难怪安东尼后来把布鲁图斯称为"恶魔"，仿佛他诱惑恺撒的魅力是来自一种妖术似的……⑥

毕达哥拉斯⑦曾说过一句神秘的格言——"不要损伤自己的心"。确实，如果

---

① 阿波罗尼斯：Apollonius，古罗马哲人。

② "沙沙帕拉"：原文为Sarsaparilla，中世纪的一种方剂，用于风湿等病症。

③ 君王的分忧者：原文为拉丁文Participes curarum。

④ 苏拉是古罗马统帅、独裁者。庞培是苏拉的部下。

⑤ 恺撒是古罗马的统帅、独裁者。于公元前44年为罗马共和派政客所刺杀。刺客中有他的朋友布鲁图斯。

⑥ 以下培根列举了大量史事，因出典均甚冷僻，在此译文中略去。

⑦ 毕达哥拉斯：Pythagoras，公元前6世纪古希腊著名数学家、唯心主义哲学家。

一个人有心事却无法向朋友诉说，那么他必然成为损伤自己心的人。实际上，友谊的一大奇特的作用是：如果你把快乐告诉一个朋友，你将得到两个快乐；而如果你把忧愁向一个朋友倾吐，你将被分掉一半忧愁。所以友谊对于人生，真像炼金术士所要寻找的那种"点金石①"。它能使黄金加倍，又能使黑铁成金。实际上，这也是一种很自然的规律。在自然界中，物质通过结合可以得到增强。而人与人难道不也是如此吗？

如果以上所说已证明友谊能够调剂人的感情的话，那么友谊的又一种作用则是能增进人的智慧。因为友谊不但能使人走出暴风骤雨的感情世界而进入和风细雨的春天，而且能使人摆脱黑暗混乱的胡思乱想而走入光明与理性的思考。这不仅是因为一个朋友能给你提出忠告，而且任何一种平心静气的讨论都能把搅扰着你心头的一团乱麻，整理得井然有序。当人把一种设想用语言表达的时候，他也就渐渐看到了它们可能招来的后果。有人曾对波斯王说："思想是卷着的绣毯，而语言则是张开的绣毯。"所以有时与朋友做一小时的促膝交谈可以比一整天的沉思默想更能令人聪明。

其实即使没有一个能对你提出忠告的朋友，人也可以通过语言的交流而增长见识。讨论犹如砺石，思想好比锋刃。两相砥砺将使思想更加锐利。对一个人来说，与其把一种想法紧锁在心头，倒不如哪怕把它倾吐给一座雕像，也是多少有点益处的。

赫拉克利特②曾说过："初射之光最亮。"但实际上，一个人自身所发生的理智之光，是往往受到感情、习惯、偏见的影响而不那么明亮的。俗话说："人总是乐于把最大的奉承留给自己"，而友人的逆耳忠言却恰好可以治疗这个毛病。朋友之间可以从两个方面提出忠告：一是关于品行的，一是关于事业的。

就前者而言，朋友的良言劝诫是一味最好的药。历史上的许多伟人，往往由于在紧要关头听不到朋友的忠告，而做出后悔莫及的错事。人尽管也可以自己规诫自己，但毕竟如圣雅各所说："虽然照过镜子，可终究是忘了原形。"

就事业而言，有些人认为两双眼睛所看到的未必比一双眼见到的更多，或者以为一个发怒的人未必没有一个沉默的人聪明，或者以为毛瑟枪不论托在自己肩上放，还是支在一个支架上放会打得一样准——总之，认为有没有别人的帮助结果都一样。但这些话其实是十分骄傲而愚蠢的说法。在听取意见的时候，有人喜欢一会儿问问这个人，一会儿又问问那个人。这当然比不问任何人好。但也要注意，在这种情况下会有两种危险。一是这种零敲碎打来的意见可能是一些不负责任的看法。因为最好的忠告只能来自诚实而公正的友人。另外这些不同源泉的意

---

① "点金石"：原文为Philosopher's stone，亦译作"哲人之石"。传说中的一种宝石，可以化铁为金。

② 赫拉克利特：公元前6世纪古希腊唯物主义哲学家。

见还可能会互相矛盾，使你莫衷一是，不知所从。比如你有病求医，这位医生虽会治这种病却不了解你的身体情况，结果服了他的药这种病虽然好了，却又使你得了另一种新病。所以最可靠的忠告，也还是只能来自最了解你事业情况的友人。

友谊对于人除了以上所说这些益处以外，还有许多其他方面的益处，多得如同一个石榴上的果仁，难以一一细数。如果一定要说的话，那么只能这样说：只要你想想一个人一生中有多少事务是不能靠自己去做的，就可以知道友谊有多少种益处了。所以古人说：朋友是人的第二个"我"。但这句话的容量其实还不够，因为朋友的作用比这又一个"我"要大得多！

人生是有限的。有多少事情人来不及做完就死去了。但一位知心的挚友，却能承担你所未做完的事。因此一个好朋友实际上使你获得了又一次生命。人生中又有多少事，是一个人由自己出面所不便去办的。比如人为了避免自夸之嫌，因此很难由自己讲述自己的功绩。人的自尊心又使人在许多情况下无法低首下心去恳求别人。但是如果有一个可靠而忠实的朋友，这些事就都可以很妥当地办到。又比如在儿子面前，你要保持父亲的身份。在妻子面前，你要考虑丈夫的脸面。在仇敌面前，你要维护自己的尊严。但一个作为第三者的朋友，就可以全然不计较这一切，而就事论事，实事求是地替你出面主持公道。

由此可见，友谊对人生是何等重要。它的好处简直是无穷无尽的。总而言之，当一个人面临危难的时候，如果他平生没有任何可信托的朋友，那么我只能告诉他一句话——那就自认倒霉好了！

我的朋友在哪里

【中国】沈花末

十四岁①

　　十四岁，有一阵异样的乐音拨动心弦，身体苏醒，生命灿烂，大地芬芳，神秘的幸福像潮水般漫过全身——然而，青春初醒的少男少女，面对这满目春光的新世界，还有些不知所措，乃至慌乱得像风中的芦苇。在浪漫的月色中，目光灼灼，又像一头被自己的美丽和幻想所惊吓的小鹿。娇嫩的少年之心，开始一场"温暖的雪崩"，第一次被柔情所围困，胆怯地感受着爱意。

　　　　在发尚未长好之前
　　　　一阵慌乱先击伤了你

　　　　夕阳藏在教室之后
　　　　一组婉约的音乐拨动你十四岁的
　　　　纤细神经
　　　　你十四岁的脸颊是伏着墙壁
　　　　　　惊战的芦苇
　　　　风声寻着花草奔来

　　　　寒冷的月色
　　　　烧亮你的眼神
　　　　雪意深深地涌动过来
　　　　你十四岁的柔情是一次
　　　　温暖的雪崩

---

① 选自司徒杰编《台港抒情短诗精品鉴赏》，河南文艺出版社，1996年版。

【中国】夏宇

疲于抒情后的抒情方式①

少女日记的口吻，朦胧恋情的白描。初次萌动的爱意，自生自灭，比昙花一现还要短暂；而鼻子上长出的青春痘，却比爱情要久长。少男少女的朦胧情怀，像云朵一样飘过去，很快，又会有云朵飘过来。如果每一次都惊慌失措，抒情的心情是否会疲惫？

4月4日天气晴
一颗痘痘在鼻子上
吻过后长的
我照顾它

第二天院子里的昙花开了

开了
迅即凋落
在鼻子上
比昙花　短
比爱情　长

---

① 选自司徒杰编《台港抒情短诗精品鉴赏》，河南文艺出版社，1996年版。

【中国】张爱玲

爱①

张爱玲的意思，爱就是寻找和缘分，是可遇不可求的邂逅。换一种美丽的说法，就是"于千万人之中遇见你所要遇见的人"，且刚好来得及轻轻问一声："你也在这里吗？"

张爱玲（1920~1995），中国现代女作家，有小说集《传奇》、散文集《流言》《私语》等。

这是真的。

有个村庄的小康之家的女孩子，生得美，有许多人来做媒，但都没有说成。那年她不过十五六岁吧，是春天的晚上，她立在后门口，手扶着桃树。她记得她穿的是一件月白的衫子。对门住的年轻人，同她见过面，可是从来没有打过招呼的，他走了过来。离得不远，站定了，轻轻地说了一声："噢，你也在这里吗？"她没有说什么，他也没有再说什么，站了一会，各自走开了。

就这样就完了。

后来这女人被亲眷拐了，卖到他乡外县去做妾，又几次三番地被转卖，经过无数的惊险的风波，老了的时候她还记得从前那一回事，常常说起，在那春天的晚上，在后门口的桃树下，那年轻人。

于千万人之中遇见你所要遇见的人，于千万年之中，时间的无涯的荒野里，没有早一步，也没有晚一步，刚巧赶上了，那也没有别的话可说，唯有轻轻地问一声："噢，你也在这里吗？"

267

1944年4月

---

① 选自《张爱玲散文全编》，浙江文艺出版社，1992年版。

【中国】汪曾祺

受　戒①

人说汪曾祺"满纸都是水"，的确。温软多情的江南水乡，干净灵动的清水文字，柔肠千转的初恋心情，在小说《受戒》中渲染得如烟如雾如梦如幻如一幅淡墨山水。小和尚明海的心，轻易就被小英子一串美丽的脚印弄得乱痒痒的。对爱的向往是庙墙阻隔不了的，少年的春心无法受戒，人的本性无法受戒。那样一群生龙活虎的和尚，更像是世俗中人，只是在操持礼佛的职业；那初入佛门的少年和初涉人事的少女，他们在感情地界的摸索，就像春水中试新船，小心翼翼而又清清爽爽，美得近乎忧伤，美得让人心疼，美得像一个害怕醒来的好梦。

汪曾祺（1920~1997），中国当代作家，作品有《汪曾祺自选集》等小说散文合集。

明海出家已经四年了。

他是十三岁来的。

这个地方的地名有点怪，叫庵赵庄。赵，是因为庄上大都姓赵。叫作庄，可是人家住得很分散，这里两三家，那里两三家。一出门，远远可以看到，走起来得走一会，因为没有大路，都是弯弯曲曲的田埂。庵，是因为有一个庵。庵叫苦提庵，可是大家叫讹了，叫成荸荠庵。连庵里的和尚也这样叫。"宝刹何处？"——"荸荠庵。"庵本来是住尼姑的。"和尚庙""尼姑庵"嘛。可是荸荠庵住的是和尚。也许因为荸荠庵不大，大者为庙，小者为庵。

明海在家叫小明子。他是从小就确定要出家的。他的家乡不叫"出家"，叫"当和尚"。他的家乡出和尚。就像有的地方出劁猪的，有的地方出织席子的，有的地方出箍桶的，有的地方出弹棉花的，有的地方出画匠，有的地方出婊子，他的家乡出和尚。人家弟兄多，就派一个出去当和尚。当和尚也要通过关系，也有帮。这地方的和尚有的走得很远。有到杭州灵隐寺的、上海静安寺的、镇江金山寺

① 选自《受戒——汪曾祺自选集》，漓江出版社，1987年版。

的、扬州天宁寺的。一般的就在本县的寺庙。明海家田少，老大、老二、老三，就足够种的了。他是老四。他七岁那年，他当和尚的舅舅回家，他爹、他娘就和舅舅商议，决定叫他当和尚。他当时在旁边，觉得这实在是在情在理，没有理由反对。当和尚有很多好处。一是可以吃现成饭。哪个庙里都是管饭的。二是可以攒钱。只要学会了放瑜伽焰口，拜梁皇忏，可以按例分到辛苦钱。积攒起来，将来还俗娶亲也可以；不想还俗，买几亩田也可以。当和尚也不容易，一要面如朗月，二要声如钟磬，三要聪明记性好。他舅舅给他相了相面，叫他前走几步，后走几步，又叫他喊了一声赶牛打场的号子："格当嘚——"，说是"明子准能当个好和尚，我包了！"要当和尚，得下点本——念几年书。哪有不认字的和尚呢！于是明子就开蒙入学，读了《三字经》《百家姓》《四言杂字》《幼学琼林》《上论、下论》《上孟、下孟》，每天还写一张仿。村里都夸他字写得好，很黑。

舅舅按照约定的日期又回了家，带了一件他自己穿的和尚领的短衫，叫明子娘改小一点，给明子穿上。明子穿了这件和尚短衫，下身还是在家穿的紫花裤子，赤脚穿了一双新布鞋，跟他爹、他娘磕了一个头，就随舅舅走了。

他上学时起了个学名，叫明海。舅舅说，不用改了。于是"明海"就从学名变成了法名。

过了一个湖。好大一个湖！穿过一个县城。县城真热闹：官盐店，税务局，肉铺里挂着成边的猪，一个驴子在磨芝麻，满街都是小磨香油的香味，布店，卖茉莉粉、梳头油的什么斋，卖绒花的，卖丝线的，打把式卖膏药的，吹糖人的，耍蛇的……他什么都想看看。舅舅一劲地推他："快走！快走！"

到了一个河边，有一只船在等着他们。船上有一个五十来岁的瘦长瘦长的大伯，船头蹲着一个跟明子差不多大的女孩子，在剥一个莲蓬吃。明子和舅舅坐到舱里，船就开了。

明子听见有人跟他说话，是那个女孩子。

"是你要到荸荠庵当和尚吗？"

明子点点头。

"当和尚要烧戒疤噢！你不怕？"

明子不知道怎么回答，就含含糊糊地摇了摇头。

"你叫什么？"

"明海。"

"在家的时候？"

"叫明子。"

"明子！我叫小英子！我们是邻居。我家挨着荸荠庵——给你！"

小英子把吃剩的半个莲蓬扔给明海，小明子就剥开莲蓬壳，一颗一颗吃起来。

大伯一桨一桨地划着，只听见船桨拨水的声音：

"哗——许! 哗——许!"

…………

荸荠庵的地势很好，在一片高地上。这一带就数这片地势高，当初建庵的人很会选地方。门前是一条河。门外是一片很大的打谷场。三面都是高大的柳树。山门里是一个穿堂。迎门供着弥勒佛。不知是哪一位名士撰写了一副对联：

大肚能容容天下难容之事

开颜一笑笑世间可笑之人

弥勒佛背后，是韦驮。过穿堂，是一个不小的天井，种着两棵白果树。天井两边各有三间厢房。走过天井，便是大殿，供着三世佛。佛像连龛才四尺来高。大殿东边是方丈，西边是库房。大殿东侧，有一个小小的六角门，白门绿字，刻着一副对联：

一花一世界

三藐三菩提

进门有一个狭长的天井，几块假山石，几盆花，有三间小房。

小和尚的日子清闲得很。一早起来，开山门，扫地。庵里的地铺的都是箩底方砖，好扫得很，给弥勒佛、韦驮烧一炷香，正殿的三世佛面前也烧一炷香、磕三个头、念三声"南无阿弥陀佛"、敲三声磬。这庵里的和尚不兴做什么早课、晚课，明子这三声磬就全都代替了。然后，挑水，喂猪。然后，等当家和尚，即明子的舅舅起来，教他念经。

教念经也跟教书一样，师父面前一本经，徒弟面前一本经，师父唱一句，徒弟跟着唱一句。是唱哎。舅舅一边唱，一边还用手在桌上拍板。一板一眼，拍得很响，就跟教唱戏一样。是跟教唱戏一样，完全一样哎。连用的名词都一样。舅舅说，念经：一要板眼准，二要合工尺。说：当一个好和尚，得有条好嗓子。说：民国二十年闹大水，运河倒了堤，最后在清水潭合龙，因为大水淹死的人很多，放了一台大焰口，十三大师——十三个正座和尚，各大庙的方丈都来了，下面的和尚上百。谁当这个首座? 推来推去，还是石桥——善因寺的方丈! 他往上一坐，就跟地藏王菩萨一样，这就不用说了；那一声"开香赞"，围看的上千人立时鸦雀无声。说：嗓子要练，夏练三伏，冬练三九，要练丹田气! 说：要吃得苦中苦，方为人上人! 说：和尚里也有状元、榜眼、探花! 要用心，不要贪玩! 舅舅这一番大法要说得

明海和尚实在是五体投地,于是就一板一眼地跟着舅舅唱起来:

"炉香乍爇——"

"炉香乍爇——"

"法界蒙薰——"

"法界蒙薰——"

"诸佛现金身……"

"诸佛现金身……"

…………

等明海学完了早经——他晚上临睡前还要学一段,叫作晚经——荸荠庵的师父们就都陆续起床了。

这庵里人口简单,一共六个人。连明海在内,五个和尚。

有一个老和尚,六十几了,是舅舅的师叔,法名普照,但是知道的人很少,因为很少人叫他法名,都称之为老和尚或老师父,明海叫他师爷爷。这是个很枯寂的人,一天关在房里,就是那"一花一世界"里。也看不见他念佛,只是那么一声不响地坐着。他是吃斋的,过年时除外。

下面就是师兄弟三个,仁字排行:仁山、仁海、仁渡。庵里庵外,有的称他们为大师父、二师父;有的称之为山师父、海师父。只有仁渡,没有叫他"渡师父"的,因为听起来不像话,大都直呼之为仁渡。他也只配如此,因为他还年轻,才二十多岁。

仁山,即明子的舅舅,是当家的。不叫"方丈",也不叫"住持",却叫"当家的",是很有道理的,因为他确确实实干的是当家的职务。他屋里摆的是一张账桌,桌子上放的是账簿和算盘。账簿共有三本。一本是经账,一本是租账,一本是债账。和尚要做法事,做法事要收钱——要不,当和尚干什么? 常做的法事是放焰口。正规的焰口是十个人。一个正座,一个敲鼓的,两边一边四个。人少了,八个,一边三个,也凑合了。荸荠庵只有四个和尚,要放整焰口就得和别的庙里合伙。这样的时候也有过,通常只是放半台焰口。一个正座,一个敲鼓,另外一边一个。一来找别的庙里合伙费事;二来这一带放得起整焰口的人家也不多。有的时候,谁家死了人,就只请两个,甚至一个和尚咕噜咕噜念一通经,敲打几声法器就算完事。很多人家的经钱不是当时就给,往往要等秋后才还。这就得记账。另外,和尚放焰口的辛苦钱不是一样的。就像唱戏一样,有份子。正座第一份。因为他要领唱,而且还要独唱。当中有一大段"叹骷髅",别的和尚都放下法器休息,只有首座一个人有板有眼地曼声吟唱。第二份是敲鼓的。你以为这容易呀? 哼,单是一开头的"发擂",手上没功夫就敲不出迟疾顿挫! 其余的,就一样了。这也得记上:某月某日、谁家焰口半台,谁正座,谁敲鼓……省得到年底结账时赌咒骂娘。……这庵里有几十亩庙产，租给人种，到时候要收租。庵里还放债。租、债一向倒很少亏欠，因为租佃借钱的人怕菩萨不高兴。这三本账就够仁山忙的了。另外香烛、灯火、油盐"福食"，这也得随时记记账呀。除了账簿之外，山师父的方丈的墙上还挂着一块水牌，上漆四个红字："勤笔免思"。

仁山所说当一个好和尚的三个条件，他自己其实一条也不具备。他的相貌只要用两个字就说清楚了：黄，胖。声音也不像钟磬，倒像母猪。聪明么？难说，打牌老输。他在庵里从不穿袈裟，连海青直裰也免了。经常是披着件短僧衣，祖露着一个黄色的肚子。下面是光脚趿拉着一对僧鞋——新鞋他也是趿拉着。他一天就是这样不衫不履地这里走走，那里走走，发出母猪一样的声音："哼——哼——"。

二师父仁海。他是有老婆的。他老婆每年夏秋之间来住几个月，因为庵里凉快。庵里有六个人，其中之一，就是这位和尚的家眷。仁山、仁渡叫她嫂子，明海叫她师娘。这两口子都很爱干净，整天地洗涮。傍晚的时候，坐在天井里乘凉。白天，闷在屋里不出来。

三师父是个很聪明精干的人。有时一笔账大师兄扒拉了半天算盘也算不清，他眼珠子转两转，早算得一清二楚。他打牌赢的时候多，二三十张牌落地，上下家手里有些什么牌，他就差不多都知道了。他打牌时，总有人爱在他后面看歪头胡。谁家约他打牌，就说"想送两个钱给你。"他不但经忏俱通（小庙的和尚能够拜忏的不多），而且身怀绝技，会"飞铙"。七月间有些地方做盂兰会，在旷地上放大焰口，几十个和尚，穿绣花袈裟，飞铙。飞铙就是把十多斤重的大铙钹飞起来。到了一定的时候，全部法器皆停，只几十副大铙紧张急促地敲起来。忽然起手，大铙向半空中飞去，一面飞，一面旋转。然后，又落下来，接住。接住不是平平常常地接住，有各种架势，"犀牛望月""苏秦背剑"……这哪是念经，这是耍杂技。也许是地藏王菩萨爱看这个，但真正因此快乐起来的是人，尤其是妇女和孩子。这是年轻漂亮的和尚出风头的机会。一场大焰口过后，也像一个好戏班子过后一样，会有一个两个大姑娘、小媳妇失踪——跟和尚跑了。他还会放"花焰口"。有的人家，亲戚中多风流子弟，在不是很哀伤的佛事——如做冥寿时，就会提出放花焰口。所谓"花焰口"就是在正焰口之后，叫和尚唱小调，拉丝弦，吹管笛，敲鼓板，而且可以点唱。仁渡一个人可以唱一夜不重头。仁渡前几年一直在外面，近两年才常住在庵里。据说他有相好的，而且不止一个。他平常可是很规矩，看到姑娘媳妇总是老老实实的，连一句玩笑话都不说，一句小调山歌都不唱。有一回，在打谷场上乘凉的时候，一伙人把他围起来，非叫他唱两个不可。他却情不过，说："好，唱一个。不唱家乡的。家乡的你们都熟，唱个安徽的。"

姐和小郎打大麦，

一转子讲得听不得。

听不得就听不得，

打完了大麦打小麦。

唱完了，大家还嫌不够，他就又唱了一个：

姐儿生得漂漂的，

两个奶子翘翘的。

有心上去摸一把，

心里有点跳跳的。

这个庵里无所谓清规，连这两个字也没人提起。

仁山吃水烟，连出门做法事也带着他的水烟袋。

他们经常打牌。这是个打牌的好地方。把大殿上吃饭的方桌往门口一搭，斜放着，就是牌桌。桌子一放好，仁山就从他的方丈里把筹码拿出来，哗啦一声倒在桌上。斗纸牌的时候多，搓麻将的时候少。牌客除了师兄弟三人，常来的是一个收鸭毛的，一个打兔子兼偷鸡的，都是正经人。收鸭毛的担一副竹筐，串乡串镇，拉长了沙哑的声音喊叫：

"鸭毛卖钱——"

偷鸡的有一件家什——铜蜻蜓。看准了一只老母鸡，把铜蜻蜓一丢，鸡婆子上去就是一口。这一啄，铜蜻蜓的硬簧绷开，鸡嘴撑住了，叫不出来了。正在这鸡十分纳闷的时候，上去一把薅住。

明子曾经跟这位正经人要过铜蜻蜓看看。他拿到小英子家门前试了一试，果然！小英的娘知道了，骂明子：

"要死了！儿子！你怎么到我家来玩铜蜻蜓了！"

小英子跑过来：

"给我！给我！"

她也试了试，真灵，一只黑母鸡一下子就把嘴撑住，傻了眼了！

下雨阴天，这二位就光临荸荠庵，消磨一天。

有时没有外客，就把老师叔也拉出来，打牌的结局，大都是当家和尚气得鼓鼓的："×妈妈的！又输了！下回不来了！"

他们吃肉不瞒人。年下也杀猪。杀猪就在大殿上。一切都和在家里一样，开水、木桶、尖刀。捆猪的时候，猪也是没命地叫。跟在家人不同的，是多一道仪式，要给即将升天的猪念一道"往生咒"，并且总是老师叔念，神情很庄重：

"……一切胎生、卵生、息生，来从虚空来，还归虚空去，往生再世，皆大欢喜。南无阿弥陀佛！"

三师父仁渡一刀子下去，鲜红的猪血就带着很多沫子喷出来。

明子老往小英子家里跑。

小英子的家像一个小岛，三面都是河，西面有一条小路通到荸荠庵。独门独户，岛上只有这一家。岛上有六棵大桑树，夏天都结大桑葚，三棵结白的，三棵结紫的；一个菜园子，瓜豆蔬菜，四时不缺。院墙下半截是砖砌的，上半截是泥夯的。大门是桐油油过的，贴着一副万年红的春联：

向阳门第春常在
积善人家庆有余

门里是一个很宽的院子。院子里一边是牛屋、碓棚；一边是猪圈、鸡窠，还有个关鸭子的栅栏。露天地放着一具石磨。正北面是住房，也是砖基土筑，上面盖的一半是瓦，一半是草。房子翻修了才三年，木料还露着白茬。正中是堂屋，家神菩萨的画像上贴的金还没有发黑。两边是卧房。隔扇窗上各嵌着一块一尺见方的玻璃，明亮亮的——这在乡下是不多见的。房檐下一边种着一棵石榴树，一边种着一棵栀子花，都齐房檐高了。夏天开了花，一红一白，好看得很。栀子花香得冲鼻子。顺风的时候，在荸荠庵都闻得见。

这家人口不多，他家当然是姓赵。一共四口人：赵大伯、赵大妈，两个女儿，大英子、小英子。老两口没得儿子。因为这些年人不得病，牛不生灾，也没有大旱大水闹蝗虫，日子过得很兴旺。他们家自己有田，本来够吃的了，又租种了庵上的十亩田。自己的田里，一亩种了荸荠——这一半是小英子的主意，她爱吃荸荠，一亩种了茨菰。家里喂了一大群鸡鸭，单是鸡蛋鸭毛就够一年的油盐了。赵大伯是个能干人。他是一个"全把式"，不但田里场上样样精通，还会罩鱼、洗磨、凿磨、修水车、修船、砌墙、烧砖、箍桶、劈篾、绞麻绳。他不咳嗽，不腰疼，结结实实，像一棵榆树。人很和气，一天不声不响。赵大伯是一棵摇钱树，赵大娘就是个聚宝盆。大娘精神得出奇。五十岁了，两个眼睛还是清亮亮的。不论什么时候，头都是梳得滑溜溜的，身上衣服都是格铮铮的。像老头子一样，她一天不闲着。煮猪食，喂猪，腌咸菜——她腌的咸萝卜干非常好吃，舂粉子，磨小豆腐，编蓑衣，织芦箔。她还会剪花样子。这里嫁闺女，陪嫁妆，磁坛子、锡罐子，都要用梅红纸剪出吉祥花样，贴在上面，讨个吉利，也才好看："丹凤朝阳"呀、"白头到老"呀、"子孙万代"呀、"福寿绵长"呀。二三十里的人家都来请她："大娘，好日子是十六，你哪天去呀？"——"十五，我一大清早就来！"

"一定呀!"——"一定!一定!"

两个女儿,长得跟她娘像一个模子里托出来的。眼睛长得尤其像,白眼珠鸭蛋青,黑眼珠棋子黑,定神时如清水,闪动时像星星。浑身上下,头是头,脚是脚。头发滑滴滴的,衣服格铮铮的。——这里的风俗,十五六岁的姑娘就都梳上头了。这两个丫头,这一头的好头发!通红的发根,雪白的簪子!娘女三个去赶集,一集的人都朝她们望。

姐妹俩长得很像,性格不同。大姑娘很文静,话很少,像父亲。小英子比她娘还会说,一天咭咭呱呱地不停。大姐说:

"你一天到晚咭咭呱呱——"

"像个喜鹊!"

"你自己说的!——吵得人心乱!"

"心乱?"

"心乱!"

"你心乱怪我呀!"

二姑娘话里有话。大英子已经有了人家。小人她偷偷地看过,人很敦厚,也不难看,家道也殷实,她满意。已经下过小定,日子还没有定下来。她这二年,很少出房门,整天赶她的嫁妆。大裁大剪,她都会。挑花绣花,不如娘。她可又嫌娘出的样子太老了。她到城里看过新娘子,说人家现在绣的都是活花活草。这可把娘难住了。最后是喜鹊忽然一拍屁股:"我给你保举一个人!"

这人是谁?是明子。明子念《上孟、下孟》的时候,不知怎么得了半套《芥子园》,他喜欢得很。到了荸荠庵,他还常翻出来看,有时还把旧账簿子翻过来,照着描。小英子说:

"他会画!画得跟活的一样!"

小英子把明海请到家里来,给他磨墨铺纸,小和尚画了几张,大英子喜欢得了不得:

"就是这样!就是这样!这就可以乱孱!"——所谓"乱孱"是绣花的一种针法:绣了第一层,第二层的针脚插进第一层的针缝,这样颜色就可由深到淡,不露痕迹,不像娘那一代绣的花是平针,深浅之间,界限分明,一道一道的。小英子就像个书童,又像个参谋:

"画一朵石榴花!"

"画一朵栀子花!"

她把花招来,明海就照着画。

到后来,凤仙花、石竹子、水蓼、淡竹叶,天竺果子,腊梅花,他都能画。

大娘看着也喜欢,搂住明海的和尚头:

"你真聪明! 你给我当一个干儿子吧! "

小英子捺住他的肩膀, 说:

"快叫! 快叫! "

小明子跪在地下磕了一个头, 从此就叫小英子的娘做干娘。

大英子绣的三双鞋, 三十里方圆都传遍了。很多姑娘都走路坐船来看。看完了, 就说: "啧啧啧, 真好看! 这哪是绣的, 这是一朵鲜花! "她们就拿了纸来央大娘求了小和尚来画。有求画帐檐的, 有求画门帘飘带的, 有求画鞋头花的。每回明子来画花, 小英子就给他做点好吃的, 煮两个鸡蛋, 蒸一碗芋头, 煎几个藕团子。

因为照顾姐姐赶嫁妆, 田里的零碎生活小英子就全包了。她的帮手, 是明子。

这地方的忙活是栽秧、车高田水、薅头遍草, 再就是割稻子、打场子。这几茬重活, 自己一家是忙不过来的。这地方兴换工。排好了日期, 几家顾一家, 轮流转。不收工钱, 但是吃好的。一天吃六顿, 两头见肉, 顿顿有酒。干活时, 敲着锣鼓, 唱着歌, 热闹得很。其余的时候, 各顾各, 不显得紧张。

薅三遍草的时候, 秧已经很高了, 低下头看不见人。一听见非常脆亮的嗓子在一片浓绿里唱:

栀子哎开花哎六瓣头哎……

姐家哎门前哎一道桥哎……

明海就知道小英子在哪里, 三步两步就赶到, 赶到就低头薅起草来, 傍晚牵牛"打汪", 是明子的事。——水牛怕蚊子。这里的习惯, 牛卸了轭, 饮了水, 就牵到一口和好泥水的"汪"里, 由它自己打滚扑腾, 弄得全身都是泥浆, 这样蚊子就咬不透了。低田上水, 只要一挂十四轧的水车, 两个人车半天就够了。明子和小英子就伏在车杠上, 不紧不慢地踩着车轴上的拐子, 轻轻地唱着明海向三师父学来的各处山歌。打场的时候, 明子能替赵大伯一会, 让他回家吃饭。——赵家自己没有场, 每年都在荸荠庵外面的场上打谷子。他一扬鞭子, 喊起了打场号子:

"格当嘚——"

这打场号子有音无字, 可是九转十三弯, 比什么山歌号子都好听。赵大娘在家, 听见明子的号子, 就侧起耳朵:

"这孩子这条嗓子! "

连大英子也停下针线:

"真好听! "

小英子非常骄傲地说：

"一十三省数第一！"

晚上，他们一起看场。——荸荠庵收来的租稻也晒在场上。他们并肩坐在一个石碌子上，听青蛙打鼓，听寒蛇唱歌——这个地方以为蝼蛄叫是蚯蚓叫，而且叫蚯蚓叫"寒蛇"，听纺纱婆子不停地纺纱，"唦——"，看萤火虫飞来飞去，看天上的流星。

"呀！我忘了在裤带上打一个结！"小英子说。

这里的人相信，在流星掉下来的时候在裤带上打一个结，心里想什么好事，就能如愿。

"摔"荸荠，这是小英子最爱干的生活。秋天过去了，地净场光，荸荠的叶子枯了——荸荠的笔直的小葱一样的圆叶子里是一格一格的，用手一捋，哔哔地响，小英子最爱捋着玩——荸荠藏在烂泥里。赤了脚，在凉浸浸滑溜溜的泥里踩着——哎，一个硬疙瘩！伸手下去，一个红紫红紫的荸荠。她自己爱干这活，还拉了明子一起去。她老是故意用自己的光脚去踩明子的脚。

她挎着一篮子荸荠回去了，在柔软的田埂上留了一串脚印。明海看着她的脚印，傻了。五个小小的趾头，脚掌平平的，脚跟细细的，脚弓部分缺了一块。明海身上有一种从来没有过的感觉，他觉得心里痒痒的。这一串美丽的脚印把小和尚的心搞乱了。

明子常搭赵家的船进城，给庵里买香烛，买油盐。闲时是赵大伯划船；忙时是小英子去，划船的是明子。

从庵赵庄到县城，当中要经过一片很大的芦花荡子。芦苇长得密密的，当中一条水路，四边不见人。划到这里，明子总是无端端地觉得心里很紧张，他就使劲地划桨。

小英子喊起来：

"明子！明子！你怎么啦？你发疯啦？为什么划得这么快？"

明海到善因寺去受戒。

"你真的要去烧戒疤呀？"

"真的。"

"好好的头皮上烧十二个洞，那不疼死啦？"

"咬咬牙。舅舅说这是当和尚的一大关，总要过的。"

"不受戒不行吗？"

"不受戒的是野和尚。"

"受了戒有啥好处？"

"受了戒就可以到处云游，逢寺挂褡。"

"什么叫'挂褡'？"

"就是在庙里住。有斋就吃。"

"不把钱？"

"不把钱。有法事，还得先尽外来的师父。"

"怪不得都说'远来的和尚会念经'。就凭头上这几个戒疤？"

"还要有一份戒牒。"

"闹半天，受戒就是领一张和尚的合格文凭呀！"

"就是！"

"我划船送你去。"

"好。"

小英子早早就把船划到荸荠庵门前。不知是什么道理，她兴奋得很。她充满了好奇心，想去看看善因寺这座大庙，看看受戒是个啥样子。

善因寺是全县第一大庙，在东门外，面临一条水很深的护城河，三面都是大树，寺在树林子里，远处只能隐隐约约看到一点金碧辉煌的屋顶，不知道有多大。树上到处挂着"谨防恶犬"的牌子。这寺里的狗出名的厉害。平常不大有人进去。放戒期间，任人游看，恶狗都锁起来了。

好大一座庙！庙门的门槛比小英子的肮膝都高。迎门蠹着两块大牌，一边一块，一块写着斗大两个大字："放戒"，一块是："禁止喧哗"。这庙里果然是气象庄严，到了这里谁也不敢大声咳嗽。明海自去报名办事，小英子就到处看看。好家伙，这哼哈二将、四大天王，有三丈多高，都是簇新的，才装修了不久。天井有二亩地大，铺着青石，种着苍松翠柏。"大雄宝殿"，这才真是个"大殿"！一进去，凉飕飕的。到处都是金光耀眼。释迦牟尼佛坐在一个莲花座上，单是莲座，就比小英子还高。抬起头来也看不全他的脸，只看到一个微微闭着的嘴唇和胖墩墩的下巴。两边的两根大红蜡烛，一搂多粗。佛像前的大供桌上供着鲜花、绒花、绢花，还有珊瑚树、玉如意、整根的大象牙。香炉里烧着檀香。小英子出了庙，闻着自己的衣服都是香的。挂了好些幡。这些幡不知是什么缎子的，那么厚重，绣的花真细。这么大一口磬，里头能装五担水！这么大一个木鱼，有一头牛大，漆得通红的。她又去转了转罗汉堂，爬到千佛楼上看了看。真有一千个小佛！她还跟着一些人去看了看藏经楼。藏经楼没有什么看头，都是经书！妈吔！逛了这么一圈，腿都酸了。小英子想起还要给家里打油，替姐姐配丝线，给娘买鞋面布，给自己买两个坠围裙飘带的银蝴蝶，给爹买旱烟，就出庙了。

等把事情办齐，晌午了。她又到庙里看了看，和尚正在吃粥。好大一个"膳堂"，坐得下八百个和尚。吃粥也有这样多讲究：正面法座上摆着两个锡胆瓶，里面插着红绒花，后面盘膝坐着一个穿了大红满金绣袈裟的和尚，手里拿了戒尺。这戒尺是要打人的。哪个和尚吃粥吃出了声音，他下来就是一戒尺。不过他并不真的打人，只是做个样子。真稀奇，那么多的和尚吃粥，竟然不出一点声音！她看见明子也坐在里面，想跟他打个招呼又不好打。想了想，管他禁止不禁止喧哗，就大声喊了一句："我走啦！"她看见明子目不斜视地微微点了点头，就不管很多人都朝自己看，大摇大摆地走了。

第四天一大清早小英子就去看明子。她知道明子受戒是第三天半夜——烧戒疤是不许人看的。她知道要请老剃头师傅剃头，要剃得横摸顺摸都摸不出头发茬子，要不然一烧，就会"走"了戒，烧成了一片。她知道是用枣泥子先点在头皮上，然后用香头子点着。她知道烧了戒疤就喝一碗蘑菇汤，让它"发"，还不能躺下，要不停地走动，叫做"散戒"。这些都是明子告诉她的。明子是听舅舅说的。

她一看，和尚真在那里"散戒"，在城墙根底下的荒地里。一个一个，穿了新海青，光光的头皮上都有十二个黑点子。——这黑疤掉了，才会露出白白的、圆圆的"戒疤"。和尚都笑嘻嘻的，好像很高兴。她一眼就看见了明子。隔着一条护城河，就喊他：

"明子！"

"小英子！"

"你受了戒啦？"

"受了。"

"疼吗？"

"疼。"

"现在还疼吗？"

"现在疼过去了。"

"你哪天回去？"

"后天。"

"上午？下午？"

"下午。"

"我来接你！"

"好！"

小英子把明海接上船。

小英子这天穿了一件细白夏布上衣，下边是黑洋纱的裤子，赤脚穿了一双龙须草的细草鞋，头上一边插着一朵栀子花，一边插着一朵石榴花。她看见明子

穿了新海青，里面露出短裤子的白领子，就说："把你那外面的一件脱了，你不热呀！"

他们一人一把桨。小英子在中舱，明子扳艄，在船尾。

她一路问了明子很多话，好像一年没有看见了。

她问，烧戒疤的时候，有人哭吗？喊吗？

明子说，没有人哭，只是不住地念佛。有个山东和尚骂人：

"俺日你奶奶！俺不烧了！"

她问善因寺的方丈石桥是相貌和声音都很出众吗？

"是的。"

"说他的方丈比小姐的绣房还讲究？"

"讲究。什么东西都是绣花的。"

"他屋里很香？"

"很香。他烧的是伽楠香，贵得很。"

"听说他会做诗，会画画，会写字？"

"会。庙里走廊两头的砖额上，都刻着他写的大字。"

"他是有个小老婆吗？"

"有一个。"

"才十九岁？"

"听说。"

"好看吗？"

"都说好看。"

"你没看见？"

"我怎么会看见？我关在庙里。"

明子告诉她，善因寺一个老和尚告诉他，寺里有意选他当沙弥尾，不过还没有定，要等主事的和尚商议。

"什么叫'沙弥尾'？"

"放一堂戒，要选出一个沙弥头，一个沙弥尾。沙弥头要老成，要会念很多经。沙弥尾要年轻，聪明，相貌好。"

"当了沙弥尾跟别的和尚有什么不同？"

"沙弥头，沙弥尾，将来都能当方丈。现在的方丈退居了，就当。石桥原来就是沙弥尾。"

"你当沙弥尾吗？"

"还不一定哪。"

"你当方丈，管善因寺？管这么大一个庙？！"

"还早哪!"

划了一气,小英子说:"你不要当方丈!"

"好,不当。"

"你也不要当沙弥尾!"

"好,不当。"

又划了一气,看见那一片芦花荡子了。

小英子忽然把桨放下,走到船尾,趴在明子的耳朵旁边小声地说:

"我给你当老婆,你要不要?"

明子眼睛鼓得大大的。

"你说话呀!"

明子说:"嗯。"

"什么叫'嗯'呀!要不要,要不要?"

明子大声地说:"要!"

"你喊什么!"

明子小声说:"要——"

"快点划!"

英子跳到中舱,两只桨飞快地划起来,划进了芦花荡。

芦花才吐新穗。紫灰色的芦穗,发着银光,软软的,滑溜溜的,像一串丝线。有的地方结了蒲棒,通红的,像一支一支小蜡烛。青浮萍,紫浮萍。长脚蚊子,水蜘蛛。野菱角开着四瓣的小白花。惊起一只青桩(一种水鸟),擦着芦穗,噗噜噜噜飞远了。

············

1980年8月12日

写43年前的一个梦

【法国】都德

龚灿光　译

繁　星①
——普罗旺斯一个牧童的自述

　　山高月小，群星灿烂，一个牧羊少年与一个美丽的女孩依偎在篝火旁，一整个晚上过去，什么事情也没有发生——只是女孩为牧童送来粮食，回路遇阻临时在山顶停留一夜，听牧童指点繁星；但是什么事情又都发生了——牧童心仪女孩已久，今夜正是天赐良机，牧童却只是生起一堆篝火，为女孩指点繁星——表面上平安无事，因为所有的故事都发生在牧童的内心深处——女孩初来，他神魂颠倒，终于可以这么近地看着心上人、与她亲口交谈；在女孩快活地开玩笑时，牧童嘴上无言，心中有声；女孩离开时，滚下山坡的碎石，"一颗颗都打在我的心上"；女孩回家不得，再来到山上时泪水涟涟，牧童立刻显出干练、体贴的一面，安慰、生火、送食物、安顿女孩休息，"在新鲜的麦草上摊开一张崭新的羊皮之后，向她道了晚安，立即退出来坐在门外"……一个羞涩的牧童顿时成为一个文雅、周到的绅士。女孩的信任激起了牧童对女孩的保护之心，于是，当女孩同他相偎在篝火旁，他能够娓娓而谈、心在天上，并产生如此美丽的超越俗欲的审美联想："……群星中的一颗星，它是最美丽的，是最明亮的，只因迷失了路，来到这儿枕着我的肩膀睡熟了……"

　　都德（1840~1897），法国作家，作品有《磨坊书简》《小东西》等。

当我在吕贝龙山上看管牲畜的那段时间，接连好几个星期看不到一个人，孤零零地同我的狗拉卜里和一群母绵羊生活在牧场中。有时，蒙特吕尔山的隐居修士为了采集草药才从这里经过，或者偶尔可以看见一张比也蒙地区的烧炭工人的黑面孔；但都是一些头脑简单、孤独而沉默寡言的人，早已没有谈话的兴趣，加上他们一点也不了解山下农村和市镇的人在想些什么。因此，每隔15天，当我听见在上山的道路上，我们农庄的给我运来半月粮食的驴儿的铃声时，当我从山上望

梦幻迷离青春期

　　①　选自都德著、龚灿光译《磨坊书简》，生活·读书·新知三联书店，1992年版。

见逐渐露出米亚罗（农庄的小鬼）机灵的脑袋或者老婶婶诺娜德的棕色头巾时，我真感到无比的幸福。我要求他们讲述山下各处的新闻，谁受了洗礼呀，谁结了婚呀，但有一件特别使我发生兴趣的事，就是很想知道我们主人的那个小姐的近况。我们丝德法列特小姐是这里周围几十里内一位最漂亮的姑娘。我装出无所谓的样子，向他们打听她是否经常去参加节目活动和夜间约会，是否时常来一些新的情人。如果有人向我打听这些情况对于我，对于一个像我这样山间的牧童，究竟有什么用，我会回答说我已经二十岁了，而这位丝德法列特则是我生平所见过最美丽的一个。

不料，一个礼拜天，我盼望的半月粮食迟迟没有运到。早上，我这样想："定是做弥撒耽误了时间"；接着，到了中午，来了一场暴风雨，这下由于道路泥泞，驴子就不能上路了。后来，到了午后三点钟，碧空如洗，山上闪耀着露珠和阳光，在树叶的滴水声和溪流的流淌声中，我听到了驴儿的铃声，这如同复活节的钟声一样欢乐，一样清脆。但是赶驴儿的既不是小米亚罗，也不是老婶婶。这是……你猜是谁！……是我们的姑娘，我的孩子们！是我们的小姐本人，她端端正正地坐在柳条筐之间，山上的新鲜空气和暴雨后的清凉，使得她的面庞显得格外红润。

小米亚罗病了，罗娜婶婶因休假到她孩子们家里去了。当她从驴背上下来时，美丽的丝德法列特就对我说明了这一情况，并说明她之所以到得这么迟是由于她迷了路。可是看着她如此漂亮的礼拜日装束，加上绣花的带子，闪光的裙子和花边，与其说她是在荆棘丛中寻找路径，不如说她是因为跳舞而延误了时间。哦！多优美的创造物啊！我的眼睛望着她是不会感到厌倦的。真的，我从来不曾这么近地瞧过她，有几次在冬天，羊群回到平地后，夜里我要去农场用晚餐，她迅速地穿过饭厅，很少同仆人们交谈，老是躲闪而且显得有点矜持……现在她就在我的面前，还仅仅是为我而来，这难道不令人为之神魂颠倒么？

当她从筐子里取出了粮食，丝德法列特好奇地望望她的四周。她略微提起裙子，怕被弄脏，便一步跨进了我的卧室，仔细观察了我睡觉的角落，铺着麦秆和羊皮的床褥，挂在墙上的大衣，我的木棍，我的打火石。这一切都使她产生了兴趣。

"那么，你就生活在这里么，我可怜的牧羊人？你孤单单一个人，该多苦闷啊！你干些什么？你又想些什么？……"

我很想这样回答："想的是你，女主人。"这样说也并非撒谎，但我激动得太厉害了，简直找不到一句要说的话。我完全相信她已经察觉到这一点，因为这个妖精用她的嘲笑来加重我的难堪，而她却因此感到快活……

"牧羊人，你的女朋友是不是有时也来山上看你？……她准是只金色的母山羊，或者是在山顶上奔跑的爱斯德列仙女……"

在同我谈话的时刻，她自身就完全显出仙女爱斯德列的神情，头向后倾，带着迷人的微笑。她突然而来，又将匆匆而去。

"再见，牧羊人。"

"祝你幸福，女主人。"

她就这样带着空篮子走了。

当她消失在斜坡的小径中时，我似乎觉得那些在驴蹄下滚动着的碎石，一颗颗都打在我的心上。碎石的滚动声我听了很久很久，直到太阳下山了，我仍然如醉如痴地停留在那里，一点也不敢动，怕的是惊散了我的幻梦。黄昏时分，山谷已开始变成蓝色，牲畜一个个边叫边拥进了羊舍，这时我听见山下有人叫我的名字，接着我们的姑娘出现了，已不像刚才那样笑容可掬，而是因寒冷、恐惧以及全身湿透而颤抖着。看样子，在山下她碰上梭格尔河因暴雨涨了水，她曾拼命冒着淹死的危险想渡过河去。最可怕的是，在黑夜降临的时刻，想回到农庄去已不可能了，因为另一条可以过河的路，我们的姑娘一个人是找不到的，而我又不能离开羊群。要在山上过夜的念头使得她深感不安，尤其是她家里的人对她的挂念。我呢，我尽力消除她的顾虑：

"七月份，夜晚是短暂的，女主人……这不过是由于天气不好。"

我赶快生起大火，为的是烘烤她的脚和被河水浸透了的衣裳。随后又给她送去牛奶和乳酪，然而可怜的小姑娘既不想烤火，也不想吃东西，见到她双眼滚下一颗颗的泪珠，我自己也想哭出来。

这时黑夜已经完全降临。仅仅山脊上残留着一点落日的余晖，西方淡如烟雾的晚霞。我请求我们的姑娘进到棚内休息。我在新鲜的麦草上摊开一张崭新的羊皮之后，向她道了晚安，立即退出来坐在门外……上帝可以作证，尽管爱情之火在我体内燃烧，但任何坏念头都未产生过；仅仅以高度的自尊心想象着在羊舍的一角，靠近奇异的羊群，凝视着她睡觉。我们主人的姑娘——同其他绵羊相比是更高贵更纯洁的母羊——她躺下休息，对我的保护是衷心信任。我从不曾见过天空竟这么高旷，群星会如此璀璨。……突然，羊舍门开了，美丽的丝德法列特出现在门前。她睡不安稳，羊群把麦草弄得沙沙作响，有时它们又在梦中惊叫。她愿意坐在火堆旁边。见此情景，我便把一张母羊皮披在她的肩上，我弄旺了火，我们彼此默默无言地挨身坐着。假如你曾在灿烂的星光下过过夜，你会知道当我们进入梦乡的那一时刻，一个神秘的世界会在孤独和岑寂中显现出来。于是，泉水唱得更加欢乐，池塘映照出无数星辰。山上的一切精灵都自由自在地来来往往；空气中有各种沙沙声，各种难以听到的声音，仿佛人们听见树枝在延伸，青草在抽芽。白天，是生命活跃的世界；而黑夜，却是生物静止的世界。当人们对此还不习惯的时候，就觉得可怕……因此我们的姑娘已在全身发抖，一听到轻微的响声，就紧紧地靠着我。一次，一声悠长的惨叫来自下边闪光的池塘，波浪般地向我们冲来。

梦幻迷离青春期

同时一颗美丽的流星从我们头上向同一方向飞去,刚才我们听见的叫声似乎还带着一道白光。

"这是什么东西?"丝德法列特低声问我。

"这是一个进入天堂的灵魂,女主人。"我随即画了一个十字。

她也照样画了,抬起头深有所思地沉默了一会,然后对我说:

"这是真的吗,牧羊人,你和别的一些牧羊人全是有知识的人?"

"并非如此,我的小姐。只因我们生活在比较接近星星的地方,所以对星体的运行,我们比住在平地的人要知道得多一些。"

她时时仰望天空,头靠在手里,身上裹着羊皮,宛如银河边上的小牧童。她说:

"这么多星星,多美丽呀!我从来不曾见过这么多的星星……你知道它们的名字吗,牧羊人?"

"知道,女主人……你瞧!在我们头顶上方的是'圣·杰克路'(银河)。它从法兰西直到西班牙的上空。这是在正直的查理曼对萨拉森作战的时候加利西亚的圣·杰克给他开辟的一条河。稍远一点,你可以看到'灵魂的战车'(大熊星)和它的四条发光的车轴。在它前方的三颗星叫'三畜星',靠近第三颗的那颗最小的星叫'车夫'。你见过周围如雨一般降落下来的那些星星么?那是上帝不让留在天上的一些灵魂……稍低一点,便是'耙',或者又叫作'三个国王'(猎户星座)。这颗星是我们用来作为时钟的,只需看看它,就知道现在已是后半夜了。再稍低一点,永远向着南方,闪着亮的'约翰·德·米朗',是天体的火炬(天狼星)。谈到这颗星,在我们牧羊人中有这么一种传说。据说有一天夜里,'约翰·德·米朗'陪同'三个国王'和'布西里也'(昴星)被邀请参加它们的一颗友星的婚礼,'布西里也'性子很急,它首先出发,沿着最高的一条路走去。你看,它在那里,在天空的最高处。'三个国王'走下边这条路也赶上了它。可是,'约翰·德·米朗'是个懒汉,因睡得很迟,就完全掉在后面了,一气之下,为了阻拦它们,便把它的手杖向它们抛去。因这缘故,'三个国王'又叫作'约翰·德·米朗的手杖'……然而在所有这些星体中最美丽的一颗星,女主人,要算我们的这颗星,就是'牧羊者之星'(太白星),黎明它照着我们把羊群赶出去,黄昏时分又照着我们把羊群赶回来。我们还把它叫作'玛格洛',这美丽的'玛格洛'一直跟在'普罗旺斯的土地'(土星)的后边,而且每隔七年同它结婚一次。"

"怎么!牧羊人,星星也要结婚吗?"

"是的,女主人。"

正当我试图给她讲讲这些结婚仪式的时候,我感觉到有一种清凉而细腻的东西,轻松地压在我的身上。这是她那陷入沉思的头,还有绣花带子,花边和波浪形的头发搁在我的身上。她一直这样没有动过，直到天空的群星逐渐暗淡下去，被正在升起的晨曦抹去了它们的光彩的时候。我呢，见她睡熟了，我心灵的深处曾产生过一点儿混乱，但是，由于这皎洁的夜所给予我的高尚情操，它神圣地维护着我的良知。在我们的四周，群星依然静静地运行着，驯服得宛如一个庞大的羊群；此刻我不禁想象着群星中的一颗星，它是最美丽的，是最明亮的，只因迷失了路，来到这儿枕着我的肩膀睡熟了……

【奥地利】卡尔·施普林根施密特

华宗德 译

系于一发①

一根头发丝做"门锁",能把什么挡在门外？对于两个相爱的青年，又夜深无人、身处野外的小茅屋里？女孩用发丝当锁，把两人象征性地隔开。不是发丝有什么魔力，而是各自的自爱与彼此的尊重，以及对未来的珍惜，才有了这个"没有故事"的故事。当故事中的女孩成了老人，还一直珍藏着这根头发，她说："一根头发虽纤细，但它却维系着我的整个命运。"老人有没有言过其实？

我们想：让姑妈把秘密公开吧！我们虽年幼，但毕竟长大了，好歹快成年了。有什么事不能对我们说呢。埃弗里纳姑妈真不用对我们保什么密了。就说那个圆的金首饰吧，她用一根细细的链，总是把它系在脖子上。我们猜想，这里准有什么异乎寻常的缘由，里面肯定嵌着那个她曾爱过的年轻人的小相片。也许她是白白地爱过他一阵哩。这个年轻人是谁呢？他们当时究竟怎样相爱的呢？那时情况又是如何呢？这没完没了的疑问使我们纳闷。

我们终于使埃弗里纳姑妈同意给我们看看那个金首饰。我们急切地望着她。她把首饰放在平展开的手上，用指甲小心翼翼地塞进缝隙，盖子猛地弹开了。

令人失望的是，里面没有什么照片，连一张变黄的小相片也没有，只有一根极为寻常的、结成蝴蝶结状的女人头发。难道全在这儿了吗？

"是的，全在这儿，"姑妈微微地笑着，"就这么一根头发，我发结上的一根普普通通的头发，可它却维系着我的命运。更确切地说，这纤细的一根头发决定了我的爱情。你们现在这些年轻人也许不理解这点，你们把自爱不当回事，不，更糟糕的是，你们压根儿没想过这么做。对你们来说，一切都是那样直截了当：来者不拒，受之坦然，草草了事。

"我那时十九岁，他——事情关系到他——不满二十岁。他确是尽善尽美，当然最重要的是，他爱我。他经常对我这样说：我该相信这一点。至于我呢，虽然

---

① 选自《译林》杂志，1981年第1期。

我俩之间有许多话难以启口，但我是乐意相信他的。

"一天，他邀我上山旅行。我们要在他父亲狩猎用的僻静的小茅舍里过夜。我踌躇了好一阵。因为我还得编造些谎话让父母放心，不然他们说啥也不会同意我干这种事的。当时，我可是给他们好好地演了出戏，骗了他们。

"小茅舍坐落在山林中间，那儿万籁俱寂，孤零零的只有我们俩。他生了火，在灶旁忙个不歇，我帮他煮汤。饭后，我们外出在暮色中漫步。两人慢慢地走着，无声胜有声，强烈的心声替代了言语，此时还有什么可说的呢？

"我们回到茅舍。他在小屋里给我置了张床。瞧他干起事来有多细心周到！他在厨房里给自己腾了个空位。我觉得那铺位实在不太舒服。

"我走进房里，脱衣睡下。门没上闩，钥匙就插在锁里。要不要把门闩上？这样，他就会听见闩门声，他肯定知道，我这样做是什么意思。我觉得这太幼稚可笑了。难道当真需要暗示他，我是怎么理解我们的欢聚的吗？话说到底，如果夜里他真想干些风流韵事的话，那么锁、钥匙都无济于事，无论什么都对他无奈。对他来说，此事尤为重要，因为它涉及我俩的一辈子——命运如何全取决于他。不用我为他操心。

"在这关键时刻，我蓦地产生了一个奇妙的念头。是的，我该把自己'锁'在房里，可是，在某种程度上说，只不过是采用一种象征性的方法。我踮着脚悄悄地走到门边，从发结上扯下一根长发，把它缠在门把手和锁上，绕了好几道。只要他一触动手把，头发就会扯断。

"嗨，你们今天的年轻人呀！你们自以为聪明，聪明绝顶。但你们真的知道人生的秘密吗？这根普普通通的头发——翌日清晨，我完整无损地把它取了下来！——它把我们俩强有力地连在一起了，它胜过生命中其他任何东西。一俟时机成熟，我们就结为良缘。他就是我的丈夫，多乌格拉斯。你们是认识他的，而且你们知道，他是我一生的幸福所在。这就是说，一根头发虽纤细，但它却维系着我的整个命运。"

【德国】亨利希·施颇尔

余小平 译

耐心等待①

这是一篇寓言体小说，构思有点像中国古代的"一枕黄粱"和"南柯一梦"，不同的是寓意：在中国故事里，主角享尽荣华富贵，一觉醒来，悟到的是人生虚无、繁华如梦，何必苦苦追求；在这篇小说里，主角发现，急急忙忙地满足欲望，人生容易空虚无聊，就像猪八戒吃人参果，一口吞到肚里，却不知其味。一觉醒来，悟出一个道理：耐心等待，对人生其实意味深长。是啊，好日子，慢慢过。不要在春天忙着结果，那样冬天会提前来到。

从前有个年轻的农夫，他要与情人约会。小伙子性急，来得太早，又不会等待。他无心观赏那明媚的阳光、迷人的春色和娇艳的花姿，却急躁不安，一头倒在大树下长吁短叹。

忽然他面前出现了一个侏儒。"我知道，你为什么闷闷不乐，"侏儒说，"拿着这纽扣，把它缝在衣服上。你要遇着不得不等待的时候，只消将这纽扣向右一转，你就能跳过时间，要多远有多远。"这倒合小伙子的胃口。他握着纽扣，试着一转：啊，情人已出现在眼前，还朝他笑送秋波呢！真棒嗳，他心里想，要是现在就举行婚礼，那就更棒了。他又转了一下：隆重的婚礼，丰盛的酒席，他和情人并肩而坐，周围管乐齐鸣，悠扬醉人；他抬起头，盯着妻子的眸子，又想：现在要只有我们俩该多好！他悄悄转了一下纽扣，立时夜阑人静……他心中的愿望层出不穷：我们应有座房子。他转动着纽扣：夏天和房子一下子飞到他眼前，房子宽敞明亮，迎接主人。我们还缺几个孩子，他又迫不及待，使劲转了一下纽扣：日月如梭，顿时已儿女成群。他站在窗前，眺望葡萄园，真遗憾，它尚未果实累累。偷转纽扣，飞越时间。脑子里愿望不断，他又总急不可待，将纽扣一转再转。生命就这样从他身边疾驰而过。还没来得及思索其后果，他已老态龙钟，衰卧病榻。至此，他再也没有要为之而转动纽扣的事了。回首往日，他不胜追悔自己的性急失算：我不愿等

---

① 选自张光勤、王洪主编《中外微型小说鉴赏辞典》，社会科学文献出版社，1990年版。

待，一味追求满足，恰如馋嘴人偷吃蛋糕里的葡萄干一样。眼下，因为生命已风烛残年，他才醒悟：即使等待，在生活中亦有其意义，唯其有它愿望的满足才更令人高兴。他多么想将时间往回转一点啊！他握着纽扣，浑身颤抖，试着向左一转，扣子猛地一动，他从梦中醒来，睁开眼，见自己还在那生机勃勃的树下等着可爱的情人，然而现在他已学会了等待。一切焦躁不安已烟消云散。他平心静气地看着蔚蓝的天空，听着悦耳的鸟语，逗着草丛里的甲虫。他以等待为乐。

【苏联】苏霍姆林斯基

世敏 寒薇 译

什么是爱情①

什么是爱情？一个众说纷纭却从来说不清楚的话题。作者（转述祖母说的故事）用童话的形式来解释是明智的，这样便于说明爱情的一些基本特征，比如：动物的"爱"主要是一种生殖本能，所谓"自私的基因"；复杂的感情只有人类独具，爱不等于性本能，所以，人的爱情"比上帝所创造的一切都美"。那些眼神的对视、彼此的欣赏、长相守的忠诚以及比生命更长久的心头的记忆，只有人类才能演化出如此丰富深厚的美，因此，"爱情是人类永恒的美与力量"，并代代相传。有时候，反过来思考问题也是有趣的，比如问：什么不是爱情？

苏霍姆林斯基（1918~1970），苏联教育家。著有《给教师的一百条建议》《把整个心灵献给孩子》《帕夫雷什中学》《给女儿的信》等教育专著。

亲爱的女儿：

你提出的问题使我忐忑不安。

今天你已经十四岁了，已经迈进开始成为一个女人的年龄时期。你问我说："父亲，什么叫爱情？"

我的心经常为这种思想而跳动，就是今天我不再是和一个小孩子交谈了，进入这样一个年龄时期，你将是幸福的。然而只有你是一个明智的人，你才是幸福的。

是的，几百万年轻的十四岁的少女怀着一颗跳动的心思考着这样一个问题：什么叫爱情？每一个人对它的理解都各不相同。希望成长为男子汉的年轻小伙子也在思考这一问题。亲爱的小女儿，现在我给你写的不再是过去那样的信了。我内心的愿望是：告诉你要学会明智地生活，也就是要善于生活。我希望做父亲的每一句话都能像一颗小小的种子，促使你自己的观点和信念的幼芽萌发出来。

---

① 选自苏霍姆林斯基《爱情的教育》，世敏、寒薇译，教育科学出版社，1985年版。

爱情这个问题也同样使我不平静。在童年和少年时代我最亲近的人是我的祖母玛丽娅，她是一位了不起的人，渗透到我内心的一切美好、明智和真诚的品质都是受恩于她。她死于战争前夕。她在我面前打开了童话、本族语言和人性美的世界。有一天，在一个早秋的寂静夜晚，我和她坐在一棵枝叶茂密的苹果树下，望着空中正在飞往温暖的边远地区的仙鹤，我问祖母："奶奶，什么叫爱情呀？"

她能用童话讲解最复杂的事情。此刻她的一双眼睛呈现出沉思而惊异的神情。她以一种特别的、与往日不同的目光看了我一眼，说："什么叫爱情？……当上帝创造人类时，他在地球上播下了一切有生命的种子，并教会他们延续自己的后代，生出和自己同样的人。他把土地分给一个男人和女人。告诉他们怎样搭窝棚，给男人一把铲子，给女人一捧种子，然后对他们说：'你们在一起过日子吧！延续后代，我要办事去了，一年之后，我再来，看看你们的情况怎么样。'"

整整一年之后，有一天一大早，他和大天使加弗利尔来了，他看见这一对男女坐在小棚子旁边，地里的庄稼已经熟了，他们身旁放着一个摇篮，摇篮里睡着一个婴儿，这一对男女时而望望天空，时而又彼此看看，就在这一瞬间，他俩的眼神相碰在一起，上帝在他们身上看见了一种不可思议的美和一种从未见过的力量。这种美远远超过蓝天和太阳，土地和长满小麦的田野。总之，比上帝所制作和创造的一切都美，这种美使上帝颤抖、惊异以致惊呆了。

"他向大天使加弗利尔问道：'这是什么？'"

"'这是爱情。'"

"'什么是爱情？'"

大天使耸耸双肩，上帝走向这对男女，问他们什么是爱情，但是，他们无法向他解释，于是，上帝恼火了，他说：

"'那么，好吧！我要处罚你们，从即刻开始，你们要变老，你们生命的每一小时，都要消耗掉一点你们的青春和精力！五十年后我再来，看看你们的眼神里表现出什么，人……'"

"上帝为什么还能生气呢？"我问奶奶。

"是的，要知道，一个人不能擅自创造连他自己本人也没有见过的东西。但是，你往下听啊！五十年后他和大天使加弗利尔又来了。他看见了一座非常好的小木屋代替了原来的小棚子，草原上修起了花园，地里的庄稼已经熟了，儿子们正在耕种，女儿们正在收麦，孙子们正在绿草地上玩耍。在小木屋门前坐着一个老头和老太婆，他们时而看看红色的朝霞，时而又彼此望望。上帝从他俩的眼神里看见了更加美丽和更加强大的力量，而且好像又增加了新东西。"

"'这是什么？'"上帝问大天使。

"'忠诚！'"大天使回答说，但是，他还是不能解释。

"这次上帝更加恼火了。他说：

"'人！你们为什么没有老多少？那好吧，你们的日子不长了，以后我再来，看看你们的爱情将变成什么'。"

三年后他与大天使又来了。他看见男人坐在小山坡上，一双眼睛呈现出非常忧虑的神色，但是，却仍然表现出那种不可思议的美和力量，已经不仅仅是爱情和忠诚，而且蕴藏着一种新的东西。

"'这又是什么？'"他问大天使。

"'心头的记忆。'"

"上帝手握着自己的胡须，离开了坐在小山坡上的老头，面向着麦田和红色的朝霞，他看见，在金色麦穗旁边站着一些青年男女，他们时而看看布满红色朝霞的天空，时而又彼此看看……上帝站了很久，看着他们，然后深深地沉思着走了。"

"这就是爱情，我的小孙子！爱情是人类永恒的美与力量，一代一代地相传。我们每一个人最终都要变成一把骨灰；但是，爱情将成为赋予生命的、永不衰退的、使人类世代相传的纽带。"

我的小女儿，这就是爱情！世上各种有生命的东西生活、繁殖，成千上万地延续自己的有生命的后代。但是，只有人懂得爱。而且说实在的，只有在他善于像人那样去爱的时候，他才是一个真正的人。如果他不懂得爱，不能提到人性美的高度，那就是说他只有一个能够成为人的人，但是还没有成为真正的人。